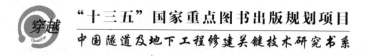

"十三五"国家重点图书出版规划项目

中国隧道及地下工程修建关键技术研究书系

类矩形盾构隧道工程技术研究

朱瑶宏 著

人民交通出版社股份有限公司
China Communications Press Co.,Ltd.

内容提要

本书以我国自主研发的第一台应用于城市轨道交通的类矩形土压平衡盾构机——"阳明号"为背景,系统介绍了类矩形盾构隧道工程的关键技术。全书共分六章,主要包括:类矩形盾构隧道技术发展概况、类矩形盾构隧道设计及试验、类矩形盾构装备技术研究、类矩形盾构施工关键技术研究以及实际工程应用等内容,为读者对类矩形盾构隧道工程技术研究提供了必要的基础。

本书可供从事类矩形盾构隧道工程设计、施工和科研的技术人员参考使用。

图书在版编目(CIP)数据

类矩形盾构隧道工程技术研究 / 朱瑶宏著. — 北京:人民交通出版社股份有限公司, 2018.10
ISBN 978-7-114-14488-2

Ⅰ.①类… Ⅱ.①朱… Ⅲ.①隧道施工—盾构法—研究 Ⅳ.① U455.43

中国版本图书馆 CIP 数据核字(2018)第 013376 号

书 名	类矩形盾构隧道工程技术研究
著 作 者	朱瑶宏
责任编辑	王 霞 李 娜
责任校对	宿秀英
责任印制	张 凯
出版发行	人民交通出版社股份有限公司
地 址	(100011)北京市朝阳区安定门外外馆斜街 3 号
网 址	http://www.ccpress.com.cn
销售电话	(010) 59757973
总 经 销	人民交通出版社股份有限公司发行部
经 销	各地新华书店
印 刷	北京印匠彩色印刷有限公司
开 本	787×1092 1/16
印 张	18.25
字 数	400 千
版 次	2018 年 10 月 第 1 版
印 次	2018 年 10 月 第 1 次印刷
书 号	ISBN 978-7-114-14488-2
定 价	108.00 元

(有印刷、装订质量问题的图书由本公司负责调换)

本书编委会

主编单位：宁波市轨道交通集团有限公司
　　　　　　宁波大学
参编单位：上海隧道工程有限公司
　　　　　　同济大学
　　　　　　上海交通大学
　　　　　　上海隧道工程轨道交通设计研究院
主　　编：朱瑶宏
编　　委（排名不分先后）：

朱雁飞	汤继新	张付林	董子博	周俊宏
柳　献	杨志豪	黄德中	庄欠伟	石元奇
肖广良	顾建江	宗文亮	黄　毅	夏汉庸
黄　俊	翟一欣	俞登华	黄习习	苏秀婷

序

盾构法隧道技术是一项伟大的发明,具有机械化程度高、施工速度快以及安全等优点,使得许多处于复杂岩土环境中的隧道开挖成为一件可行的事,一百多年来得到了广泛的应用,在许多城市已经成为轨道交通区间隧道的首选施工工法。但传统的圆形盾构在狭窄的老城区道路下施工时,会不断遇到空间"放不下"、周边构建物"碰不得"的工程技术难题,为有效破解这一难题,推动城市地下空间的集约化利用,减小盾构施工对周边环境的影响,宁波轨道交通率先在全国提出了研发类矩形盾构的设想。历时9个月的研发,于2015年9月顺利研制完成了"阳明号"类矩形盾构机和相关的结构设计,并于2015年11月在3号线一期出入段线投入使用。

经过近一年的掘进施工,克服了穿越河流和房屋、穿越交通主干线、超浅覆土推进等种种施工难点,"阳明号"类矩形盾构隧道顺利贯通,这标志着国内第一条城市轨道交通类矩形盾构隧道得到成功应用。

"阳明号"建立了类矩形盾构法隧道设计、装备、施工三大技术体系,在技术上解决了类矩形盾构全断面切削与异形复杂管片拼装技术的国际难题,在异形多刀盘切削系统、管片拼装系统、推进系统等核心技术方面实现了首创性突破。类矩形盾构的空间利用率比圆形高30%~40%,高度上比容纳双线的大型圆隧道小很多,宽度上比两个单圆隧道加线间距要窄,且双线隧道一次成型,尤其适用于都市核心区、旧城区以及大规模开发区域轨道交通建设。

在此次研发过程中,宁波轨道交通方面首次尝试"科研、设计、施工总承包"的管理模式,并引入盾构设备制造、设计、施工企业及科研院所等优势力量共同参与,自2015年初招标完成起始,"阳明号"联合科研团队经历了整整9个月的不眠之夜才完成首套设备的研制。整个工程从立项到隧道贯通,得到了中科院孙钧院士、工程院钱七虎院士、梁文灏院士、杨华勇院士,日本地域地盘环境研究所(GRI)所长桥本正,国际隧道协会前主席Lee In-Mo等国内外知名专家的认可和赞誉,给出了"罕见""非常成功""国际领先"等高度评价。

在此书即将完成之际,要特别感谢各级领导的关怀与帮助,相关单位的支持与协助。

同时也离不开各位科研人取得的诸多科研成果,才有此书的顺利面世!令人感动的是,到2018年6月,宁波轨道交通2号线2期、4号线已有两条类矩形隧道贯通,很快要到更多的城市里应用。

限于时间和水平,难能全面,遗漏和不足之处望大家批评指正。

前言

近年来,随着城市地下空间开发速度的不断加快,可利用的地下空间越来越少,迄今为止,国内约有100个城市提出了建设轨道交通的规划和设想,已有40余城市开通或正在建设。自1818年法国工程师Brunel发明盾构法以来,经过100多年的应用与发展,从气压盾构到泥水加压盾构以及更新颖的土压平衡盾构,已经使盾构法能适用于任何水文地质条件下的施工,无论是松软或坚硬、有地下水或无地下水的暗挖隧道工程都能用盾构法施工。

世界各国广泛应用盾构法修建公路隧道、地下铁道、水工隧道及小断面市政等隧道工程。美国仅纽约一地自1900年起用气压盾构就修建了数十条水底隧道。前苏联自1932年开始在莫斯科等地用盾构法修建地下铁道的区间隧道和车站。德国慕尼黑和法国巴黎地铁均采用了盾构施工。日本于1922年开始使用盾构技术修筑过铁羽线折渡隧道。20世纪60年代,盾构法在日本得到了迅速发展,到1978年,日本已经拥有100台泥水加压盾构,同时开发了土压平衡式盾构和微型盾构,最小的盾构直径仅有1m左右,适用于城市上下水道、煤气管道、电力电缆和通信电缆等工程。

1956年我国在阜新海州露天矿采用直径2.66m的盾构在砂土层中成功地修建了一条输水隧道。1957年起在北京市区的下水道工程中采用过直径2.0m和2.6m的盾构。上海自20世纪60年代开始研究用盾构法修建黄埔水底隧道和地下铁道试验段,先后在第四纪软弱含水饱和地层中用直径4.2m、5.6m、10.0m等11台盾构进行了水底隧道、地下人防通道、引水和排水隧道及地铁隧道的施工。近年来盾构法在全国大中城市地下工程中已被广泛应用,并取得可喜的成绩。

盾构法经过100多年的应用与发展,截面形状经过了几代变更,至今应用最为广泛的截面形状有圆形、半圆形、椭圆形、马蹄形、矩形等。宁波地铁建设中应用的轨道交通新型结构断面的类矩形盾构隧道工程技术是一种全新的轨道交通设计理念和施工技术,类矩形盾构隧道工程技术不仅环境影响小而且能有效节约城市地下空间占用率,有利于克服目前面临的地下空间紧俏问题,为复杂环境下地铁隧道工程开发、规划提供一种新的形式,应用前景广泛。

本书结合编著者的研究和工程实践,并参阅了大量的国内外有关文献,对类矩形盾构隧道工程技术进行介绍和阐述，同时也尽量反映近年来国内外的一些重要研究成果。本书内容丰富，除涉及了大量的类矩形盾构隧道工程技术的研究和应用成果之外，还特别强调其实用性和可读性，力图提供一本便于盾构隧道设计和施工研究的较为全面且简明扼要的参考书。

全书共分为6章，具体内容如下：第1章为类矩形盾构技术概况，主要对隧道盾构法的历史沿革、国内外异形盾构发展现状和国内类矩形盾构研发背景进行概述，希望给读者一个较为全面的研究概况；第2章介绍类矩形盾构设计方法，包括其计算方法研究、试验段工程概况、类矩形盾构断面设计、管片结构设计及试验、类矩形盾构防水设计等；第3章介绍类矩形盾构装备，主要对异形隧道掘进机的发展历史和类矩形盾构机装备、构造、制造试验、组装及维护等进行介绍；第4章介绍类矩形盾构施工方法，包括其施工技术概述、类矩形盾构管片生产测量方法研究、盾构机运输及吊装、盾构始发及推进技术、纠偏技术、切削及渣土改良、管片拼装技术、同步注浆技术、二次注浆技术、盾构机接收和沉降控制技术等；第5章介绍类矩形盾构施工方法在隧道中的工程应用，主要介绍了技术应用的工程概况、类矩形盾构施工环境影响理论分析及计算、工程实施效果分析等；第6章为全书的总结和展望，为读者后续对类矩形盾构隧道工程技术研究提供了必要的基础。

本书的编写和出版得到了一些教授或专家的宝贵意见和建议，作者在此表示衷心感谢。此外，本书引用了国内外许多学者的研究成果和资料，在此一并表示诚挚的谢意。

由于编者水平有限，书中难免存在诸多不足之处，敬请广大读者批评指正。

作者

2017年12月

目录

第1章 类矩形盾构隧道技术发展概况 1

1.1 隧道盾构法的发展历史 2
- 1.1.1 国外盾构法发展历程 2
- 1.1.2 国内盾构法发展历程 6

1.2 国内外异形盾构发展现状 10
- 1.2.1 国外异形盾构发展现状 11
- 1.2.2 国内异形盾构发展现状 16

1.3 类矩形盾构隧道特点、意义及研究重点 19
- 1.3.1 类矩形盾构隧道特点 19
- 1.3.2 类矩形盾构研发意义 20

1.4 本章小结 21

第2章 类矩形盾构隧道设计及试验 23

2.1 盾构隧道计算方法研究 24
- 2.1.1 类矩形盾构隧道主要优势 24
- 2.1.2 类矩形盾构隧道设计难点 24

2.2 试验段工程概况 25

2.3 断面设计 26
- 2.3.1 限界设计 27
- 2.3.2 疏散方式设计 29
- 2.3.3 断面形式设计 30

2.4 管片结构设计 31
- 2.4.1 结构厚度 31
- 2.4.2 管片分块及拼装方式 32
- 2.4.3 环、纵缝构造 32

2.5 盾构防水设计 ··· 33
2.5.1 防水设计参数 ··· 33
2.5.2 管片接缝密封垫防水形式选型 ·· 35
2.5.3 弹性密封垫及防水沟槽设计 ··· 36
2.6 类矩形盾构管片试验 ·· 38
2.6.1 管片接缝试验 ·· 39
2.6.2 整环试验 ··· 86
2.6.3 优化试验 ··· 95
2.6.4 防水试验 ·· 104
2.7 现场试验 ·· 107
2.7.1 现场试验设计及过程 ··· 108
2.7.2 主要试验结果 ·· 112
2.7.3 试验结果分析 ·· 126
2.7.4 小结 ·· 138
2.8 本章小结 ·· 139

第3章 类矩形盾构装备技术研究 ·· 143
3.1 类矩形盾构机装备概述 ·· 144
3.2 技术研究重点 ·· 146
3.3 类矩形盾构机构造 ·· 147
3.3.1 "双X同面+偏心多轴"组合式全断面切削刀盘系统 ················ 147
3.3.2 施工同步可更换、压密量可调节铰接密封系统 ······················ 148
3.3.3 类矩形盾构壳体 ·· 149
3.3.4 可随动螺旋机装置 ·· 150
3.3.5 串联环臂式轨迹伺服类矩形盾构拼装系统 ···························· 150
3.3.6 防背土装置 ·· 152
3.4 类矩形盾构制造试验 ··· 152
3.4.1 切削试验 ·· 153
3.4.2 拼装试验 ·· 159
3.4.3 铰接试验 ·· 162
3.5 设计、组装的关键技术 ·· 166
3.5.1 创新点 ··· 166
3.5.2 制造 ·· 166
3.6 维护与检查要点 ··· 173
3.7 本章小结 ·· 176

第4章 类矩形盾构施工关键技术研究 ... 177

4.1 类矩形盾构施工技术概述 ... 178
4.2 类矩形盾构隧道管片生产测量方法研究 ... 179
4.2.1 研究内容 ... 179
4.2.2 测量项目和测量要求 ... 179
4.2.3 测量方法 ... 180
4.3 盾构始发 ... 182
4.3.1 盾构出洞（始发）施工总体流程 ... 182
4.3.2 盾构出洞（始发）准备工作 ... 183
4.3.3 盾构出洞（始发）段掘进 ... 185
4.4 推进技术 ... 187
4.4.1 盾构推进主要参数设定 ... 188
4.4.2 盾构推进的轴线控制 ... 189
4.5 纠偏技术 ... 191
4.5.1 基于几何关系的纠偏量细化计算 ... 192
4.5.2 基于受力平衡的纠偏力计算 ... 194
4.5.3 基于拼装仿真的立柱纠偏计算 ... 195
4.6 切削及渣土改良 ... 196
4.6.1 基于SPH方法的土仓渣土运动趋势模拟 ... 196
4.6.2 土体改良技术研究 ... 197
4.7 管片拼装技术 ... 202
4.7.1 基于拼装仿真的管片拼装顺序比选 ... 203
4.7.2 基于多环拼装仿真的拼装质量控制措施 ... 205
4.7.3 基于受力分析的拼装质量控制标准研究 ... 207
4.7.4 矩形管片拼装控制措施 ... 208
4.8 同步注浆技术 ... 210
4.8.1 基于SPH方法及可视化注浆试验的浆液填充机理研究 ... 210
4.8.2 高流动度早强浆液配合比研究 ... 214
4.8.3 同步注浆施工参数研究 ... 218
4.8.4 同步注浆方案设计 ... 221
4.8.5 同步注浆施工操作 ... 227
4.9 二次注浆技术 ... 229
4.10 盾构机接收 ... 231
4.10.1 盾构接收施工总体流程 ... 231

  4.10.2 盾构接收准备工作 ··· 231
  4.10.3 盾构接收施工 ·· 232
  4.10.4 盾构接收施工针对性措施 ·· 234
 4.11 沉降控制技术 ·· 235
  4.11.1 周边环境影响控制 ··· 235
  4.11.2 隧道变形控制 ··· 238
 4.12 施工技术综合评价 ··· 240

第5章 类矩形盾构试验段应用 ··· 243

 5.1 工程概况 ·· 244
  5.1.1 工程简介 ··· 244
  5.1.2 类矩形盾构区间概况 ·· 245
  5.1.3 线路和周边环境特点 ·· 245
  5.1.4 管片环结构形式 ··· 246
  5.1.5 盾构设计参数 ·· 246
 5.2 类矩形盾构施工环境影响理论分析及计算 ·· 247
  5.2.1 盾构掘进地层扰动分析 ··· 247
  5.2.2 ABAQUS 有限元分析 ·· 253
  5.2.3 浅覆土掘进分析 ··· 257
  5.2.4 浅覆土掘进分析结果 ·· 260
 5.3 工程实施效果分析 ··· 263
  5.3.1 地表沉降 ·· 263
  5.3.2 隧道轴线 ·· 265
  5.3.3 盾构偏转 ·· 266
  5.3.4 隧道收敛 ·· 267
  5.3.5 隧道上浮 ·· 267
 5.4 应用情况综合评价 ··· 268

第6章 总结与展望 ·· 271

 6.1 总结 ·· 272
 6.2 展望 ·· 275

参考文献 ··· 277

第 1 章
类矩形盾构隧道技术发展概况

宁波轨道交通3号线使用"阳明号"盾构机施工，作为一种新引进的盾构工法，建立了类矩形盾构法隧道设计、装备、施工三大技术体系。同时，在技术上解决了类矩形盾构隧道全断面切削与异形复杂管片拼装技术的国际难题，在异形多刀盘切削系统、管片拼装系统、铰接系统等核心技术方面实现了突破性进展，为城市地下空间集约化利用及高标准环境保护开辟了一条新路。

为适应地下工程建设各种复杂环境条件的需要，不断发展和提高类矩形盾构技术水平，本书吸取了"阳明号"科研经验和工程经验，将理论与实践紧密结合，科研、施工并行，将国内外类矩形盾构隧道的设计、盾构装备、施工及工程应用系统归纳，以满足从事类矩形盾构隧道设计、施工和管理的技术人员的实用需要及使用参考。

1.1 隧道盾构法的发展历史

随着经济社会的快速发展，城市化进程的不断加速，我国已进入城市轨道交通大发展时期。截至2016年，国内已约有100个城市提出了建设轨道交通的规划和设想，其中40个城市已经开通或正在建设轨道交通，其余的60个城市开展了规划、勘测、设计、咨询等前期工作，"十三五"计划内有望开始建设。作为城市轨道交通隧道施工的主要工法，盾构法在近几十年内也取得了飞速发展，进而满足日益增长的轨道交通建设需求。

盾构法是隧道暗挖法施工中的一种全机械化施工方法，因其具有施工速度快、隧道结构稳定、对周围建筑物影响较小等特点，现已被广泛引用。盾构法始于英国，1825年布鲁诺尔（Brunel）在伦敦泰晤士河下首次用1台手掘矩形盾构开挖水底隧道，但在其后相当长的历史时期，由于矩形管片不易于机械拼装，也无法实现全断面机械化开挖，很少有矩形断面盾构隧道。由于圆形隧道结构受力好，便于机械化全断面开挖和机械化拼装，所以在这近200年来，95%以上的盾构都是圆形盾构，世界各国研制了数以千计的各种类型、各种直径的盾构，使盾构及其施工技术得到了不断发展和完善。至今，盾构已发展成为修建隧道的一种常用施工设备。

1.1.1 国外盾构法发展历程

1865年，巴尔劳（B.W. Barlow）首次采用圆形盾构，并用铸铁管片作为隧道的衬砌。

在盾构穿越饱和含水地层时,施加压缩空气以防止涌水的"气压法"最先是在 1830 年由劳德考切兰斯(Lord Cochrance)发明的。

1874 年,在英国伦敦地铁隧道的施工中,格雷塞德(James Henry Greathead)综合了以往盾构施工和气压法的技术特点,首创了在盾尾后面的衬砌外围环形空隙中压浆的施工方法,为盾构施工法的发展起到重大推动作用。

1880～1890 年间,在美国和加拿大间的圣克莱河下用盾构施工法建成一条直径 6.4m、长 1800m 的水底铁路隧道。

20 世纪初,盾构施工法已在美、英、德、苏、法等国开始推广,30～40 年代在这些国家已成功地使用盾构建成内径 3.0～9.5m 的多条地铁及过河公路隧道,仅在美国纽约就采用气压法建成了 19 条重要的水底隧道,盾构施工的范围很广泛,有公路隧道、地下铁道、上下水道以及其他市政公用管道等。

1939 年,日本正式应用盾构施工法施工关门隧道的海底部分,该盾构的外径为 7.182m,隧道总长为 7258m,该工程奠定了日本盾构技术的基础。

从 20 世纪 60 年代起,盾构施工法在日本得到迅速发展,70 年代日本及德国针对城市建设区的松软含水地层中因盾构施工引起的地表沉降,解决了预制高精度钢筋混凝土管片和接缝防水等技术问题,研制了各种新型的衬砌和防水技术及局部气压式、泥水加压式和土压平衡式等新型盾构及相应的工艺和配套设备。

之后 30 年,随着土压平衡、泥水平衡、盾尾密封、盾构始发及接收等一系列技术难题的解决,盾构技术有了较快发展,至今已累计生产 10000 多台。各厂家可以根据不同的地质条件和工程要求,设计不同类型的盾构机以满足不同工程的需要。

1990～2010 年,盾构工法的技术进步极为显著。归纳起来有以下几个特点:①盾构隧道长距离化、大直径化;②盾构多样化;③施工自动化。

由英法两国共同建造的英吉利海峡隧道(长 48km)采用 11 台 Φ5.8m 和 Φ8.8m 的土压盾构掘进施工,如图 1-1 所示,于 1993 年竣工(原计划 1993 年通车,后延迟一年),创造了单台盾构一次掘进 21km 和月掘进 1487m 的世界纪录。英法两侧的 6 台盾构在海底实现对接,隧道最大埋深达 100m。

丹麦斯多贝尔特海峡铁路隧道长 7.9km,最大埋深 75m,采用 4 台 Φ8.78m 复合型土压盾构掘进。由于穿越的地层为冰碛石和泥灰岩,其含水丰富,渗透系数大,因而比英法海峡隧道的掘进施工更为困难。施工中发生了特大涌水导致隧道淹没事故,采用海底井点降水、冻结、气压等辅助施工工法解决了困难,工程历经艰辛,于 1996 年竣工。

日本东京湾道路隧道(长 9.4km)采用 8 台 Φ14.14m 泥水盾构掘进施工,于 1996 年竣工。盾构采用先进的自动掘进管理系统、自动测量

图 1-1 英吉利海峡隧道

管理系统和自动拼装系统，8台盾构在海底实现了对接，如图1-2所示，体现了高新技术在盾构法隧道工程中的应用。隧道最大埋深60m，在黏土和砂性土中掘进，隧道管片分为11块，厚度65cm，结构计算采用弹性地基梁模型，接头弹簧系数经管片接头试验取得。

1997年开工的德国汉堡易北河第4隧道工程，长度2.6km，河底最小覆土仅为7m（小于0.5D），采用海瑞克公司制造的Φ14.2m复合型泥水盾构，穿越的地层为坚硬的黏土、砾石，含水丰富，透水系数大，掘进施工十分困难。盾构机中心设有直径3m的先行小刀盘，泥水舱下部设有可破碎直径达1200mm巨砾的破碎机；另一项新技术是地震测量系统，称为"声波软土测探系统"（SSP），可为整条隧道推进过程采集数据测量，提供盾构前20～30m的三维反射图象。这台盾构掘进机还设计了在常压状态下的刀盘更换设施，具有国际先进水平，易北河第4隧道工程于2003年竣工。

荷兰GROENE HART隧道是阿姆斯特丹到布鲁塞尔高速铁路隧道工程，长度7.156m，中间设3座工作竖井，穿越地层为砂土，隧道埋深30m，采用法国NFM厂制造的外径14.87m泥水气平衡盾构掘进机，掘进施工相当顺利，于2005年竣工。

马德里M30地下道路隧道工程一期南环线，2条双向三车道隧道各长4km，穿越地层为坚硬、有裂隙的灰色或绿色泥灰岩质黏土和石膏，如图1-3所示。北隧道采用德国海瑞克制作的Φ15.2m世界最大双子星土压盾构，于2005年11月，盾构始发施工，2007年3月北隧道建成通车。南隧道采用日本三菱重工制作的15.2m土压盾构掘进了3664m，创日进度46m的纪录。

图1-2　东京湾道路隧道Φ14.14m泥水盾构

图1-3　马德里M30地下道路隧道Φ15.2m双子星土压盾构

可以看出，盾构法在隧道工程中的使用方兴未艾，发展势头良好、潜力巨大。国外盾构的发展情况如表1-1所示。

国外盾构发展一览表　　　　　表1-1

时　间	工　程　名　称	施　工　方　法	备　注
18世纪末	英国伦敦地下横贯泰晤士河隧道		世界首次提出盾构工法并实施
1869年	建造横贯泰晤士河上的第二条隧道	圆形隧道，外径2.18m，长402m	新开发的圆形盾构，使用铸铁扇形管片

续上表

时间	工程名称	施工方法	备注
1876年	英国人Brunton申请机械和盾构专利	盾构采用了半球形旋转刀盘	从人工开挖盾构到机械开挖盾构的改革
1887年	南伦敦铁道隧道	气压法	气压盾构法获得成功
1896年	英国人Price开发了辐条式刀盘的机械化盾构,在4个辐条上装有切削刀具		
1892年	美国最先开发了封闭式盾构		
1892年	法国巴黎使用混凝土管片建造了下水道隧道		
1896～1899年	德国使用钢管片建造了柏林隧道		
1913年	德国建造了断面为马蹄形的易北河隧道		
1931年	苏联用英制盾构建造了莫斯科地铁隧道,施工中使用了化学注浆和冻结工法		
1939年	日本关门隧道	直径7m的手掘圆形盾构	
1964年	英国的Mott Hey和Aderuson申请了泥水加压平衡盾构专利		
1967年	日本在东京首次实施泥水加压盾构施工,直径为3.1m		
1970年	穿越东京森崎运河的羽田隧道工程	直径为7.29m的泥水加压盾构	
1972年	日本开发土压盾构技术成功		
1974年	德国研制1台泥水盾构并成功掘进了汉堡4.6km污水隧道		
1974年	直径3.72m泥水加压盾构在东京掘进了1900m隧道		世界上第一台泥土加压盾构
1978年	日本开发高浓度泥水盾构成功		
1981年	日本开发气泡盾构成功		
1982年	东京使用Φ10.58m泥水加压盾构,日本开发ECL工法成功		
1986年	东京JR京叶线京桥隧道工程	Φ7420×w12190双圆泥水盾构	首次采用
1987年	日本进行了Φ2.5m的双圆盾构的模拟掘进试验和管片衬砌结构试验		
1988年	日本开发泥水式双圆搭接盾构工法成功		
1989年	广岛市鲤城交通隧道工程中	Φ6.09m×10.62m双圆土压盾构掘进	首次采用,技术成果获日本1996年度土木学会技术开发奖
1989年	日本开发HV工法、注浆盾构工法成功		
1992年	东京地铁12号线饭田桥车站	Φ8846×w17440三圆泥水盾构	

续上表

时间	工程名称	施工方法	备注
1994年	日本习志野市雨水管线工程	4.2m×3.8mDPLEX偏心多轴矩形土压	技术成果获日本1996年度土木学会技术开发奖
1997年	于京都铁路隧道工程	支撑摆动性矩形盾构	最大断面达到9.9m×6.5m
2003年	德国汉堡易北河第4隧道工程	Φ14.2m复合型泥水盾构	
2005年	荷兰格雷恩哈特隧道	外径14.87m泥水气平衡盾构	
2007年	马德里M30地下道路隧道工程一期南环线北隧道	Φ15.2m土压盾构	世界最大双子星土压盾构
2011年	意大利Sparvo隧道	Φ15.55m土压平衡盾构	

1.1.2 国内盾构法发展历程

我国盾构技术发展始于1953年，东北阜新海州露天煤矿用直径2.6m的手掘式盾构机修建疏水巷道，这是我国首条用盾构法施工的隧道。1957年，北京市下水道工程采用直径2.0m和2.6m的盾构机进行施工。

1962年，原上海城建局隧道工程公司根据上海软土地层特点进行了系统的盾构试验研究。研制了1台直径4.16m的手掘式普通敞胸盾构，在两种有代表性的地层进行掘进试验，用降水气压来稳定粉砂层及软黏土地层。在经过反复论证和地面试验之后。选用由螺栓连接的单层钢筋混凝土管片作为隧道衬砌，环氧煤焦油作为接缝防水材料。隧道掘进长度68m，试验获得了成功，并采集了大量的盾构法隧道数据资料。

图1-4 上海打浦路越江公路隧道

1965年，由上海隧道工程设计院设计、江南造船厂制造的2台直径5.8m的网格挤压型盾构掘进机，掘进了2条地铁区间隧道，掘进总长度1200m。盾构施工辅以气压，隧道衬砌采用拼装式钢筋混凝土管片。盾构隧道施工成功地穿越了建构筑物，控制了地面沉降。如图1-4所示。

1966年5月，中国第一条水底公路隧道——上海打浦路越江公路隧道工程主隧道采用由上海隧道工程设计院设计、江南造船厂制造的直径10.22m网格挤压盾构施工，辅以气压稳定开挖面，在水深为16m的黄浦江底顺利掘进隧道，掘进总长度1322m。打浦路隧道于1970年年底建成通车，该工程的建成标志我国的盾构隧道工程技术和学科研究的一大进步，大大缩短了与当时世界先进水平的差距。

1980年，上海市进行了地铁1号线试验段施工，研制了一台直径6.41m的刀盘式盾构掘进机，后改为网格挤压型盾构掘进机，在淤泥质黏土地层中掘进隧道1230m。同时进行了地铁隧道高精度钢筋混凝土管片的整环结构试验和现场实测。地铁试验段工程的技术成果为中国第一条盾构法施工的地铁隧道的设计施工奠定了基础。

1980年，上海市进行了地铁1号线试验段施工，研制了1台$\phi6.412$m网格挤压盾构，采用泥水加压和局部气压施工，在淤泥质黏土地层中掘进隧道1130m。1982年，外滩的延安东路北线越江隧道工程1476m的圆形主隧道采用上海隧道股份设计、江南造船厂制造的直径11.3m网格挤压水力出土盾构施工。

1985年，上海芙蓉江路排水隧道工程引进一台日本川崎重工制造的直径4.33m小刀盘土压盾构，掘进1500m，该盾构具有机械化切削和螺旋机出土功能，施工效率高，对地面影响小等特点。

1986年，中铁隧道集团有限公司研制出半断面插刀盾构，并成功用于修建北京地铁复兴门折返线。

1987年上海隧道股份研制成功了我国第一台4.35m加泥土压平衡盾构，用于市南站过江电缆隧道工程，穿越黄浦江底粉砂层、掘进长度583m，技术成果达到20世纪80年代国际先进水平，并获得1990年国家科技进步一等奖。

1990年，上海地铁1号线工程全线开工，18km区间隧道采用7台由法国FCB公司、上海隧道股份、上海隧道工程设计院、上海造船厂联合制作的6.34m土压平衡盾构机。每台盾构机月掘进200m以上，地表沉降控制在$-3\sim+1$cm。

1996年，上海地铁2号线再次使用这7台土压盾构，并又从法国FMT公司引进2台土压平衡盾构，掘进24km区间隧道，上海地铁2号线的10号盾构为上海隧道股份自行设计制造。

20世纪90年代，上海隧道工程股份有限公司自行制造了6台$\phi3.80\sim6.34$m土压平衡盾构机，用于地铁隧道、取排水隧道、电缆隧道等，掘进总长度为月掘进10km。

在20世纪90年代中期，直径$1.5\sim3.0$m的顶管工程也采用了小刀盘和大刀盘土压平衡顶管机，在上海地区使用了10余台，掘进管道长度约20km。1998年，上海黄浦江观光隧道工程购买国外二手$\phi7.65$m铰接式土压平衡盾构，经修复后性能良好，顺利掘进隧道644m。

1996年，上海延安东路隧道南线工程1300m圆形主隧道采用从日本引进的$\phi11.22$m泥水盾构施工。

1996年，广州地铁1号线8.8km区间隧道由日本青木公司修建施工，采用2台$\phi6.14$m泥水盾构和1台$\phi6.14$m土压平衡盾构。

1999年5月，上海隧道股份研制成功国内第1台3.8m×3.8m矩形组合刀盘式土压顶管机（图1-5），在浦东陆家嘴地铁车站掘进

图1-5 矩形组合刀盘式土压平衡顶管机

120m，建成 2 条过街人行地道。

2000 年 2 月，广州地铁 2 号线海珠广场至江南新村区间隧道采用上海隧道股份改制的 2 台 $\phi 6.14m$ 复合型土压平衡盾构，首次在珠江底风化岩地层中掘进成功，使盾构法隧道工程技术取得新突破。

2001 年以来，广州地铁 2 号线、南京地铁 1 号线、深圳地铁 1 号线、北京地铁 5 号线、天津地铁 1 号线先后从德国、日本引进 14 台 $\phi 6.14 \sim 6.34m$ 的土压盾构和复合型土压盾构，掘进地铁隧道 50km。盾构法隧道逐步成为我国城市地铁隧道的主要施工方法。

2003 年，上海地铁 8 号线首次采用双圆隧道新技术，从日本引进 2 台 $\phi 6520 \times W11120$ 双圆形土压盾构，掘进黄兴路站—开鲁路站 2.6km 区间隧道。以后又在 6 号线、10 号线、2 号线东延伸段陆续采用双圆盾构掘进隧道 10km。

2004 年，复兴东路隧道首次采用了独特的双层车道形式，上层布置两条小车车道，车道宽 3m+3m，通行净高 2.6m，下层布置一条大车道加一条紧急停车带，车道宽 3.5+2.5m，通行净高 4m。为双管双层双向六车道盾构法隧道，设计车速 40km/h，工程全长 2785m。隧道衬砌外径 11.0m、内径 10.04m，复兴东路隧道工程于 2004 年 9 月建成通车，是世界上第一条投入运营的双层式盾构法隧道。

2004 年，上海上中路越江隧道工程引进当时世界最大直径的 $\phi 14.87m$ 泥水加压盾构，在黄浦江下掘进施工 2 条隧道，掘进程长度 1250m，隧道结构为双管双层双向 8 车道。隧道衬砌采用单层衬砌，为通用环楔形管片，采用全圆周错缝拼装工艺。圆形隧道的下层车道板结构采用预制构件和现浇钢筋混凝土相结合的形式。

2004 年 7 月 28 日，上海隧道工程股份有限公司、中铁隧道集团有限公司、上海科技投资公司、浙江大学、同济大学、华中科技大学等共投资 2000 万元，在上海组建了股份制的盾构设计试验研究中心，研制出了我国第一台拥有自主知识产权的先进的大型多功能盾构试验平台，模拟盾构的直径为 18m，是世界最大的实物模拟盾构试验平台，具有土压平衡和泥水平衡互换及刀盘开口率可调功能。

2005 年，上海长江隧桥工程开工，其中隧道段长 8.95km，全线道路规划为双向 6 车道。隧道外径 15m，为世界最大，采用盾构法施工，掘进长度 7470m。

2006 年，广深港铁路狮子洋隧道开工，是我国第一条采用盾构施工的水底铁路隧道。全长 10.8km，隧道外径 10.8m。2 条隧道采用 4 台盾构相向推进、地中对接技术。穿越狮子洋隧道海底破碎带，先后克服了高水压、强透水、掘进风险大、更换尾刷难、带压进仓换刀危险系数高等多项技术难题。为验证结构设计的安全性与合理性，南京长江隧道、狮子洋隧道进行了原型结构试验和现场实测，这些研究成果对改进结构设计方法起到很好的指导作用。

2007 年，上海外滩道路隧道(3 来 3 去 6 车道) 开工建设，其北段使用盾构技术，采用 $\phi 14.27m$ 土压平衡盾构施工，为国内首次采用大直径土压平衡盾构在城市密集区施工，成功完成"1 桥 2 隧 33 栋"等建构筑物的穿越施工。

2009 年贯通的南京长江隧道直径为 14.93m，其隧道断面大、覆土超浅、水压高、透水强、复合地层中施工等技术难题使南京长江隧道工程成为中国长江流域上工程技术难度最大、挑战性最多的地下工程。

2011年扬州瘦西湖隧道主体盾构段采用14.93m的世界超大直径泥水平衡盾构机施工，穿越长达1200多米的全断面硬塑黏土地层，这一隧道攻克了全断面硬塑黏土地层等世界性盾构施工难题。项目已于2014年竣工通车。

2017年，芜湖城南过江隧道即将开工建设，项目起于江北二坝镇附近，向东南跨越长江，终于江南鲁港镇附近，路线全长约5.3km，项目也将采用直径14.93m的世界超大直径泥水平衡盾构机施工。

国内盾构发展一览表见表1-2。

国内盾构发展一览表　　　　　　　　　　　　　　　　　　表1-2

时间	工程名称	施工方法	备注
1953年	东北阜新煤矿疏水巷道	Φ2.6m的手掘式盾构机	中国首条采用盾构掘进机施工的隧道
1962年	上海城建局隧道工程公司直径4.16m的手掘式普通敞胸盾构		
1965年	上海隧道工程设计院设计、江南造船厂制造的2台5.8m的网格挤压式盾构		
1966年	上海隧道工程设计院设计、江南造船厂制造的直径10.22m网格挤压盾构施工		
1980年	上海市进行了地铁1号线试验段施工，研制了1台直径6.412m网格挤压盾构		
1986年	中铁隧道集团公司研制出半断面插刀盾构，并成功用于修建北京地铁复兴门折返线		
1987年	上海隧道股份研制成功了我国第一台4.35m加泥土压平衡盾构		
1996年	上海隧道股份自行设计制造上海地铁2号线的10号盾构		
20世纪90年代	上海隧道工程股份有限公司自行制造了6台Φ3.80~6.34m土压平衡盾构机		
1996年	上海延安东路隧道南线工程	Φ11.22m泥水盾构施工	
1999年	上海隧道股份研制成功国内第1台3.8m×3.8m矩形组合刀盘式土压平衡顶管机		
2000年	广州地铁2号线海珠广场至江南新村区间隧道	2台Φ6.14m复合式土压平衡盾构	
2001年	中铁隧道集团有限公司和上海隧道工程股份有限公司研制了适应于软土地层的6.3m土压平衡盾构样机的设计和制造		
2004年	由上海隧道工程股份有限公司牵头负责，成功制造了1台6.3m土压平衡盾构（先行号）应用于上海地铁二号线西延伸隧道工程		

续上表

时间	工程名称	施工方法	备注
2005 年	上海地铁 2 号线西延伸工程盾构区间隧道成功贯通		
2009 年	贯通的南京长江隧道直径为 14.93 米		
2011 年	扬州瘦西湖隧道主体盾构段	Φ14.93m 的世界超大直径泥水平衡盾构机施工	穿越长达 1200 多米的全断面硬塑黏土地层
2017 年	芜湖城南过江隧道即将开工建设		

1.2 国内外异形盾构发展现状

目前国内盾构法隧道常见的断面形状主要为圆形，两条单洞单线圆形隧道外径通常为Φ6.0～6.2m，隧道间净距一般大于一倍洞径。随着城市的发展，地下空间的利用范围越来越广泛，不仅应用于轨道交通工程，还应用在电力输送管廊、城市道路、综合管廊等其他领域。

在高楼林立、街道狭窄的地段建造地铁隧道，通常的两个单圆盾构隧道外边线距离为 18～19m，地下空间利用率低且距道路两侧建筑物已很近，盾构施工对周边建筑物的影响大；且由于控制结构沉降、变形的难度较大以及工艺的限制，减小隧道外边线间的距离有限。双圆隧道（图 1-6）虽然能解决减小结构的宽度、提高断面的利用率，但因其自身的构造特点（特别是上部海鸥形凹槽处），盾构施工时顶部易背土、积浆，特别在纠偏时更加剧了土体扰动，地表沉降控制难度较大。因此，需要寻求一种不仅能实现地下空间高度集约化利用，而且能满足高标准环境保护要求的断面形式。

图 1-6 双圆盾构隧道

矩形隧道的断面优点进入了人们的视野。从隧道的使用功能来分析，地铁隧道、城市交通人行地道、地下共同沟等隧道的断面形式以矩形最为合适，最为经济，矩形断面与圆形断面相比，其有效使用面积比圆形增大 20% 以上；在拥有相等有效空间的情况下，矩形断面能节约 35% 以上的地下空间，且可以大大减小隧道的埋深。

1.2.1 国外异形盾构发展现状

随着异形断面隧道工程日益增多，在异形盾构技术领域内，多个公司已经将该技术成功地应用于地铁和道路工程，代表了盾构隧道的最新发展方向。其中，日本在异形盾构技术方面较为领先，图1-7展示了日本盾构的发展历程。

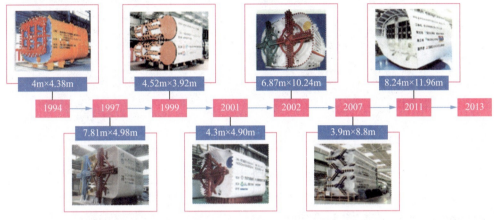

图1-7 日本矩形盾构发展图

1）矩形盾构关键技术

日本在解决矩形盾构全断面切削和管片拼装等关键技术上开发了多种形式，并通过工程实践加以验证。矩形盾构主要具有以下优点：

（1）全断面切削

针对全断面切削，除了摆动式（Wagging Cutter）刀盘，还有"偏心多轴刀盘（DPLEX）""阿波罗刀头（All Potential Rotary Cutter）""伸缩刀盘"等。

"偏心多轴（DPLEX）刀盘"是在数台驱动轴的前端偏心支承切削器，当按同一方向旋转驱动轴时，切削器机架作平行环运动，以此掘削和这个切削器形状大致相似的隧道断面。因此，只要变换切削器机架的形状，就可以筑造出矩形、椭圆形、马蹄形、带有突起的圆形以及圆环形等多种多样化断面的隧道，如图1-8所示。

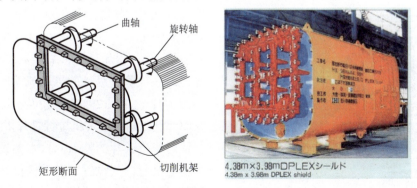

图1-8 掘削机构模式及实体盾构机图

"阿波罗刀头（All Potential Rotary Cutter）"由刀盘、摇动构架、公转圆筒三部分组成，如图1-9所示。在刀头高速旋转（自转）的同时，通过摇动构架及公转圆筒的旋转使刀盘在所要求的轨迹上移动（使其公转）进行任意断面的掘削。

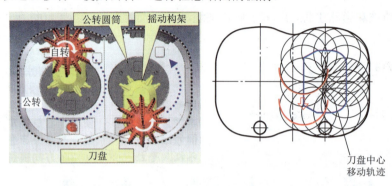

图1-9 刀盘旋转及轨迹示意图

"伸缩刀盘"在旋转时进行伸缩（辐条6根中的4根），来切削复合圆形断面。此外，随着伸缩刀盘的伸缩产生土仓内容积的变动，为了防止开挖面土压平衡的失衡，在2处安装了土压变动控制装置，如图1-10所示。

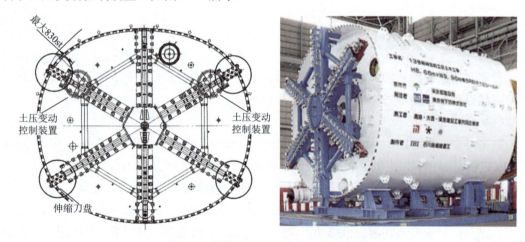

图1-10 伸缩刀盘的配置图及实体盾构机图

图1-11 矩形盾构的拼装机

（2）利用传统的拼装机进行管片拼装

针对矩形管片的拐角部管片，拼装机采用了双机组合式，附加了"左右平移""偏转弯曲"等功能。在横长及纵长的异形断面盾构中，采用如图1-11、图1-12所示的拼装机进行拼装。

（3）利用新型拼装机进行管片拼装

针对矩形管片的特点，日本还设计了新型管片拼装装置，其设置了和盾构机开挖面形状相似的运行轨道，在轨道上运作的拼装装置一边抓取管片一边完成拼装。装置 T 字断面形状的运行轨道由上下左右的导航滚轮夹持，并与轨道上的齿条实现咬合来完成行驶。在实际运用中，拐角部管片与平行管片的重心抓取位置存在巨大差异，但是各动作都能达到要求，如图 1-13 所示。

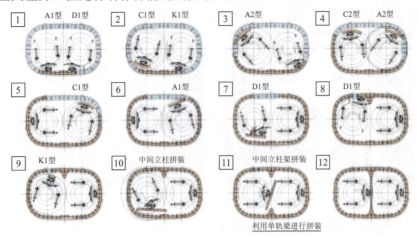

图 1-12　矩形管片的拼装顺序实例

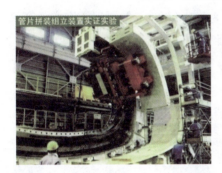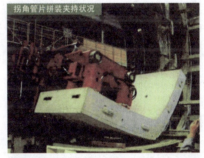

图 1-13　拼装管片情况

2）矩形盾构技术的应用

（1）日本高速铁道东西线六地藏北工区工程

在日本的类矩形盾构法隧道工程中，京都地铁东西线醍醐至六地藏延伸工程类矩形隧道断面外径为 9.9m×6.5m，适应地铁双线隧道。该区间是在道路宽度为 15m 狭窄路况且交通流量大、地下有外径 3.2m 下水道管线以及引水管大规模埋设物的外环线下进行的工程。隧道总长 753.2m，其中道岔部分（crossover section）长 57m，渡线部分（transition section）长 5m，一般行车部分（running track section）长 691.2m。衬砌管片外尺寸 9.9m×6.5m，衬砌采用混凝土与钢板的复合结构或铸铁。如图 1-14 所示。

（2）日本地铁东急东线涩谷～代官山延长线工程

本工程位于涉谷 3 丁目，周边主要为商住楼、

图 1-14　隧道实景图

高架桥，隧道顶至商住楼桩基础最小净距约为4m。隧道埋深较浅，隧道顶覆土4.5（出洞处）～15m，沿线穿越多处建筑物和高架桥松木桩基础。

类矩形隧道截面尺寸10.3m（宽）×7.1m（高），衬砌厚度0.4m，环宽1.1m，采用阿波罗刀盘式类矩形盾构进行施工（图1-15）。

图1-15　盾构机实景图及隧道横断面图

（3）日本地铁东急东线涩谷～代官山延长线工程

2011年大林组采用三菱重工制造的复合拱形盾构施工了相模纵贯川尻隧道。矩形盾构机尺寸11.96m×8.24m，隧道断面尺寸11.80m×8.08m，采用钢纤维增强高流动混凝土管片（图1-16）。

图1-16　隧道及盾构机实景图

日本矩形盾构一览表如表1-3所示。

日本矩形盾构一览表　　　　　表1-3

序号	工程	图片	盾构厂家	施工单位	尺寸（m）	类型	年份	备注
1	习志野市菊田川2号干线管渠建设工事18		石川岛播磨	大丰建设	3.98×4.38	泥土加压式	1994	偏心多轴
2	光辉大街地下通道建设工程		小松	鹿岛建设	7.81×4.98	泥土加压	1997	Wagging Cutter

续上表

序号	工程	图片	盾构厂家	施工单位	尺寸（m）	类型	年份	备注
3	鹿儿岛市草牟田排水管道改建工		石川岛播磨	大丰建设	2.35×2.95	泥土加压式	1998	偏心多轴
4	大堀川右岸第8号雨水干线		—	—	4.52×3.92	泥水式	1999	—
5	宫城县盐灶市雨水干线		植村技研工业、前田制作所	大成建设、小幡组特殊共同企业体	3.40×1.70	新开口盾构掘进机	2000	—
6	京都市今出川分水管道改建		小松	青木、吉村共同事业体	4.30×4.90	泥土加压	2001	Wagging Cutter
7	京都市地下铁东西线六地藏北工区		小松	鹿岛建设	6.87×10.24	泥土加压式	2002	Wagging Cutter
8	横断石田地下人行通道建设工程		日立造船	飞岛、西松、森本、公成等建设共同企业体	3.83×4.28	泥土加压式	2003	OHM
9	试验机		日立造船	大林组	4.8×2.15	泥土加压式	2005	URUP
10	神奈川6号川崎线		三菱重工	大成、鹿岛、户田特定建设工程共同企业体	3.9×8.8（卧式） 7.85×3.19（立式）	泥土加压	2007	MMST
11	国道20号新宿地下步行道工程		日立造船	鸿池、AISAWA特别指定建设工程联营体	7.82×4.72	敞开式盾构机	2008	—
12	东京副都心线神宫前至涩谷		石川岛播磨	鹿岛建设	9.7×8.4	泥土加压	2008	E-MAC

续上表

序号	工程	图片	盾构厂家	施工单位	尺寸（m）	类型	年份	备注
13	东京相模纵贯川尻隧道工程		三菱重工	大林组	8.24×11.96	敞开式	2011	URUP
14	小竹向原车站~千川车站间联络线隧道工程		日立造船	熊谷、佐藤等共同企业体	6.8×5.7	—	2012	—
15	合同长生送水管工事		清水建设、东京都港区	清水建设	2.1×2.1	滚筒式	2013	
16	东京副都心线东横线涉谷~代官山隧道工程		—	鹿岛、西松、铁建联合体	10.3×7.1	泥土加压	2013	阿波罗式

日本目前矩形盾构全断面切削技术均采用单一形式刀盘进行切削，从未采用组合形式刀盘切削。在日本矩形盾构小断面一般采用铸铁管片，大断面采用复合管片。日本目前的16台矩形盾构采用的相关技术均不适应于我国地铁单洞双线矩形隧道的施工。

1.2.2 国内异形盾构发展现状

当前，国内虽未有严格意义上的类矩形盾构法隧道，但工程界已针对类矩形盾构技术的难点开展了相关的研究和工程实践活动。具体如表1-4所示。

矩形盾构技术难点的类似相关技术分析表　　　　表1-4

序号	矩形盾构技术难点		类似相关技术研究	备注
1	矩形盾构机设备	矩形全断面切削刀盘	矩形顶管技术（偏心多轴刀盘、行星轮刀盘及多刀盘组合式）	能够解决矩形、异形全断面切削要求
		异形管片拼装机	双圆盾构管片拼装机	技术类似，基本解决
2	大断面矩形隧道管片结构设计		5.84m×3.84m矩形管片设计研究、超大直径盾构管片设计研究	矩形管片设计已有一定基础
3	矩形盾构施工技术	切削排土	矩形顶管技术（新型土体改良技术）	基本解决
		姿态控制	矩形顶管姿态控制	基本解决
		管片拼装	双圆管片拼装	技术类似，基本解决
4	环境影响		矩形顶管技术（新型减摩技术和新型非置换固化技术）	已有一定基础
5	隧道稳定控制		双圆隧道稳定控制技术、矩形顶管隧道稳定控制技术、超大直径隧道稳定控制技术	已有一定基础

(1) 矩形顶管技术发展

对于顶管法矩形隧道，上海隧道工程股份有限公司于1995年开始研究矩形隧道技术，1996年研制1台2.5m×2.5m可变网格矩形顶管掘进机，顶进矩形隧道60m，解决了推进轴线控制、纠偏技术、沉降控制、隧道结构等技术难题。1999年5月，上海地铁2号线陆家嘴车站过街人行地道采用1台3.8m×3.8m组合刀盘矩形顶管掘进机施工，掘进距离124m。后续继续开发出了第二代、第三代矩形顶管掘进机，主要用于目前地铁出入口过街通道，隧道结构断面主要为4.0m×6.0m、4.2m×6.9m（图1-17）。

2003年，宁波首次使用了一台4m×6m偏心多轴刀盘式矩形掘进机，建造了地下人行通道，此后该断面的顶管建成了众多人行通道。2008年，国内研制了4.2m×6.9m多刀盘矩形顶管掘进机，截至目前完成近30条隧道工程，总里程超过1500m。

a）3.8m×3.8m　　　　　　　　b）4.0m×6.0m

图1-17　组合刀盘矩形顶管掘进机

2004年，国内最大断面矩形顶管隧道——郑州中州大道下立交（图1-18），2条机动车道，2条非机动车道，机动车道隧道断面10.4m×7.5m，非机动车道隧道断面6.9m×4.2m。

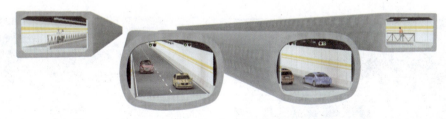

图1-18　郑州中州大道下立交工程示意图

2013年，郑州使用了7.5m×10.4m大刀盘＋偏心多轴组合式矩形顶管掘进机建造地下车行顶管通道（图1-19），目前已经完成两条110m和两条212m长的隧道。该断面基本满足地铁双线矩形隧道的断面要求。

(2) 矩形盾构前期研究

2004年，新疆乌鲁木齐采用了20m×6.2m×

图1-19　郑州中州大道下立交矩形顶管机"中州一号"

7.8m 三联体组装形式的矩形盾构机、履带式行走模板拼装机和现浇衬砌箱体钢模施工了超大断面矩形隧道。2004 年，上海隧道股份有限公司与日本大丰建设株式会社合作，联合制造了双圆土压平衡盾构（图1-20），并用于上海轨道交通杨浦线（MS线）开鲁路站～嫩江路站—翔殷路站～黄兴绿地站三个区间隧道的建设，使中国成为世界上第二个拥有相关技术的国家。随后，上海市隧道工程股份有限公司、上海市基础工程公司和上海市第二市政工程有限公司三家单位在 M6 线同时使用双圆盾构施工，这方面研究成果陆续发表。近年来，上海隧道股份研究所开展了对双圆隧道、多圆隧道、偏心多轴盾构掘进工程的可行性研究，进行了双圆隧道结构的模拟试验，为我国类矩形隧道的发展做了技术储备工作。

图 1-20　双圆土压平衡盾构隧道及盾构机实景图

2015 年上海建工集团，研制了 1 台 10.1m×5.3m 的土压平衡矩形盾构（图1-21），衬砌采用混凝土与钢板的复合结构，并用于上海虹桥临空园区 10-3、11-3 地块地下连接通道工程施工，掘进距离 28m。此矩形盾构主要适用于地下通道和城市地下快速路工程施工。

图 1-21　隧道及盾构机实景图

国内尚无类矩形断面盾构隧道的应用实例，类矩形等异形盾构隧道由于设备、设计理论和施工技术等因素的制约发展缓慢。类矩形盾构隧道的结构变形、结构内力等结构受力性能尚未完全明确。

1.3　类矩形盾构隧道特点、意义及研究重点

基于新型结构断面的类矩形盾构隧道工程技术是一种全新的轨道交通设计理念和施工技术，该技术能够充分利用结构断面和节约地下空间资源，可以最大限度地降低对周边环境的影响，其优势在于单次掘进即可一次形成双线隧道，能减少土地征用量，显著提高隧道在狭窄道路或高层建筑间的穿行能力。

1.3.1　类矩形盾构隧道特点

当圆弧半径趋向于无穷大时，在数学表达式中将其定义为矩形或多边形。类矩形是由多段圆弧组合而成，类似于矩形断面的封闭断面。

（1）隧道断面利用率

从隧道的使用功能来分析，地铁隧道、城市交通人行地道、地下共同沟等隧道的断面形式以单洞双线异形断面隧道最为合适，最为经济；与圆形断面相比，其有效使用面积可增大20%以上。

通常，双线单圆隧道横向影响范围为18～20m。相比双线单圆隧道，单洞双线类矩形断面隧道在横向范围内可节省6m左右的空间；相比单洞双圆隧道，单洞双线异形断面隧道在竖向范围内空间节省量在4m左右。此外，相比单洞双圆隧道必须设立中立柱，类矩形断面隧道可不设中立柱，因此空间布置和使用具有更大的灵活性。

（2）周边环境影响

盾构施工必须首先确保周边环境的安全，也就是将隧道周边土体的扰动控制在允许范围内。在拥有相等有效空间的情况下，类矩形断面能节约35%以上的地下空间，且可以大大减小隧道的埋深。同时，对于双线地铁隧道，类矩形隧道较双线圆形隧道，其影响范围可大大缩小。

相同工况条件下，双线圆形隧道与类矩形隧道的横向沉降槽如图1-22所示。对双线圆形隧道，建筑物处于沉降槽曲率变化较大的不利影响范围内，对于建筑物的倾斜、不均匀沉降控制十分不利；而对类矩形隧道，建筑物处于沉降槽边缘曲率较缓和处，盾构施工对其影响大大降低。

此外，双圆盾构由于海鸥块的特殊构造，施工中容易产生背土、积浆等问题，沉降控制难度相对较大；而类矩形盾构隧道的开挖边界为缓和弧线，可以减轻盾构机的背土现象，有利于对地层沉降的控制。

（3）隧道减振降噪影响

通过对运营地铁单圆盾构隧道和双圆盾构隧道内振动响应进行对比分析，双圆盾构隧道内道床和标准块上测点的竖向振动峰值加速度均小于单圈盾构道床，且前者标准块上测点的振动响应时间小于后者。由于类矩形盾构结构与双圆盾构结构类似，类矩形隧道的减

振降噪相对较明显。

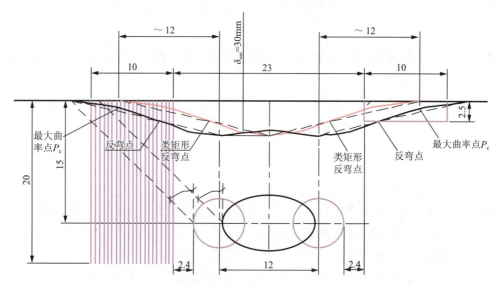

图 1-22 双线圆形隧道与类矩形隧道横向沉降槽对比示意（尺寸单位：m）

综上所述，类矩形盾构隧道具有以下特点：
（1）提高隧道在狭窄道路或高层建筑间的穿行能力，降低对周边环境的影响；
（2）充分利用结构断面，大大减小占用地下空间的范围和隧道埋深；
（3）合理的形状分布，减少了土地征用量和掘进面积；
（4）一次掘进就可直接形成双线地铁，合理实施可节约工期。

因此，基于类矩形盾构法能够有效节约城市核心区域地下空间和降低对周围环境影响的优势特点，该技术适用于老城区和都市核心区等建筑物密集区施工，能很好地解决城市核心区和旧城区所面临的"放不下"和"碰不得"两大难题，是当前迫切需求的地下空间开发手段，也是城市建设发展的趋势。

1.3.2 类矩形盾构研发意义

（1）解决狭小空间盾构隧道建设与环境保护诉求的矛盾

宁波 4 号线部分盾构区间周围房屋众多，保护难度较大，有类矩形盾构施工需求，为了探索类矩形盾构的适用性，研究类矩形盾构关键技术，积累施工经验，为后续施工提供安全保障，进行类矩形盾构的相关研究就是解决以上问题的重要途径。

（2）利于隧道安全性和客流紧急疏散

类矩形隧道单管双线形式的设计，有利于上下行隧道间的互通互联（图 1-23）。

（3）创造经济效益、社会效益

建造类矩形隧道对环境保护要求较高的城市核心区域有较高的社会经济效益，城市轨道交通线路往往穿越城市居住建筑物密集的居住区，如何将在建设过程中对周边环境的影响降至最低是轨道交通建设过程中需要解决的重要课题。类矩形盾构隧道与传统圆形盾构隧道相比在空间利用率、环境影响控制等方面都有较大的优势。

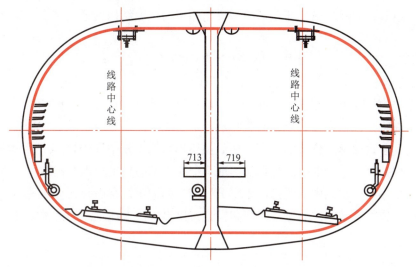

图 1-23　立柱两侧疏散有利于互通互联（尺寸单位：cm）

1.4　本章小结

类矩形盾构法隧道是一种既满足地下空间高度集约化利用，又满足苛刻环境保护要求的盾构法隧道技术，尤其适用于都市核心区和旧城区轨道交通建设。通过该法可望解决轨道交通建设、运营过程中"放不下"和"碰不得"的矛盾，为轨道交通建设的可持续发展提供技术支撑。

考虑类矩形盾构法在中国未有成功经验，因此针对类矩形盾构工程特有的类矩形断面形式，考虑隧道沿线周边环境复杂、开挖土层灵敏度高，且具有小半径曲线段及含超浅覆土工况等特点，其尚需解决如下技术重难点：

（1）大断面类矩形隧道管片结构设计需满足结构受力和防水要求。

异形断面衬砌结构设计的难点在于确定最优的类矩形盾构横断面尺寸和断面形式。

（2）类矩形盾构机装备需具备异形断面切削能力和异形管片拼装能力。

异形断面隧道掘进的难点在于保持100%全断面切削，其拼装机构的难点在于实现无需辅助设备即可完成中立柱的拼装；

（3）类矩形盾构隧道施工需解决切削排土、同步注浆、轴线控制和管片拼装等相关技术。

切削排土难点在于需配合盾构刀盘切削方式，选用土体改良添加剂和改良技术；同步注浆难点在于针对类矩形盾构研究特殊注浆孔位的浆液材料、控制参数和控制指标；拼装技术的难点在于：①拼装机回转空间小；②拼装过程稳定性控制难度大；③中立柱拼装困难；④管片结构外形尺寸特殊；⑤拼装机构造功能特殊；⑥协调安装困难；隧道轴线控制难点在于断面高宽不同，底层软弱，灵敏性高导致盾构姿态难以控制。

（4）类矩形盾构隧道施工环境影响需提出相应的隧道结构变形控制技术措施和环境控制体系。

类矩形隧道的断面尺寸较大，其对应的建筑空隙往往也较大，特别是由于曲线段推进、纠偏等产生的超挖，往往造成盾尾的建筑空隙进一步增大；同步浆液的前期强度往往较低，加剧了隧道结构的变形控制难度。此外，目前还没有针对类矩形盾构施工引发地层变形的特征进行机理研究，因此，必须针对类矩形隧道特点，提出相应的隧道结构变形控制的技术措施；进行参数敏感性分析的研究，明确类矩形盾构引发地层位移的主要影响因素及其影响程度的相关研究，自主研制符合我国地下空间需求的自主知识产权的新型矩形盾构。

针对类矩形盾构研制中的难点，本书分别从大断面类矩形隧道衬砌结构设计、盾构机装备以及盾构施工技术等方面进行研究和探索，提出解决上述难点的技术路径。

第 2 章
类矩形盾构隧道设计及试验

类矩形盾构法隧道在断面空间利用率上存在较大优势，但由于其结构受力和变形、接缝防水、矩形管片拼装等技术难题，一直未能得到有效发展。本章以宁波市轨道交通3号线出入段类矩形盾构隧道工程试验段为背景，讲述通过类矩形盾构隧道的断面选择、管片结构设计、防水设计、管片试验、现场试验等技术的整体研发，取得的类矩形盾构法隧道科研成果，为类矩形盾构法隧道建设的进一步开展提供技术支撑。

2.1　盾构隧道计算方法研究

当前盾构隧道的计算方法大多采用传统方法，如修正惯用设计法、梁-弹簧模型法、多铰圆环法等，这些传统方法是否能适应当下新型的盾构隧道新技术，完善并创新盾构隧道设计方法并真实揭示隧道结构真实的受力情况，需要通过试验研究来确定。

2.1.1　类矩形盾构隧道主要优势

类矩形盾构隧道断面可有效节约地下资源，减少对周边环境影响，类矩形盾构隧道因其独特的断面形式，具有以下优点：

（1）有效减少地下占用空间，较单洞单线小直径圆隧道减少36%；

（2）加大了隧道与周边建筑物的距离，可减小对周边环境的影响；

（3）类矩形隧道顶、底部略微起拱，较矩形隧道结构受力更有利。

因此，在高楼林立、街道狭窄、地下管线密集的地段建造地铁隧道，类矩形盾构隧道工法有着独特优势，为复杂环境下地铁隧道工程开发、规划提供一种新的形式，应用前景广泛。

2.1.2　类矩形盾构隧道设计难点

小断面圆形隧道的结构形式具有较好的成拱效果，但占用地下空间资源较高；大断面圆形隧道在特殊地段具有一定的优势，但是开挖断面利用率较低；双圆隧道提高了开挖断面利用率和地下空间的利用率，但因其自身的构造特点（特别是上部海鸥形凹槽处），盾构施工时顶部易背土、积浆，特别在纠偏时更加剧了土体扰动，地表沉降控制难度较大。类矩形盾构隧道虽然能够有效地提高开挖断面利用率，但其成拱效应无圆形结构明显，结构受力相对圆形结构不具优势。所以在进行类矩形隧道结构断面设计时需要在结构受力和开挖断面利用率之间寻求平衡，最终获得满足功能需求前提下的最优隧道结构断面。具体包括以下3方面：

（1）类矩形盾构隧道结构受力规律不同于圆形隧道，在类矩形盾构隧道结构分析计算时，选取的计算模型和计算参数不能完全参考圆形隧道，需要结合1∶1整环结构试验和接头试验确定。类矩形盾构隧道破坏形式与圆形隧道也完全不同，对部分特殊荷载（如偏载、扭转等）较圆形隧道更为敏感。

（2）类矩形盾构隧道分块形式完全不同于圆形隧道，其分块大小、接缝位置、拼装顺序等应结合其受力特点、施工工艺确定。依据确定的分块形式，可以获得衬砌接头受力状态，对接头处手孔及螺栓连接形式进行创新式设计以提高整体结构承载能力。

（3）类矩形盾构隧道的防水设计可以结合圆形隧道、双圆隧道的工程实施经验，尽量克服已有盾构隧道防水的薄弱环节。类矩形隧道结构顶部弯矩较大处轴力较小，接缝变形规律和接头防水效果也与圆形隧道不同。需要通过接头防水试验，提出合理的防水接缝形式和弹性密封垫构造形式，以满足类矩形盾构隧道的防水要求。

2.2 试验段工程概况

由于国内尚无类矩形隧道施工先例，为验证类矩形盾构机、管片生产、盾构施工、测量监测等方面的技术，确保施工的质量、安全，在宁波轨道交通4号线施工前，先进行示范工程应用研究。根据试验条件、技术及经济性分析，最后选定宁波市3号线姜山镇出入场线作为示范工程，该段隧道能较好体现类矩形盾构施工工法的优势。

宁波市轨道交通3号线南起鄞州陈婆渡，北至镇海骆驼街道，线路全长约25.83km。陈婆渡站（高塘桥站）南侧设接车辆段出入段线。针对此出入段线工程开展类矩形盾构法隧道新技术示范应用研究。如图2-1所示，类矩形盾构隧道段长390.3m，区间隧道纵坡最大坡度35‰，最小平曲线半径400m，隧道顶部埋深2.5～10.46m。区间推进施工采用1台新制的11.83m×7.27m类矩形土压平衡盾构，盾构从外塘桥南端头井始发，最终到达盾构接收井。

矩形盾构段及明挖区间（含盾构工作井）地层条件如图2-2所示，主要地层为：①$_1$层杂填土、①$_2$层黏土、①$_3$层淤泥、②$_1$层黏土、②$_{2a}$层淤泥、②$_{2b}$层淤泥质粉质黏土、②$_3$层淤泥质粉质黏土、③$_2$层粉质黏土、④$_1$层淤泥质粉质黏土。区间各地层特征和各地层物理力学指标见表2-1。

图 2-1　类矩形盾构工程布置示意图

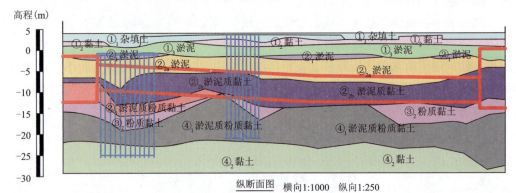

图 2-2　矩形盾构段纵断面地质剖面图

矩形盾构段及明挖段各土层物理力学指标　　　　表 2-1

土　层	含水率（%）	密度（kg/m³）	黏聚力（kPa）	内摩擦角（°）
②$_{2a}$	58.0	1.66	7.8	13.0
②$_{2b}$	46.2	1.73	8.4	13.8
②$_3$	40.3	1.79		
③$_2$	34.3	1.84	10.2	18.2
④$_1$	39.7	1.80	8.8	3.8

2.3　断面设计

　　从满足地铁限界方向衡量，矩形断面比圆形断面的有效使用面积大 20%，而类矩形断面的有效使用面积又高于矩形断面，因此，类矩形盾构隧道是盾构施工法的发展方向。本节主要介绍类矩形断面的限界设计、疏散方式设计以及断面形式设计。

2.3.1 限界设计

1）限界制定的原则

（1）轨道交通的限界是确定行车轨道周边的构筑物净空的大小和安装各种设备及管线相互位置的依据，应力求做到经济合理、安全可靠且能满足各种设备及管线安装的需要；

（2）轨道交通的限界应根据车辆的轮廓尺寸和技术参数、轨道特性、受电方式、设备及管线安装、施工方法等因素，综合分析计算确定；

（3）轨道交通的限界主要包括车辆限界、设备限界和建筑限界。车辆限界是车辆在平直道上正常运行状态下所形成的最大动态包络线，用以控制车辆制造。设备限界是车辆在故障运行状态下形成的最大动态包络线，用以限制轨行区的设备安装。建筑限界是在设备限界基础上，满足设备和管线安装尺寸后的最小有效断面；

（4）鉴于宁波1号线、2号线工程采用B2鼓形车，本着轨道交通网络资源共享原则，确定4号线采用《地铁限界标准》（CJJ 96—2003）所规定的车辆限界、设备限界，以包络鼓形车的限界要求；

（5）盾构断面采用包容性设计，应考虑其在正线（设疏散平台、平台宽度一般为700mm，困难地段不小于550mm）和出入线（无疏散平台）的适用性；

（6）限界是按平直轨道的条件制定的，盾构曲线地段采用隧道中心线向线路基准线内侧偏移的方法解决轨道超高造成的内外侧不均匀位移量；

（7）盾构区间考虑设置单渡线的条件，转辙机设于两线间，道岔区的限界加宽通过微调管线支架布置来满足；

（8）建筑限界中不包含施工误差、测量误差、结构沉降、位移变形等。在结构设计、施工和设备安装时，对结构施工、测量、变形误差、设备制造和安装误差以及施工、运营中难以预计的其他因素在内的安全留量等，都应予以充分考虑。

2）限界断面形式

研究全新的限界断面形式，综合对比不同断面的受力情况、空间利用率和经济性，选定最优的限界断面形式。

根据有关技术标准及设计规范、宁波市轨道交通既有在建线路的设计方案、区间各专业管线和设备的布置应统筹设计等，限界要求主要包括：

（1）车辆采用国家标准B2型车，接触网供电，车体基本宽度2800mm；

（2）两线之间（行车方向左侧）的限界设计：中隔墙的设置、疏散平台（正线）的设置、强电电缆及电源箱的布置；

（3）两线外侧（行车方向右侧）的限界设计：外侧结构断面形式、弱电电缆及信号箱盒的布置、给排水管的布置。

满足以上要求的前提下，提出了两种限界断面进行比选：

（1）限界断面一：新型断面

参照单洞单线圆形盾构的建筑限界，盾构可在两线外侧采用半圆，两线间采用矩形的断面形式。同时，采用隧道中心偏离线路中心线的方法补偿轨道超高产生的旋转加宽量，偏心公式为：

$$\begin{cases} X = h_0 \sin\alpha \\ Y = -h_0(1-\cos\alpha) \end{cases} \quad (2\text{-}1)$$

式中：α——轨道超高角度，$\alpha=\arcsin(h/s)$；

h_0——直线段隧道中心距轨面高度，mm，取 1860mm；

h——曲线轨道超高值，mm；

s——内外轨中心距离，mm，取 1500mm。

区间正线曲线地段，考虑最小曲线半径 R=250m，曲线最高通过速度 v=60km/h，超高设置 h=120mm，采用隧道中心偏离线路中心线的方法补偿轨道超高产生的旋转加宽量，隧道偏心 149mm。疏散平台宽度有效宽度不小于 550mm，中隔墙厚及其施工误差共计 400mm，对曲线地段设备限界加宽，线间距为 5100mm，限界总宽 10300mm，高 5200mm。

行车方向左侧设疏散平台，宽度不小于 550mm，平台上方布置动力照明电缆和控制电缆，疏散平台下方设置环网电缆。行车方向布置通信信号电缆支架及其设备箱盒、给排水管等，限界设计断面如图 2-3 所示。

（2）限界断面二：传统矩形断面

参照传统明挖矩形隧道的建筑限界，矩形盾构可在两线外侧、两线之内均采用矩形的断面形式。曲线地段采用隧道中心偏离线路中心线的方法补偿轨道超高产生的旋转加宽量，具体偏心值根据曲线半径和实设超高另行确定。

区间正线曲线地段，考虑最小曲线半径 R=250m，曲线最高通过速度 v=60km/h，超高设置 h=120mm，如图 2-4 所示。

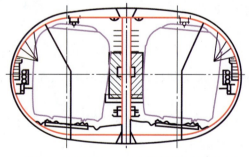 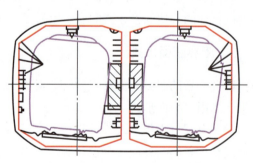

图 2-3　限界断面一：正线曲线地段建筑限界图　　图 2-4　限界断面二：正线曲线地段建筑限界图

从上述设计方案可以看出：两种限界断面均能满足限界要求，且两种断面所采用的设计原则与传统的单圆盾构、矩形明挖隧道等一致，管线布设合理，均能较好地实现不同区间结构之间的对接。

新型断面采用"半圆+矩形+半圆"断面，断面宽 10.3m，高 5.2m，限界空间约 47.8m^2。传统矩形断面的断面宽 9.6m，高 5.24m，限界空间约 48.5m^2。从限界空间合理利用角度来看,新型断面优于传统矩形断面。两种断面方案比较见表 2-2。

两种断面方案比较   表 2-2

断面形式	外包尺寸(mm)	每环弯矩(kN·m)	每环轴力(kN)	配筋面积(m^2)	主筋配筋	主筋配筋率(%)	衬砌厚度(mm)	每延米断面开挖量(m^3)	每延米混凝土方量(m^3)	最大收敛变形(mm)
方案一	11500×6940	471.1 / -511.2	-967.8 / -978	8283	8Φ32+4Φ25	1.5	450	68.4	16.02	11.2
方案二	11200×6940	501.2 / -518.4	-962.4 / -975	8413	8Φ32+4Φ28	1.5	500	69.1	16.2	10.8

限界设计是否合理还应通过结构断面的设计方案来检验,两侧半圆形的结构形式具有较好的成拱效果,结构受力更加合理,有利于减小结构厚度;同时该截面形式有利于盾构设备全断面切削土体,对周边环境的影响更小,故最终采用新型断面。

2.3.2 疏散方式设计

根据《地铁设计规范》(GB 50157—2013)第 28.2.4 条的规定:"两条单线区间隧道应设联络通道,相邻两个联络通道之间的距离不应大于 600m。联络通道内应设并列反向开启的甲级防火门,门扇的开启不得侵入限界。"本条款主要针对两条单线隧道的情况,由于隧道间采用矿山法暗挖修建联络通道,施工风险较大,规定联络通道之间距离不大于 600m 设置防火疏散门。

单洞双线隧道,上、下行线间无须另外设置联络通道,仅需每隔一段距离设置一道防火门即可。当区间隧道发生突发事件,列车无法驶向站台而被迫停留在区间隧道内时,乘客可就近通过防火门进入非火灾区间隧道,再疏散至安全地区。

南京地铁 3 号线、10 号线每隔 200m 设置两道甲级防火门(宽 2000mm),如图 2-5 所示,乘客从疏散平台通过楼梯下至轨道面后再经防火门转移至另一安全空间。中间隔墙采用现浇方式施工。

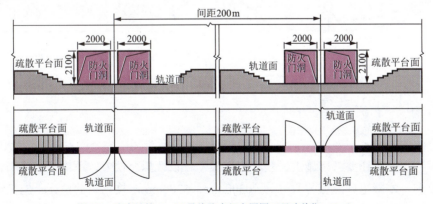

图 2-5 南京地铁 3、10 号线防火门布置图(尺寸单位:mm)

类矩形盾构隧道中间立柱(隔墙)采用预制拼装方式施工,与上海 16 号线相类似,因此每隔约 300m 设置一道并列反向开启的甲级防火门（宽 700mm），如图 2-6 所示，发生突发事件时乘客通过疏散平台到达防火门后转移至另一安全空间。标准段中间隔墙采用预制拼装的形式施工，防火门和泵站处立柱采用钢管片，如图 2-7 所示。

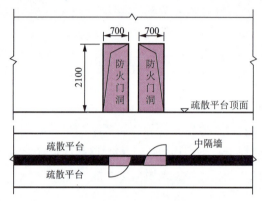

图 2-6　类矩形盾构隧道防火门布置图（尺寸单位：mm）

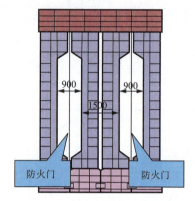

图 2-7　类矩形盾构隧道防火门处钢立柱布置图（尺寸单位：mm）

疏散平台布置要求为：

（1）上下行线中间立柱处设置疏散平台宽度不小于 550mm，平台沿线路方向通长布置，在区间端头、泵站处断开，并设置钢梯下至道床，如图 2-8 所示。

（2）疏散平台采用现浇形式，与立柱内预埋钢板通过焊接连接如图 2-9 所示。

（3）立柱间空隙采用防火板密闭、隔离。

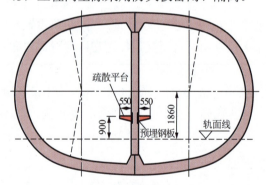

图 2-8　疏散平台横剖面布置图（尺寸单位：mm）

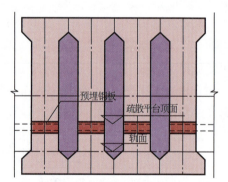

图 2-9　疏散平台立面布置图

2.3.3　断面形式设计

隧道断面的确定主要取决于地下铁道的限界（包括车辆限界、设备限界、受电弓限界、建筑限界），同时还要考虑施工误差、测量误差、设计拟合误差、不均匀沉降等因素。根据限界要求，本隧道建筑限界尺寸为 10300mm×5200mm。按已有的设计、施工经验，综合考虑隧道轴线的施工误差（包括测量误差）、隧道后期不均匀沉降等因素，以及结构的受力情况，确定隧道内尺寸最小为 10600mm×5500mm。

在满足限界要求的情况下,隧道限界断面最小竖向尺寸为 5500mm,如果采取图 2-10 所示顶部和底部水平的结构形式,断面利用率高,但其受力性能较差。

考虑在隧道顶部和底部采取起拱的类矩形结构形式,并通过计算分析不同曲率半径组合时结构整体受力情况,在结构受力和开挖断面利用率之间寻求平衡,最终获得满足功能需求前提下的最优类矩形隧道结构断面,如图 2-11 所示。

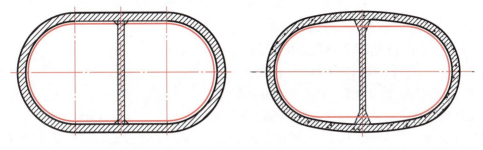

图 2-10 顶部和底部水平的结构形式　　　　图 2-11 顶部和底部起拱的类矩形结构形式

2.4 管片结构设计

2.4.1 结构厚度

类矩形区间隧道衬砌按平面问题计算,设计成具有一定刚度的柔性结构。在计算中,衬砌环的内力计算按自由变形的弹性均质体进行,对错缝拼装的衬砌结构,还必须考虑接头部位抗弯刚度的下降、接缝处弯矩的传递等作用。设计采用比较成熟的 η-ζ 法(即惯用法)进行设计计算。衬砌受力形式见图 2-12。

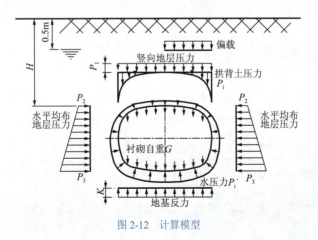

图 2-12 计算模型

错缝拼装的衬砌结构,还必须考虑整体补强效果,进行弯矩的重分配。衬砌环在接头处的内力计算见下式。

接头处内力：

$$M_{ji}=(1-\xi)M_i \qquad (2-2)$$
$$N_{ji}=N_i \qquad (2-3)$$

相邻管片内力：

$$M_{si}=(1+\xi)M_i \qquad (2-4)$$
$$N_{si}=N_i \qquad (2-5)$$

式中：ξ——弯矩调整系数；

M_i、N_i——匀质环模型的计算弯矩和轴力；

M_{ji}、N_{ji}——调整后的接头弯矩和轴力；

M_{si}、N_{si}——调整后的相邻管片本体的弯矩和轴力。

根据列车建筑限界尺寸，综合考虑隧道轴线的施工误差（包括测量误差）、隧道后期不均匀沉降等因素，隧道内净空尺寸确定为10.6m（宽）×6.037m（高），经结构内力计算确定管片厚度为450mm。

2.4.2 管片分块及拼装方式

衬砌环全环由11分块（含中间立柱块）组成。环间采用错缝拼装。通过采用A、B型衬砌环（图2-13、图2-14）交错拼装形成错缝。

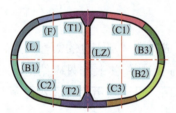
图2-13 类矩形隧道分块图（A型衬砌环）

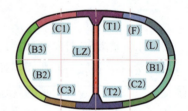
图2-14 类矩形隧道分块图（B型衬砌环）

2.4.3 环、纵缝构造

考虑管片环与环、块与块间易产生"错台"现象，在衬砌环面上设置剪力销（图2-15）。衬砌分块面采用定位棒设计（图2-16），有效控制管片间的拼装定位。经实践检验，可以较有效地控制因地质、施工、运营条件造成的衬砌环纵向"错台"。

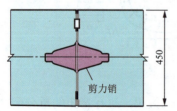
图2-15 环缝示意图（尺寸单位：mm）

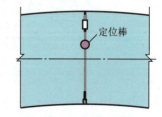
图2-16 纵缝示意图

2.5 盾构防水设计

类矩形盾构隧道具有多道防水措施：管片采用抗渗等级为 P10 的防水混凝土，外表层增设防水涂层；管片外填充注浆材料；管片接缝防水体系由密封垫、嵌缝、手孔螺栓垫圈组成。而防水措施的成败主要集中于接缝体系的防水效果，因此，对类矩形盾构隧道的接缝防水措施进行研究具有重要的意义。

类矩形盾构隧道作为新型断面形式，无论纵向还是环向的接缝变形特点都未知，局部的不均匀沉降还将考验类矩形盾构隧道的整体稳定性，这都会影响到接缝的防水效果；另外，以往管片结构设计与防水设计的不匹配也引发了一系列防水问题。因此，在类矩形盾构隧道防水密封垫的设计阶段，综合考虑类矩形隧道接缝变形、密封垫与沟槽相互作用、密封垫防水性能是十分有必要的。

类矩形盾构隧道的管片拼装过程与传统单圆隧道差异较大，其潜在的拼装精度问题未知，而管片的拼装精度一定程度上决定了接缝的形态，也就影响了接缝防水的效果。因此，从保障防水效果的角度对类矩形盾构隧道的拼装过程提出建议是十分有必要的。

从类矩形盾构隧道的长期运营角度考虑，橡胶材料的老化及松弛特性都将使得密封垫接触应力不断减小，进而削弱其防水能力。因此，对密封垫的长期防水性能进行评估可保证密封垫的长期服役性能。

本节以宁波轨道交通 3 号线类矩形盾构隧道为例，介绍类矩形盾构隧道防水设计的特点。

2.5.1 防水设计参数

1）设计防水压力

盾构隧道的设防指标是防水设计中最为重要的参数之一，现有的《地下工程防水设计规范》（GB 50108—2008）关于设防压力的相关规定源于上海市标准《盾构法隧道防水技术规程》（DBJ 08-50—1996），其明确指出：规定水压应等于实际承受最大水压的 2～3 倍。在制定宁波轨道交通 3 号线隧道设计防水压力时也参考了国内国际相关的工程。

根据宁波的软弱地层的分布及后续工程产品定型化的考虑，类矩形盾构隧道的设计埋深按照 17m 考虑，安全系数设定为 3，因此最大的设防压力为 0.51MPa。

2）管片接缝变形指标

《地下工程防水设计规范》（GB 50108—2008）规定：管片的张开量指标关系到密封垫的工作状态的最小压缩量，而由于变形必须综合考虑隧道的圆形特征，一般采用如下公式计算：

$$\delta \leqslant \frac{BD}{(\rho_{min}-0.5D)+\delta_0+\delta_s} \qquad (2-6)$$

式中：δ——环缝中弹性密封垫在设计水压力下允许的缝张开值，mm；

ρ_{min}——隧道纵向挠曲的最小曲率半径，mm；

D——衬砌外径，mm；

B——管片宽度，mm；

δ_0——生产、施工中可能产生的环缝间隙，mm；

δ_s——邻近建筑物引起的接缝张开值，mm。

错缝量主要来源于施工误差，按照《盾构法隧道施工与验收规范》（GB 50446—2017）规定，管片在盾尾内拼装完成时，每环相邻管片高差允许值为5mm，纵向相邻环管片高差允许值为6mm。根据以往设计经验，最大错缝量控制值也取为6mm。

图2-17揭示了环纵缝张开量、错台量与密封垫的目标设计值之间的关系，很明显接缝的变形量大于设计目标值，因此从偏于安全的角度考虑本工程设计中以张开量目标值代替设计值。

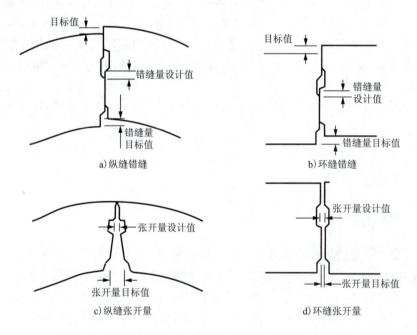

图2-17 管片环纵缝张开量、错缝量设计值与目标值关系示意图

计算表明：错台变形是类矩形盾构的接缝变形的主要形式，而环缝和纵缝的张开量将根据实际极限变形的计算结果设定，见表2-3。

盾构隧道密封垫极限变形指标 表2-3

位 置	张 开 量	错 台 量
环缝	5	15
纵缝	8	12

3）闭合压缩力指标

管片接缝防水设计必须满足管片的拼装要求，即弹性密封垫完全压缩至接缝完全闭合（张开量＝0mm）；并且在千斤顶推力和管片拼装的作用力下，应当不致使管片端面和角部损伤。管片的拼装机设计能力可保证100kN/m，但是在拼装过程中同时应考虑封顶块插入过程顺畅。根据上海地铁及成都地铁施工经验，当橡胶密封垫闭合压力小于60kN/m时，管片均可顺利拼装。

2.5.2 管片接缝密封垫防水形式选型

国际上常用的弹性密封垫主要有两大类型：一种是以欧洲为代表的非膨胀合成橡胶，靠弹性压密，以接触面压应力来止水，以耐久性见长；另一种是以日本为代表的遇水膨胀橡胶，靠其遇水膨胀后的膨胀压来止水，其优缺点见表2-4。

三元乙丙密封垫与遇水膨胀橡胶密封垫优缺点比较　　　表2-4

材质	优点	缺点
三元乙丙	（1）耐久性好，物质析出少； （2）生产工艺成熟，已经普遍应用	（1）明显存在接触应力松弛现象； （2）防水能力增长的同时，拼装闭合压缩力也同时增长
遇水膨胀橡胶	（1）施工初期拼装压力小； （2）遇水膨胀后可补偿应力松弛损失	（1）产品质量参差不齐，物质析出难控制； （2）如果膨胀率过大则容易从沟槽中脱落失效

双圆盾构引入前，已有遇水膨胀橡胶密封垫出现在地铁隧道管片防水体系中。图2-18为双圆盾构防水沟槽及密封垫断面设计图。

在结构断面形式上，类矩形盾构隧道与双圆盾构隧道有着类似的特征：都是双洞且存在着中隔墙，因此顶部往往是渗漏水的薄弱环节。同时接缝防水的设计也必须考虑施工拼装的便利：在最后阶段由于累积了前期各

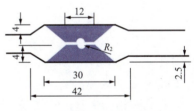

图2-18　双圆盾构密封垫设计断面图
（尺寸单位：mm）

管片的拼装误差，封顶块能否顺利插入直接影响到拼装施工的进度和施工效果。因此在我国的双圆盾构隧道的工程实践中，沿用了日本遇水膨胀类密封垫的设计，即在拼装阶段对应的管片拼装力较小，而在推出盾尾后，密封垫遇水膨胀，充满整个防水沟槽，起到止水的效果。但是此种防水设计在实际工作中却存在着如下的不足：

（1）遇水膨胀类材料在下井之前就必须嵌套完成，受潮湿环境的影响，其容易发生过早膨胀而无法完全与管片沟槽密贴。

（2）我国的遇水膨胀类材料生产质量参差不齐，受工程造价的影响，聚丙烯酸钠等膨胀类材料的滥用，造成使用过程中材料析出严重，直接影响到防水效果。

（3）由于过度担心管片的拼装效果，导致密封垫的设计过薄，在封顶块拼装插入过程中密封垫间的摩擦力会使其自身扯断。

（4）膨胀材料在膨胀时，容易引起局部翘曲进而引发防水失效，见图2-19。

图 2-19 双圆盾构密封垫防水试验结果

基于以上原因,在本项目中,拟采用耐久性较好的三元乙丙密封垫作为主要的接缝防水材料。

2.5.3 弹性密封垫及防水沟槽设计

1)密封垫材料参数设计

在最新修订的《地下工程防水技术规范》(GB 50108—2008)和《高分子防水材料 第4部分:盾构法隧道管片用橡胶密封垫》(GB 18173.4—2010)中规定了盾构隧道密封垫的相关技术指标。

可以看出:两本规范中的参数是几乎一样的,只是后者对于硬度指标则区分了实心与多孔的密封垫,在压缩永久变形上的测量方法上更为细致。另 CR 多用于实心密封垫,EPDM 则多用于多孔性密封垫。CR 容易结晶变硬,尤其在低温条件下,这是其设计硬度小于 EPDM 的主要原因。

在这些指标中,拉伸强度、扯断伸长率表征了极限状态下密封垫的强度性能,而压缩永久变形、防霉等级以及热空气老化下密封垫的性能则表征了密封垫本身的耐久性能。而与弹性密封垫的防水能力最密切相关的则是硬度,但是同时也对拼装力影响最大,考虑到宁波地铁 3 号线的特点,为保证在封顶块拼装时顺利,应当降低硬度,不使其超过 61°。

2)密封垫断面设计

在密封垫的外形设计中,一般多遵循《地下工程防水技术规范》(GB 50108—2008)的相关规定:

(1)弹性密封垫沟槽深度与密封垫的高度关系可按下式并参照图 2-20 确定:

$$\alpha = \frac{T-A}{T} \tag{2-7}$$

$$\alpha' = \frac{T-A-B}{T} \tag{2-8}$$

式中:α、α'——弹性密封垫最大和最小压缩率,为设计所设定;

B——设计中接缝允许张开量的一半。

（2）弹性密封垫沟槽截面积与密封垫的关系：

$$A=(1\sim1.5)A_0 \qquad (2-9)$$

式中：A——密封垫沟槽截面积；

A_0——弹性密封垫截面积。

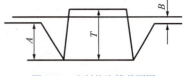

图 2-20 密封垫沟槽截面图

通过以上两个约束条件，可以根据沟槽的情况设计出密封垫的初始轮廓，而后再进一步对断面进行调整。

橡胶密封垫断面最早以方形为主，在密封垫发展过程中曾出现了多种密封垫断面形式，特别是在非膨胀橡胶应用较多的国家，如德国及其他欧洲国家，典型断面形式有"谢斯菲尔德"型（中孔形）、"安特卫普"型、"慕尼黑"型（梳形），目前工程中使用较多的断面形式有三种：梯形、梳形和中孔形。而中孔型在我国目前应用最为普遍，因为其在一定的水压作用下，可承受较大的接缝张开量，防水效果明显。

一般的中孔型三元乙丙弹性密封垫是由孔洞部分和腿部两部分组成的（图 2-21），而在其断面设计中应注意以下要点：

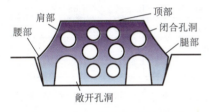

图 2-21 中孔型密封垫截面示意图

（1）顶部和肩部设计应充分注意到错缝防水要求，同时肩部抹角应保证在密封垫全部压缩入沟槽内不发生"挤隙"现象，所谓的"挤隙"是指对于一定硬度的橡胶，当介质压力过大或密封零件间隙过大时，都可能发生 O 形密封圈被挤入间隙内的危险，从而导致 O 形密封圈的损坏，失去密封作用；

（2）腰部设计与腿部设计应尽量使得密封垫与沟槽轮廓密贴，这样就可以保证在拼装过程中，尤其在拱顶块拼装过程中，密封垫不会在沟槽内发生较大的错动，进而发生内部错缝现象，情况严重的甚至会引起密封垫翻转和脱落；

（3）密封垫的整体高度应满足规范相关张开量规定，同时密封垫的扣除敞开孔洞和闭合孔洞后净面积应小于沟槽的净面积，这样就可以保证接缝在闭合状态下，密封垫完全可以压缩入沟槽。

将国内典型的越江隧道和地铁盾构隧道的盾构密封垫、防水沟槽的指标汇总于表 2-5、表 2-6，可以看出：

（1）越江隧道的断面轮廓一般较大，多在 800mm² 以上，而地铁盾构隧道密封垫面积多在 600mm² 以下；这一方面是与不同的错缝和张开量要求相对应的，一般越江隧道的张开量和错缝量较大，则密封垫的断面尺寸则较大，以适应拼装错台时的防水要求；

（2）无论是地铁盾构隧道，还是越江隧道的开孔率多在 35% 左右，同时闭合孔洞部分与敞开的孔洞部分的比例也接近 1:1；

（3）净面积与沟槽面积之比，无论是地铁隧道还是越江隧道，都在 1.02～1.15，这是与规范中的规定相符的。

国内典型密封垫开孔率统计　　　　　　　　　表 2-5

断面类型	外轮廓面积（含腿部开孔面积）（mm²）	闭合孔洞面积（mm²）	敞开孔洞面积（mm²）	净面积（mm²）	开孔率（%）	闭合孔洞面积/所有孔洞面积（%）
上海复合式	501.36	82.03	97.47	321.86	35.80	45.70
上海多孔 EPDM	495.43	88.75	88.86	317.82	35.85	49.97
杭州宁波地铁 EPDM	537.76	104.06	86.29	347.41	35.40	54.67
成都地铁 EPDM	527.90	113.04	86.15	328.71	37.73	56.75
崇明越江隧道 EPDM	818.56	145.62	106.18	566.76	30.76	57.83
武汉越江隧道复合式	1023.44	196.11	165.31	662.03	35.31	54.26
青草沙多孔 EPDM	526.87	88.84	95.43	342.60	34.97	48.21

国内典型密封垫净面积与沟槽面积关系　　　　　　　表 2-6

断面类型	密封垫净面积（mm²）	沟槽面积（mm²）	沟槽面积/密封垫净面积
上海复合式	321.86	355.30	1.10
上海多孔 EPDM	317.82	355.30	1.12
杭州宁波地铁 EPDM	347.41	355.30	1.02
成都地铁 EPDM	328.71	355.00	1.08
崇明越江隧道 EPDM	566.76	600.60	1.06
武汉越江隧道复合式	662.03	700.00	1.06
青草沙多孔 EPDM	342.60	390.50	1.14

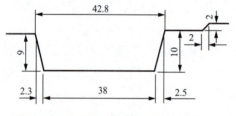

图 2-22　宁波地铁 3 号线最终选用的沟槽断面（尺寸单位：mm）

考虑到宁波地区的水文地质特点及类矩形盾构隧道的管片接缝变形特点：管片的错台量对防水设计的影响明显大于张开量的影响，因此在本项目中应适当加大防水沟槽密封垫的横向宽度，最后防水沟槽设计参照了崇明隧道设计方案，宁波地铁 3 号线最终选用沟槽断面尺寸如图 2-22 所示。

2.6　类矩形盾构管片试验

盾构法隧道采用装配式衬砌作为结构长期受载体，隧道衬砌由若干弧形管片由盾构机拼装成环，管片环向、纵向之间主要通过螺栓等进行连接。由于国内尚未进行过错缝拼装类矩形管片的 1∶1 整环结构试验，因此有必要通过系统研究掌握类矩形管片结构的极限承载力，了解结构的薄弱部位和影响结构承载力的主要因素，明确不利工况下类矩形管片结构性能的发展全过程，探索邻近工程活动影响下盾构隧道结构的行为特征及失效征兆，确定结构正常使用和结构安全的界限状态。本节主要对类矩形盾构的管片接缝试验、整环试验、优化试验和防水试验进行研究。

2.6.1 管片接缝试验

管片接缝是盾构隧道衬砌结构的薄弱环节，其力学行为直接影响到运营盾构隧道结构的渗漏、变形和承载能力，为此针对宁波类矩形盾构管片的环向和纵向接缝，细致开展管片接缝的纵缝接头和夹片试验，获得不同工况下纵缝张角、纵缝抵抗正（负）弯矩的接头转角刚度、错缝拼装衬砌结构弯矩纵向传递系数及环缝、纵缝剪切刚度，探明通用环管片接缝的极限承载能力，获得接缝受力全过程的性能发展规律，明确控制管片接缝受力行为的控制因素，验证衬砌结构计算和接缝设计中计算参数选取的合理性，并对施工质量提出控制要求及优化建议，为保障宁波市既有和新建轨道交通的质量和运营安全提供技术支撑。

1）管片纵缝剪切实验

作为宁波类矩形盾构管片接头试验的一个环节，纵缝剪切试验的主要目的是研究在荷载作用下纵缝接头在沿直径方向产生相对错动时的抗剪性能，得到拼装管片纵缝剪切刚度。

（1）试验装置
①加载系统。
试验场地为同济大学土木工程防灾国家重点试验室。加载系统由 1 台 200t 油压竖向千斤顶、2 台 100t 水平张拉千斤顶、反力架及分配梁组成，如图 2-23 ～图 2-26 所示。

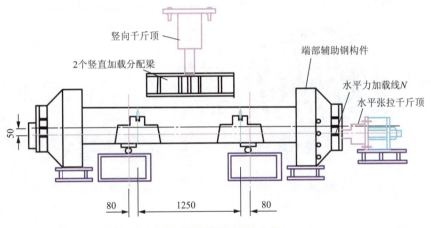

图 2-23　加载装置正面图（尺寸单位：mm）

图 2-24　加载反力架

图 2-25　100t 张拉千斤顶

图 2-26　加载装置铰支座

竖向剪切力由 200t 油压千斤顶提供，由两个分配梁将力传递到管片上；轴力由 2 台 100t 张拉千斤顶提供。其中 200t 油压千斤顶由 1 台油站提供压力，2 台 100t 张拉千斤顶由 1 台油站提供压力。

②数据采集装置。

数据采集装置采用 DH3816N 静态应变测试系统，每个模块 60 测点，适用于测点相对较集中的模型及其他试验，实现对应变应力、压力、扭矩、位移、温度等物理量的测量，如图 2-27 所示。系统采用以太网通讯，可边采样、边传送、边存硬盘、边显示，可长时间实时、无间断记录所有通道信号。本试验中主要对应变、位移、纵缝油压等变量进行全过程实时采集。

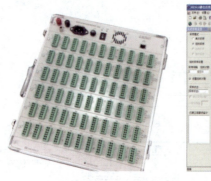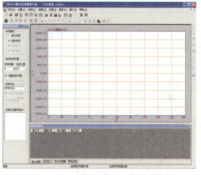

a）采集系统　　　　　　　b）软件界面

图 2-27　数据采集系统及软件界面

（2）试验方案

①试件设计。

宁波地铁类矩形盾构隧道管片外尺寸 11.5m×6.94m，全环由十块管片（不含立柱）组成，混凝土强度等级为 C50，环向连接采用 6.8 级 M33 型螺栓连接，纵向连接采用 6.8 级 M30 型螺栓连接。管片厚度为 0.45m，环宽为 1.2m，采用类矩形衬砌环错缝拼装，衬砌截面如图 2-28 所示。

由于真实管片长度长，针对该试验进行管片浇筑，管片接缝部位仍保留嵌缝、止水条、定位棒等细部构造。每组试件由三块构件组成，管片厚度均为 450mm，宽度均为 1200mm，剪切 1 构件长度为 625mm，剪切 2 构件长度为 1250mm。拼装方式如图 2-29 所示。

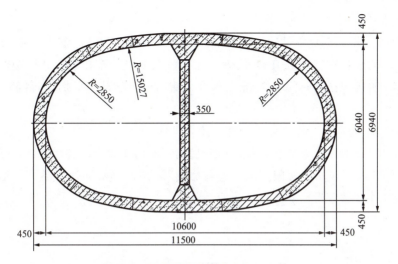

图 2-28 衬砌截面图（尺寸单位：mm）

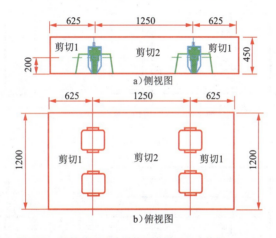

图 2-29 纵缝剪切试验拼装示意图（尺寸单位：mm）

纵缝接头无凹凸榫，采用两对球墨铸铁钢套箱连接，每对钢套箱由两根螺栓连接，接缝核心受压区厚度为298mm。细部尺寸如图 2-30 所示。

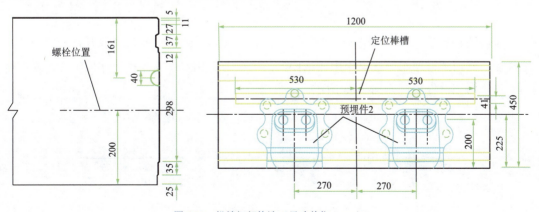

图 2-30 纵缝细部构造（尺寸单位：mm）

②荷载设计。

荷载设计主要是确定各试验工况的加卸载荷载等级。设计时参考《混凝土结构试验方法标准》（GB/T 50152—2012）的规定进行静载试验，按荷载设计逐级施加荷载 F、P，试验每级加载的稳压时间为 2min，数据采集时间为加载完成后的每间隔 1min，直至构件稳定。

在纵缝剪切试验中，总体分为顺剪和逆剪两种加载形式，如图 2-31、图 2-32 所示。图中 F 为模拟管片轴力，P 为模拟接缝所受剪力。顺剪加载形式进行 7 种工况试验，包括 6 个正常使用工况以及 1 个极限工况；逆剪加载形式进行 6 种工况试验，包括 5 个正常使用工况以及 1 个极限工况。

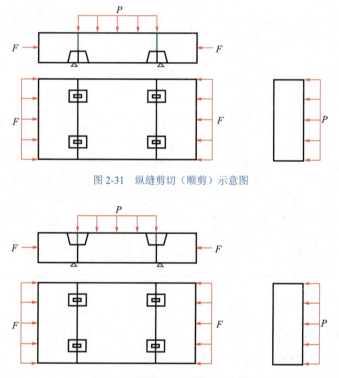

图 2-31　纵缝剪切（顺剪）示意图

图 2-32　纵缝剪切（逆剪）示意图

在试验荷载下对两个接缝所受内力进行计算。在各试验工况中，竖向力 P 由竖向千斤顶施加，然后通过两个分配梁作用在试件上，水平力 F 由水平向张拉千斤顶施加，通过端部支座作用在试件上，如图 2-33 所示。

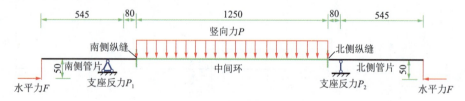

图 2-33　试验受力简图（尺寸单位：mm）

试验中使接头仅受轴力 N、剪力 V 作用，以模拟接头的受剪状态，取两边较小试件进行受力分析，接缝处受力示意图见图 2-34。

试验中调整支座及水平张拉千斤顶位置令 L_2=0.23m，L_3=0.08m，h=0.05m。可得各个工况下弯矩值 M。

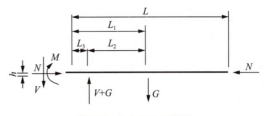

图 2-34 管片受力示意图

A. 正常使用工况。

a. 荷载设计。

通过浅埋与中埋的各个工况计算得到各个接缝的内力的轴力在 650～2300kN 范围内，考虑到轴力对纵缝剪切试验摩擦力的提高，选定轴力 1000kN、900kN、800kN、700kN、650kN、600kN 为正常运营工况（顺剪加载）。轴力提供的摩擦力按摩擦力系数 0.6 计算，可得各个工况下的竖向力设计值，并同时计算出设计荷载下对应的接缝弯矩，见表 2-7。

正常使用工况荷载设计（顺剪加载） 表 2-7

工 况	轴力 F（kN）	竖向力 P（kN）	接缝处弯矩 M（kN·m）
1	1000	1200	-3.8
2	900	1080	-3.6
3	800	960	-3.4
4	700	840	-3.2
5	650	780	-3.2
6	600	720	-3.1

注：逆剪加载时，省略表中工况 5，测试其他 5 个正常使用工况。

设计荷载下接缝弯矩均较小，可认为接缝仅受轴力和剪力作用。试验过程中应保持轴力不变，逐步增大竖向力，直至达到设计值，或试验中试件发出声响、开裂、破坏等现象，采用荷载设计与试验现象双控的原则进行加载。

b. 加载制度。

a）吊装管片，管片接头内外弧面对齐，尽量使管片接头密贴，拧紧螺栓；

b）按荷载设计轴力 F 达到设计值后应逐级施加竖向力 P，试验每级加载的稳压时间为 2 分钟，数据采集时间为稳压期间的第 2 分钟；

c）轴力 F 加载到设计值后，竖向力先每级加载 50kN 直至达到 150kN；其后竖向力每级加载 20kN，直至竖向力达到设计值，或试验中试件发出声响、开裂、破坏等现象；随后进行卸载，先卸载竖向力，当竖向力完全卸载后，再对轴力进行卸载。

B. 极限工况。

a. 荷载设计。

极限工况主要是为了得到纵缝接头的剪切强度，轴力 F 取值取各个计算工况下的最小值 650kN。考虑到试验设备的最大竖向力，因此试验中竖向力最大加载至 1600kN。计荷载下接缝弯矩均较小，见表 2-8，可认为接缝仅受轴力和剪力作用。

极限工况荷载设计（顺剪加载） 表2-8

工况	轴力 F（kN）	竖向力 P（kN）	接缝处弯矩 M（kN·m）
7	650	1600	29.6

注：逆剪加载时，表中工况7为工况6，均测试1个极限工况。

b. 加载制度。

a）吊装管片，管片接头内外弧面对齐，尽量使管片接头密贴，拧紧螺栓；

b）按荷载设计轴力 F 达到设计值后应逐级施加竖向力 P，试验每级加载的稳压时间为2min，数据采集时间为稳压期间的第2min；

c）轴力 F 加载到设计值650kN后，竖向力先每级加载50kN直至达到150kN；其后竖向力每级加载20kN，直至竖向力达到设计值1600kN，试验中出现破坏现象应立即停止试验；

d）随后对轴力 F 进行卸载，每级卸载100kN，试验中出现破坏现象应立即停止试验；

e）当轴力完全卸载后，再对竖向力进行分级卸载。

③测试内容及测点布置。

A. 测试内容及研究指标。

a. 测试内容如下：

a）环向螺栓应力测量；

b）管片纵缝相互错台量。

b. 管片接头的研究指标：

a）管片内力变化；

b）纵缝接头处的错台量；

c）螺栓在不同荷载阶段的力学性能。

B. 测点布置方案图。

试验测点布置如图2-35、图2-36所示。2个纵缝接缝各布置4个错台测点，测点位于管片接缝下方，共8个错台测点。每根螺栓布设2个应变测点，共16个测点。

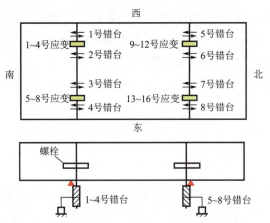

图2-35 试验测点布置示意图（顺剪加载）

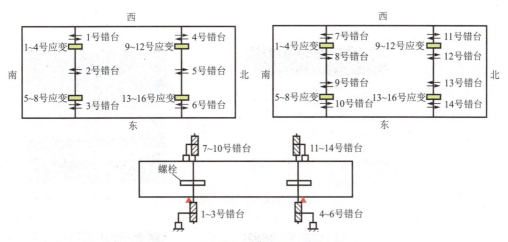

图 2-36 试验测点布置示意图(逆剪加载)

(3) 试验现象

顺剪加载试验包括 6 个正常使用工况和 1 个极限工况,逆剪加载试验包括 5 个正常使用工况和 1 个极限工况。在顺剪、逆剪加载过程中,正常使用工况中均未出现明显现象,极限工况下,中间管片与两边管片明显发生错动,故以下仅对两种加载情况下的极限工况试验现象进行对比阐述,见表 2-9。

纵缝剪切试验现象对比表(极限工况)　　　　表 2-9

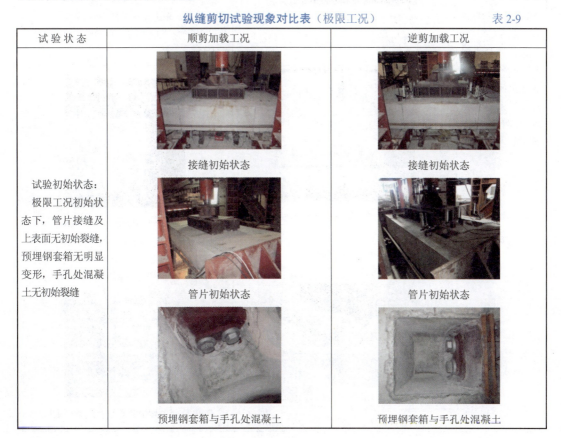

试验状态	顺剪加载工况	逆剪加载工况
试验初始状态:极限工况初始状态下,管片接缝及上表面无初始裂缝,预埋钢套箱无明显变形,手孔处混凝土无初始裂缝	接缝初始状态 管片初始状态 预埋钢套箱与手孔处混凝土	接缝初始状态 管片初始状态 预埋钢套箱与手孔处混凝土

续上表

试验状态	顺剪加载工况	逆剪加载工况
试验过程状态：试验过程中管片接缝及上表面无裂缝产生，预埋钢套箱无明显变形，手孔处混凝土也无裂缝产生。可观察到中间管片随荷载增大相对两边管片有明显向下错动	 第15级，轴力$F=650$kN，$P=530$kN时，管片相对错动量不明显，中间管片向下错动量为1.13mm  第23级，轴力$F=650$kN，$P=690$kN时，已经可观察到管片相对错动量。中间管片向下错动量为2.11mm  第29级，轴力$F=650$kN，$P=810$kN时，管片相对错动量发展较快，试验过程中有声音出现。中间管片向下错动量为4.59mm  第22级预埋钢套箱与手孔处混凝土	 第10级，轴力$F=650$kN，$P=500$kN时，管片相对错动量不明显，中间管片向下错动量为0.86mm  第18级，轴力$F=650$kN，$P=900$kN时，已经可观察到管片相对错动。中间管片向下错动量为1.49mm  第32级，轴力$F=650$kN，$P=1600$kN时，管片相对错动量明显，试验过程中有声音出现。此时，预埋钢套箱仍无明显变形，手孔处混凝土仍无裂缝产生。中间管片向下错动量为4.42mm  第22级预埋钢套箱与手孔处混凝土

续上表

试验状态	顺剪加载工况	逆剪加载工况
试验最终状态：轴力 F 与竖向力 P 卸载后，管片接缝残留较大的错动量，预埋钢套箱及螺栓孔无明显变形，手孔处混凝土无裂缝产生	卸载后管片接触面 卸载后管片接缝错动，错动量为 5.10mm 预埋钢套箱与手孔处混凝土	卸载后管片接触面 卸载后管片接缝错动，错动量为 2.22mm 预埋钢套箱与手孔处混凝土

（4）试验结果分析

①正常使用工况刚度。

A. 顺剪加载。

各个工况加载阶段中间管片的荷载位移曲线如图 2-37 所示。

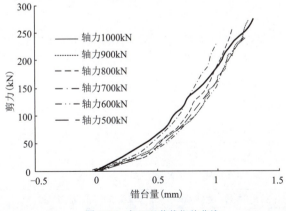

图 2-37 各工况荷载位移曲线

从上图可以看出，各个工况下的荷载位移曲线相似，初期随竖向力增大，错台量发展较快，当剪力达到 50kN 附近，错台量在 0.5mm 左右，之后错台量随剪力增大基本呈线性增加。正常使用工况下，螺栓受力不明显，说明螺栓还没有参与到接缝的抗剪过程中，抗剪力主要由管片接缝的摩擦力来承担。中间管片相对两边管片的滑动产生较小的错台量，错台量在 1～1.5mm。由于存在拼装初始间隙，剪力加载初期错台量增长较快，随后剪力和错台量整体呈线性变化，取此稳定阶段的刚度值作为该工况的剪切刚度。正常使用工况刚度汇总（顺剪加载）见表 2-10。

正常使用工况刚度汇总（顺剪加载） 表 2-10

工况	轴力（kN）	刚度（×10^3kN/m）	工况	轴力（kN）	刚度（×10^3kN/m）
1	1000	453.54	4	700	388.65
2	900	431.16	5	650	372.98
3	800	390.22	6	600	333.26

B. 逆剪加载。

各个工况加载阶段中间管片的荷载位移曲线如图 2-38 所示。

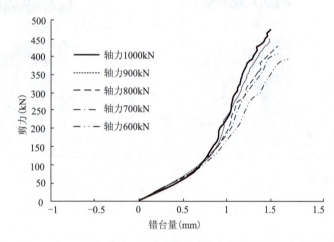

图 2-38　各工况荷载位移曲线

从图 2-38 中可以看出，各个工况下的荷载位移曲线相似，初期随剪力增大，错台量发展较快，当剪力达到 75kN 附近，错台量在 0.7mm 左右，之后错台量随剪力增大基本呈线性增加。正常使用工况下，螺栓受力不明显，说明螺栓还没有参与到接缝的抗剪过程中，抗剪力主要由管片接缝的摩擦力来提供。中间管片相对两边管片的滑动，产生较小的错台量，错台量在 1.5mm 左右。由于存在拼装初始间隙，剪力增加初期错台量增长较快，随后剪力和错台量整体呈线性变化，取此稳定阶段的刚度值作为该工况的剪切刚度。各个工况汇总见表 2-11。

正常使用工况刚度汇总（逆剪加载） 表 2-11

工况	轴力（kN）	刚度（×10^3kN/m）	工况	轴力（kN）	刚度（×10^3kN/m）
1	1000	476.13	4	700	372.62
2	900	422.35	5	600	319.48
3	800	382.86			

②极限工况刚度。

A. 顺剪加载。

极限工况加载阶段中间管片的荷载位移曲线如图 2-39 所示。

中间管片向下位移引起的错台为正,反之为负。剪力在 0～50kN 阶段,错台量变化较快,随后剪力在 50～300kN 阶段,错台量随剪力增大整体仍然呈线性变化,达到 1.2mm 左右。剪力在 300～450kN 时,错台量发展较快,达到 6mm 左右。剪力在 450～800kN 时,错台量发展减慢,整体呈线性变化,错台量达到 7mm 左右。

极限工况加载阶段螺栓应变曲线如图 2-40 所示。加载初期,剪力在 0～300kN 阶段螺栓应变较小,剪力在 300kN 左右,螺栓应变相继出现变化,其中螺栓 7 应变快速增长,螺栓在剪力达到 400～450kN 阶段相继出现拐点,迅速向正方向发展,除螺栓 7 测点损坏外,其余螺栓均未屈服。

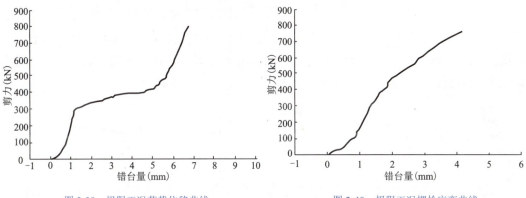

图 2-39　极限工况荷载位移曲线　　　　　图 2-40　极限工况螺栓应变曲线

可见试验试件的接缝抗剪受力整体呈三个阶段。第一阶段剪力 0～300kN 过程,剪力主要由管片接缝处的摩擦力平衡,此阶段产生的错台量较小。第二阶段剪力 300～450kN 过程,剪力大于管片接缝摩擦力,接缝错台量快速发展,螺栓与螺栓孔壁的间隙减小,螺栓与孔壁接触,螺栓相继受力,此阶段产生的错台量较大。第三阶段剪力 400～800kN 过程,剪力由螺栓与接缝摩擦力共同承担,此阶段产生的错台量较小。

接缝受剪三个阶段的刚度汇总见表 2-12。

极限工况刚度汇总（顺剪加载）　　　　表 2-12

阶　段	刚度（×10³kN/m）	阶　段	刚度（×10³kN/m）
第一阶段	421.84	第三阶段	325.77
第二阶段	56.58		

B. 逆剪加载。

通过接缝下部的位移计可得到极限工况加载阶段中间管片的荷载位移曲线,如图 2-41 所示。

中间管片向下位移引起的错台为正,反之为负。剪力在 0～100kN 阶段,错台量变化较快,随后剪力在 100～350kN 阶段,错台量随剪力增大整体仍然呈线性变化,达到 1.5mm 左右。剪力在 350～800kN 时,错台量发展加快,整体仍然呈线性变化,错台量达到 4.2mm 左右。

通过接缝上部的位移计可得到极限工况加载阶段中间管片的荷载位移曲线，如图 2-42 所示。

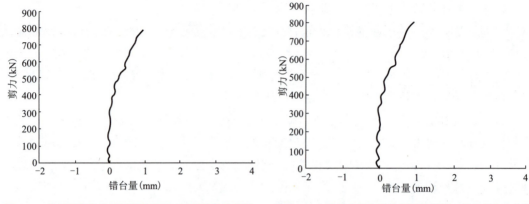

图 2-41　接缝下部位移计测得的极限工况荷载位移曲线　　图 2-42　接缝上部位移计测得的极限工况荷载位移曲线

中间管片向下位移引起的错台为正，反之为负。剪力在 0～350kN 阶段，错台量基本保持不变。剪力在 350～800kN 时，错台量开始发展，整体呈线性变化，错台量达到 1mm 左右。极限工况加载阶段螺栓应变曲线如图 2-43、图 2-44 所示。

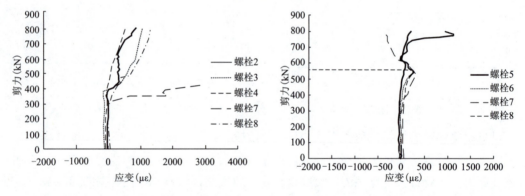

图 2-43　极限工况加载阶段螺栓 2～4 应变曲线　　图 2-44　极限工况加载阶段螺栓 5～8 应变曲线

加载初期，剪力在 0～300kN 阶段螺栓应变较小，剪力在 300～350kN 阶段螺栓应变相继出现增长，当剪力达到 550～600kN 时，螺栓应变相继出现明显波动，螺栓 7 负应变增长较快，测点损坏。试验中螺栓 1 在剪力小于 600kN 时应变波动较大，当剪力达到 600kN 时，螺栓应变迅速增大，测点损坏。试验中除螺栓 1、7 测点后期损坏外，其余螺栓均未屈服。

对比第一组试验，由于正常使用工况剪力有所增大，在正常使用工况中，螺栓已经与孔壁接触，因此相对于第一组试验中的第二阶段，即螺栓与孔壁接触阶段在本组试验中未出现。

本试验试件的接缝抗剪受力整体呈两个阶段。第一阶段剪力 0～350kN 过程，剪力主要由管片接缝处的摩擦力平衡，此阶段产生的错台量较小。第二阶段剪力 350～800kN 过程，螺栓与孔壁接触，螺栓相继受力，剪力由螺栓与接缝摩擦力共同承担，此阶段产生的错台量较大。

从接缝下部位移计得到接缝受剪两个阶段的刚度汇总见表2-13。

极限工况刚度汇总（逆剪加载） 表2-13

阶　段	刚度（×10³kN/m）	阶　段	刚度（×10³kN/m）
第一阶段	346.84	第二阶段	174.06

从接缝上部位移计看出，第一阶段，错台量变化较小，刚度较大，第二阶段错台量发展较快，可得到接缝受剪第二阶段的刚度值，见表2-14。

极限工况刚度汇总（逆剪加载） 表2-14

阶　段	刚度（×10³kN/m）	阶　段	刚度（×10³kN/m）
第一阶段	—	第二阶段	460.52

③抗剪机制分析。

A. 抗剪机制理论分析。

通过纵缝抗剪试验，发现纵缝的剪切力主要由螺栓预紧产生的摩擦力、轴力产生的摩擦力及螺栓抗剪力承担。纵缝抗剪主要分为两个阶段：

第一阶段，当剪力较小时，剪力小于螺栓预紧力和轴力产生的摩擦力，则摩擦力可与接缝剪力平衡，剪力主要由摩擦力承担。

第二阶段，当剪力逐渐增大，大于螺栓预紧力和轴力产生的摩擦力时，中间管片发生明显滑动，错台量显著增加，螺栓相继参与到纵缝抗剪过程中，剪力主要由摩擦力和螺栓抗剪承载力承担。

可见，竖向力 P 使管片纵缝产生剪力 V，剪力 V 的平衡力包括两部分：预紧力与轴力在核心区混凝土产生的摩擦力 V_1 和螺栓抗剪承载力 V_2。

B. 极限工况试验分析。

a. 在极限工况考虑轴力 F=650kN，第一阶段抗剪过程中，由摩擦力抵抗接缝剪力，不考虑螺栓抗剪，则接缝第一阶段抗剪承载力为：

$$V=V_1=\mu_1 \times n \times Y + \mu_2 \times F = 0.15 \times 4 \times 62 + 0.455 \times 650 = 330（kN）$$

即当接缝剪力小于333kN时，接缝剪力由摩擦力承担。试验中，接缝剪力在300至350kN阶段接缝错台的荷载位移曲线斜率减小，且螺栓应变出现突变，说明剪力在此阶段超过接缝所能提供摩擦力，螺栓与孔壁接触，螺栓相继受力。试验现象与理论计算相符。

b. 在极限工况考虑轴力 F=650kN 的情况下接缝抗剪承载力为：

$$V=V_1+V_2=\mu_1 \times n \times Y + \mu_2 \times F + n \times [N]_V^b = 0.15 \times 4 \times 62 + 0.455 \times 650 + 4 \times 195.0 = 1113.0（kN）$$

即当接缝剪力达到1113kN时，接缝达到极限承载力，鉴于试验条件限制，试验中接缝实际剪力达到800kN左右，接缝并未破坏。

c. 极限工况后期，将轴力 F 减小为0，即仅由预紧力和螺栓提供抗剪承载力。在不考虑轴力 F 的情况下接缝抗剪承载力为：

$$V=V_1+V_2=\mu_1 \times n \times Y + n \times [N]_V^b = 0.15 \times 4 \times 62 + 4 \times 195.0 = 817.2 \text{kN}$$

试验中接缝实际剪力达到800kN左右，仍然小于计算所得抗剪承载力，接缝并未破坏。

试验现象与理论计算相符。

2）管片弯矩传递试验

盾构法的管片环与环之间的拼装主要分为两种。通缝拼装衬砌各环的管片接头位置相同，各环的变形特性是相同的。如果沿隧道轴线方向各环所受荷载相同则变形是一致的，故各环之间也就没有相互的约束作用，环间没有剪力的传递。错缝拼装衬砌，各环的管片接头位置不同，一环的纵缝接头对应的是另一环的管片体。因此，各环本身的变形特性不同。这种本身变形特性的相异，必然使衬砌在荷载作用下环与环之间产生相互约束，环缝处存在剪力传递。剪力的传递在宏观上表现为纵缝弯矩向两侧环管片传递作用。错缝拼装的管片可以弥补接头部位衬砌刚度的降低，其中弯矩传递系数 ξ 是很重要的参数。国际隧道协会给出了弯矩调整系数 ξ 的概念，但是没有给出通用的计算公式，工程中，一般根据衬砌整环试验、管片接头试验或凭工程经验确定 ξ，其中经验取值存在很大的随机性，可靠性不足。本试验以错缝拼装管片为研究对象，结合宁波轨道交通 3 号线类矩形盾构隧道工程，开展了正弯矩试验和负弯矩试验，实现以下目标：

①通过开展类类矩形盾构管片弯矩传递试验，获得设计荷载状态下纵缝的弯矩传递规律，通过试验确定设计计算中所需的参数弯矩传递系数 ξ；

②得到错缝拼装管片在外荷载下的受力和变形特点，通过数据分析，得到纵向力对管片受力变形的影响，分析纵向力对弯矩传递系数的影响；

③通过极限工况将管片加载至破坏，探究类矩形盾构管片错缝拼装引的弯矩传递效应的受力机制。

（1）试验装置

试验采用同济大学自主研发的 TJ-GPJ2000 盾构管片接头试验加载系统进行试验加载，加载系统由主加载框架、电液伺服加载作动器、试样座、试样装配与纵向加载装置和 POP-M 工控 PC 电液伺服多通道控制器组成，可以实现对隧道管片衬砌结构（包括梁、板等）的单向、双向或三向加载，支持位移及荷载两种加载控制模式。

（2）试验方案

试验方案主要包括试件设计、试验工况设计、测点设计。

①试件设计。

宁波地铁类矩形盾构隧道管片外尺寸 11.5m×6.94m，全环由 10 块管片（不含立柱）组成，混凝土强度等级为 C50，环向连接采用 6.8 级 M33 型螺栓连接，纵向连接采用 6.8 级 M30 型螺栓连接。衬砌截面见图 2-45。

管片厚度为 0.45m，环宽为 1.2m，采用类矩形衬砌环错缝拼装。图 2-45 中 JF6、JF10 受一定的正弯矩作用，接缝 JF3、JF8 受一定的负弯矩作用。为了探究错缝拼装状态下的接缝弯矩传递效应，针对该试验进行管片浇筑，取原始管片构件弧度较大位置（外弧面对应半径 3200mm），按照足尺进行设计，管片接缝部位仍保留嵌缝、止水条、定位棒等细部构造。

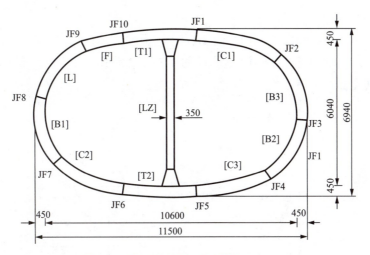

图 2-45 衬砌环分块图（尺寸单位：mm）

受试验加载设备限制，管片接头在拼接好的状态下长度应为 2.5m 以内，因此对管片进行切割，拼装后示意图如图 2-46 所示。

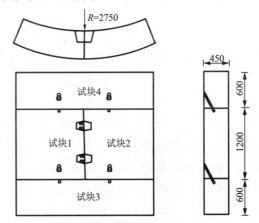

图 2-46 纵缝接头试验拼接示意图（尺寸单位：mm）

其中纵缝连接采用铸铁预埋件的方式，环缝连接采用斜螺栓，如图 2-47、图 2-48 所示。

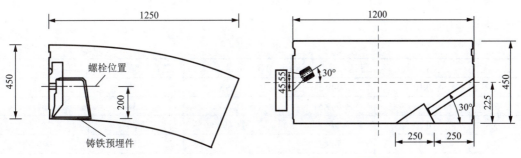

图 2-47 纵缝铸铁预埋件（尺寸单位：mm）　　图 2-48 环缝斜螺栓（尺寸单位：mm）

②试验工况设计。

在各试验工况中，竖向力 P 由垂向加载制动器施加，然后通过多点等值钢梁作用在试件上，水平力 N 由水平向千斤顶施加，通过端部支座作用在试件上，纵向力 F 由纵向千斤顶施加，如图 2-49 所示。

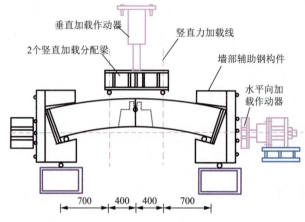

图 2-49　正弯矩传递试验装置正视图（尺寸单位：mm）

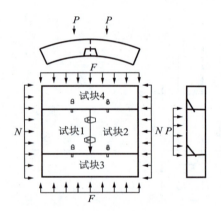

图 2-50　荷载设计图

正弯矩传递试验为了与正弯矩接缝试验对比，荷载设计以正弯矩工况偏心距 0.21 的试验为标准进行设计。保证中间试块 1、试块 2 受力与正弯矩工况偏心距 0.21 工况的受力一致，由于试块 3、试块 4 的存在，因此本试验水平力 N 为接缝试验的 2 倍，竖向力 P 与接缝试验保持一致，仅施加在试块 1、试块 2 上，如图 2-50 所示。此外，纵向力 F 为实际工程千斤顶顶力的残余值，此数值分别取为千斤顶总顶力乘上一个残余系数，系数分别为 0.10、0.15、0.20、0.25、0.30，管片每延米上的千斤顶顶力为 749.51kN。每个工况中，残余系数保持不变，以探究不同纵向力对弯矩传递效应的影响，根据残余系数不同分为 5 个设计工况，取残余系数为 0.15，进行极限工况试验。其中中间环管片弯矩主要依靠竖向力 P 和水平力 N 产生，两边环的弯矩主要依靠水平力 N 和弯矩传递效应得到，工况汇总见表 2-15。

工况设计　　　　　　　　　　　　　表 2-15

工况	残余次数	每延米顶力（kN）	每延米残余力（kN）	管片长度（m）	试验纵向力（kN）
1	0.10	749.51	74.95	2.38	178.4
2	0.15	749.51	112.42	2.38	267.6
3	0.20	749.51	149.90	2.38	356.8
4	0.25	749.51	187.37	2.38	446.0
5	0.30	749.51	224.85	2.38	535.2
6	0.15（极限工况）	749.51	112.42	2.38	267.6

③测试内容。

测试内容包括螺栓应力、接缝张角、混凝土应变、主筋应变、构件挠度、裂缝开展等。测点要求汇总见表2-16。

试验测量要求   表2-16

测点名称	数值范围	精度
挠度变形	−50～50mm	0.1mm
环缝错台	−20～20mm	0.01mm
混凝土应力	−60～10MPa	0.1MPa
螺栓应力	0～480MPa	0.1MPa
纵缝张角	−50～50mm	0.01mm
裂缝观测	—	0.01mm

（3）试验现象

本组试验包括6个工况，5个设计工况基本没有明显现象，故仅对极限工况的试验工况进行阐述。为便于描述，对管片进行编号，管片的方位及编号图如图2-51所示。

①试验初始状态。

试验初始主要测量了错台量和内外弧面纵缝张开的初始值，错台测点和张开测点布置如图2-52～图2-54所示。

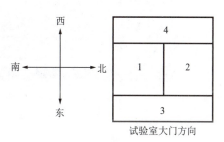

图2-51 接缝初始状态

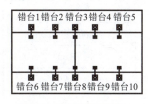

图2-52 错台测点布置图

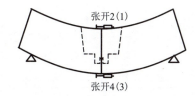

图2-53 纵缝张开测点布置图（正弯矩工况）　　图2-54 纵缝张开测点布置图（负弯矩工况）

A. 正弯矩工况。

初始错台量的详细数据见表2-17。

错台初始值   表2-17

远门侧（4与1、2）		近门侧（3与1、2）	
测点	初始错台值（mm）	测点	初始错台值（mm）
错台1	5.65	错台6	−4.28
错台2	6.28	错台7	−4.48
错台3	6.55	错台8	−1.45
错台4	5.27	错台9	−3.89
错台5	7.03	错台10	−3.13

注：错台值正值表示为中间环低于两端环，负值表示中间环高于两端环。

初始张开的详细数据见表 2-18，初始状态如图 2-55 所示。

纵缝张开初始值　　　　　　　　　　　表 2-18

测　点	初始张开（mm）	测　点	初始张开（mm）
张开 1	3.59	张开 3	7.80
张开 2	3.54	张开 4	7.98

管片表面无肉眼可观察裂缝，如图 2-56 所示。预埋钢铸铁预埋件无明显变形，手孔处混凝土及管片上表面无裂缝。

图 2-55　初始状态　　　　　　　　图 2-56　试验管片表面

B. 负弯矩工况。

初始错台量的详细数据见表 2-19。

错台初始值　　　　　　　　　　　　表 2-19

远门侧（4 与 1、2）		近门侧（3 与 1、2）	
测点	初始错台值（mm）	测点	初始错台值（mm）
错台 1	5.83	错台 6	-8.60
错台 2	6.51	错台 7	-7.96
错台 3	6.60	错台 8	-8.94
错台 4	9.14	错台 9	-8.72
错台 5	8.87	错台 10	-8.48

说明：错台值正值表示为中间环低于两端环，负值表示中间环高于两端环。

初始张开的详细数据见表 2-20，初始状态如图 2-57 所示。

纵缝张开初始值　　　　　　　　　　　表 2-20

测　点	初始张开（mm）	测　点	初始张开（mm）
张开 1	3.93	张开 3	7.14
张开 2	3.82	张开 4	7.67

管片表面无肉眼可观察裂缝，如图 2-58 所示。预埋钢铸铁预埋件无明显变形，手孔处混凝土及管片上表面无裂缝。

图 2-57 初始状态

图 2-58 试验管片表面

②试验过程记录。

A. 正弯矩工况。

第 8 级,纵向力 $F=267.6$kN,轴力 $N=1600$kN,$P=732$kN($M=168$kN·m)时,管片表面无明显变化,如图 2-59 所示。

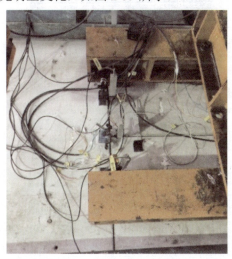

图 2-59 第 8 级管片上表面

第 16 级,纵向力 $F=267.6$kN,轴力 $N=3100$kN,$P=1440$kN($M=326$kN·m)时,竖向力达到最大值,管片表面仍然无裂缝出现,如图 2-60 所示。

a) 上表面　　　　　　　　　　b) 下表面

图 2-60 第 16 级管片上、下表面

图 2-61 第 21 级纵缝西侧出现裂缝

第 19 级，纵向力 $F=267.6$kN，轴力 $N=900$kN，$P=1440$kN（$M=397$kN·m）时，管片发出声响，中间环西侧纵缝出现裂纹，如图 2-61 所示。

B. 正弯矩工况。

第 10 级，纵向力 $F=267.6$kN，轴力 $N=2000$kN，$P=700$kN（$M=190$kN·m）时，管片表面无明显变化，如图 2-62 所示。

图 2-62 第 10 级管片上表面

第 15 级，纵向力 $F=267.6$kN，轴力 $N=3000$kN，$P=1061$kN（$M=285$kN·m）时，管片表面仍然无裂缝出现，如图 2-63 所示。

第 20 级，纵向力 $F=267.6$kN，轴力 $N=3900$kN，$P=1386$kN（$M=371$kN·m）时，轴向力达到最大值，随后继续增大竖向力，管片与支座连接处开始发出声响。

第 23 级，纵向力 $F=267.6$kN，轴力 $N=3900$kN，$P=1486$kN（$M=400$kN·m）时，竖向力达到最大值，随后保持竖向力不变，卸载轴力，管片与支座连接处继续发出声响。

第 27 级，纵向力 $F=267.6$kN，轴力 $N=2300$kN，$P=1486$kN（$M=456$kN·m）时，中间环管片接缝出发出声响，接缝东侧处受压区出现裂缝。

第 31 级，纵向力 $F=267.6$kN，轴力 $N=700$kN，$P=1486$kN（$M=512$kN·m）时，为最后一级荷载，管片未发生明显的破坏，下表面未出现裂缝，随后竖向力开始卸载，如图 2-64 所示。

图 2-63 第 15 级管片下表面　　　　图 2-64 第 31 级管片下表面完好

③试验最终状态。

A. 正弯矩工况。

试验最终状态下两边管片环本体未出现明显裂缝,环缝螺栓孔出现局部压碎,破损位置主要为纵向螺栓孔的圆孔位置,主要为环缝产生错台时,螺栓杆最该处混凝土挤压造成,如图 2-65 所示。中间环西侧纵缝出现压裂缝,如图 2-66 所示,裂缝与纵缝试验相似,为受压区混凝土开裂造成。铸铁预埋件保持完好,螺栓未出现断裂或颈缩现象,如图 2-67、图 2-68 所示。

图 2-65　环缝螺栓孔破损

图 2-66　接缝混凝土压裂

图 2-67　铸铁预埋件

图 2-68　环缝螺栓预埋件

B. 负弯矩工况。

试验最终状态下两边管片环与接缝邻接处的本体未出现明显裂缝,环缝螺栓孔出现局部压碎,破损位置主要为纵向螺栓孔的圆孔位置,主要为环缝产生错台时,螺栓杆最该处混凝土挤压造成,如图 2-69 所示。中间环东侧纵缝出现压裂缝,如图 2-70 所示,裂缝与纵缝试验相似,为受压区混凝土开裂造成,铸铁预埋件保持完好,纵向螺栓一根断裂,

图 2-69　环缝螺栓孔破损

图 2-70　接缝混凝土压裂

一根出现较大变形，如图 2-71、图 2-72 所示。此外管片与制作接触部位由于存在集中应力，局部管片破损。

图 2-71 铸铁预埋件

图 2-72 环缝螺栓预埋件

④试验结果分析。

在弯矩传递试验中，中间环（与纵缝抗弯试验类似拼装方法）的变形性能在两端块的约束下受到了一定的限制，故相关纵缝张开、挠度与纵缝抗弯试验有一定区别，下面对两组不同类别的试验结论进行对比分析。

鉴于弯矩传递系数试验中采用的弯矩均为施加在 3 环管片中间环的总弯矩，这一弯矩数值与单环的纵缝抗弯试验弯矩一致，而弯矩传递试验中间环纵缝有两边环本体的接触，将会对中间环的张开、转角、挠度产生一定影响。

分析主要考虑弯矩传递试验与纵缝抗弯试验的接缝张开和挠度对比，并根据实测的两边环管片的内外弧面混凝土和内外侧钢筋应变计算其所受真实弯矩，随后计算纵缝对其弯矩的影响，从而计算出弯矩传递系数。

A. 纵缝张开。

a. 正弯矩工况。

将弯矩传递试验与纵缝抗弯试验的张开—弯矩变化曲线进行对比，竖轴的弯矩为施加在中间环接缝的弯矩，考虑到弯矩传递效应，接缝的真实弯矩应小于这一数值，弯矩传递效应在后面另做分析。纵向力 268kN 曲线为弯矩传递试验的曲线，内外弧面的张角变化符号统一为闭合为负，张开为正，得到的结果如图 2-73、图 2-74 所示。

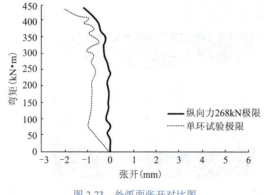

图 2-73 外弧面张开对比图

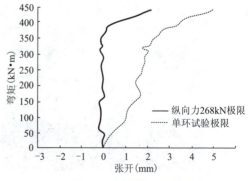

图 2-74 内弧面张开对比图

从图 2-73、图 2-74 中可以看出，纵缝的张角均表现为外弧面闭合，内弧面张开。在弯矩较小情况下，弯矩传递试验中的内外弧面张开变化速度均慢于单环试验的张开情况，说明两端环对中间环的有一定的限位作用；两试验中张开量在弯矩达到 300kN·m 后发展速度均有一定的提升，表现为较为明显的两阶段变化，两试验的曲线斜率逐渐接近，变化规律趋于统一，说明两边环管片对中间环的张开量影响在逐渐减小，最终张开量变化速度逐渐趋于一致。

通过接缝张开可计算出接缝的转角随弯矩的变化情况，将两组试验对比如图 2-75 所示。

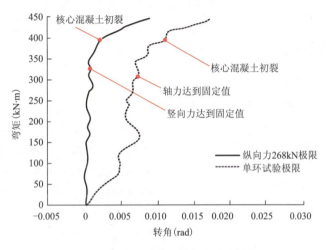

图 2-75 弯矩—转角对比图

在图 2-75 中的斜率即表现为纵缝的抗弯刚度，可以明显地观察到弯矩传递试验中的转角曲线发展慢于单环试验类似，转角刚度较小。三环试验与单环试验的通过回归分析，300kN·m 前，弯矩传递试验的转角刚度为 $220×10^3$ kN·m/rad，而单环试验在前期的转角刚度为 $45×10^3$ kN·m/rad，大约为弯矩传递试验转角刚度的 20%，初期两边环对接缝转角有较大影响。300kN·m 后，两条曲线发展速度均有一定的加快，弯矩传递试验的转角刚度为 $8×10^3$ kN·m/rad，而单环试验在前期的转角刚度为 $6×10^3$ kN·m/rad。从图中曲线可以看出，300kN·m 后两条曲线发展规律类似，刚度计算数值上两者相差较小，可认为接缝转角刚度两者较为接近，两边环对接缝的转动影响较小。

此外，在正弯矩传递试验中进行了 5 个设计工况，分别对应了 5 种纵向力，而单环试验本质上是考虑纵向力为 0 的情况，现在对单环试验和本试验中的 5 种设计工况进行对比。每种工况下纵向力的取值见表 2-21。

纵向力汇总 表 2-21

工　况	纵向力（kN）	工　况	纵向力（kN）
单环试验	0	工况 3	357
工况 1	178	工况 4	446
工况 2	268	工况 5	535

将内外弧面的张开量随弯矩变化曲线汇总如图2-76、图2-77所示。

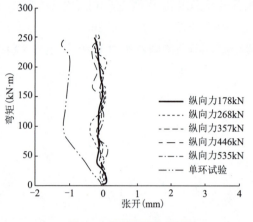

图2-76 外弧面张开对比图

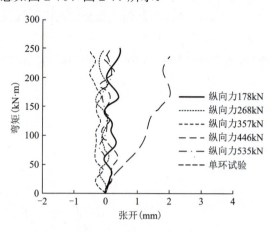

图2-77 内弧面张开对比图

通过换算得到的弯矩—转角对比图如图2-78所示。

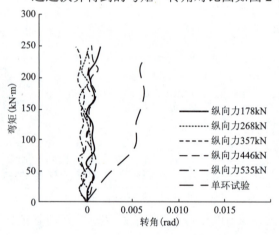

图2-78 弯矩—转角对比图

通过以上的弯矩—张开对比图以及弯矩—转角对比图可以看出，单环试验的内外弧面变化量和接缝转角量大于弯矩传递试验中间环，说明纵向力对类矩形盾构隧道中间环接头变形有一定的影响，5种工况的试验结果表明中间环的接缝张开或转动情况有别于单环试验类似，说明类矩形盾构隧道接缝受到一定的错缝拼装的影响。

b. 负弯矩工况。

纵向力268kN曲线为弯矩传递试验的曲线，内外弧面的张角变化符号统一为闭合为负，张开为正，得到的结果如图2-79、图2-80所示。

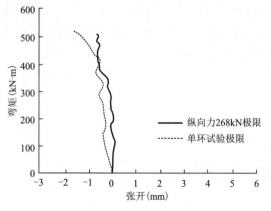

图2-79 外弧面张开对比图

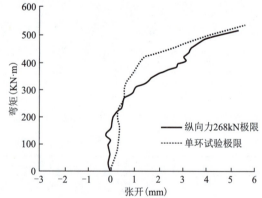

图2-80 内弧面张开对比图

由上面两图可以看出，纵缝的张角均表现为内弧面闭合，外弧面张开。在弯矩较小情况下，弯矩传递试验中的内外弧面张开变化速度，尤其是外弧面张开量的变化速度慢于单环试验的张开情况，说明两端环对中间环的有一定的限位作用；两实验中张开量在弯矩达到300kN·m后发展速度均有一定的提升，表现为较为明显的两阶段变化，弯矩传递试验中间环的张开速度较快，张开量逐渐接近单环试验，说明两边环管片对中间环的张开量影响较小，最终张开量逐渐趋于一致。

通过接缝张开可计算出接缝的转角随弯矩的变化情况，将两组试验对比如图2-81所示。

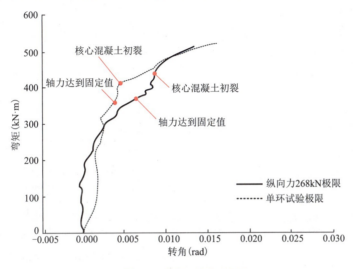

图2-81 弯矩—转角对比图

图2-81中的斜率即表现为纵缝的抗弯刚度，可以明显地观察得到弯矩传递试验中的转角曲线与单环试验类似，转角刚度相近。三环试验与单环试验的通过回归分析，300kN·m前，弯矩传递试验的转角刚度为$95×10^3$kN·m/rad，而单环试验在前期的转角刚度为$115×10^3$kN·m/rad，大约与弯矩传递试验转角刚度相差18%，初期两边环对接缝转角有一定影响。300kN·m后，两条曲线发展速度均有一定的加快，弯矩传递试验的转角刚度为$12×10^3$kN·m/rad，而单环试验在前期的转角刚度为$10×10^3$kN·m/rad，从图中曲线可以看出，300kN·m后初期两条曲线发展有一定差别，但后期又趋于同一条曲线，且刚度计算数值上两者相差较小，可认为接缝转角刚度两者较为接近，两边环对接缝的转动影响较小。

此外，在负弯矩传递试验中进行了5个设计工况，分别对应了5种纵向力，而单环试验本质上时考虑纵向力为0的情况，现在对单环试验和本试验中的5种设计工况进行对比。每种工况下纵向力的取值见表2-22。

纵向力汇总　　　　　　　　表2-22

工况	纵向力（kN）	工况	纵向力（kN）
单环试验	0	工况3	357
工况1	178	工况4	446
工况2	268	工况5	535

将内外弧面的张开量随弯矩变化曲线汇总如图 2-82、图 2-83 所示。

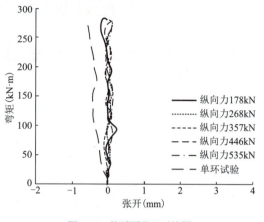

图 2-82 外弧面张开对比图

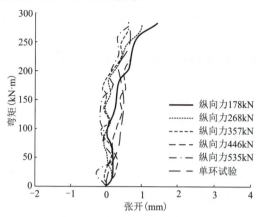

图 2-83 内弧面张开对比图

通过换算得到的弯矩—转角对比图如图 2-84 所示。

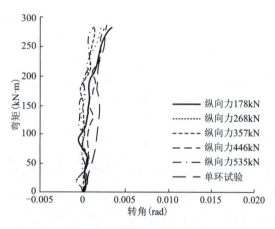

图 2-84 弯矩—转角对比图

通过弯矩—张开对比图以及弯矩—转角对比图可以看出，单环试验的内外弧面变化量和接缝转角量大于弯矩传递试验中间环，说明纵向力对类矩形盾构隧道中间环接头变形有一定的影响，5 种工况的试验结果表明中间环的接缝张开或转动情况有别于单环试验类似，说明类矩形盾构隧道接缝受到一定的错缝拼装的影响。

B. 中间环挠度。

为了与单环试验进行对比验证，选择中间环的管片挠度进行对比分析。纵向力 268kN 曲线为弯矩传递试验的曲线，接缝向下为挠度的正方向，得到的结果如图 2-85、图 2-86 所示。

通过图 2-85、图 2-86 对比可得，弯矩传递试验中，中间环管片的挠度初期发展略慢于单环试验的挠度发展，正弯矩工况下轴力达到 370kN·m 后发展速度逐渐加快，随后变化速率趋于相似，负弯矩工况下轴力达到 300kN·m 后略快于单环试验，随后变化速率也趋于相似。总体来看，弯矩传递试验中间环挠度和单环试验的挠度发展规律类似，均为初期发展较慢，轴力达到固定值后，挠度发展速度逐渐增快。

通过对弯矩传递试验中间环和两边环的挠度对比可知，初期中间环接缝和两边环挠度发展速度较为接近，可认为两边环对中间环的变形有一定的约束作用，但在正、负弯矩工况下，当弯矩分别达到 250kN·m 和 200kN·m 后，接缝挠度逐渐明显大于两边环，随后中间环挠度快速发展。通过与单环试验对比也可看出，初期挠度发展略慢于单环试验，主要由于两边环对中间环的约束作用，随后通过曲线斜率可以看出，弯矩传递试验和单环试验挠度发展速度基本相近，即两边环对中间环的约束作用在减小，弯矩传递试验中间环接缝的发展规律趋近于单环试验。

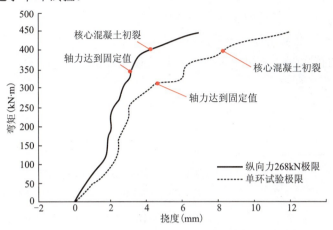

图 2-85　弯矩—挠度对比图（正弯矩工况）

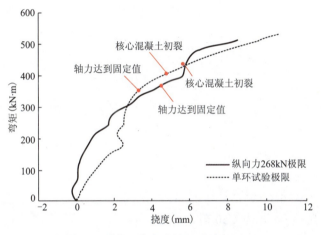

图 2-86　弯矩—挠度对比图（负弯矩工况）

同纵缝张开类似，分别对正、负弯矩传递试验的 5 个设计工况和单环纵缝抗弯试验的中间环挠度进行对比，对比结果如图 2-87、图 2-88 所示。

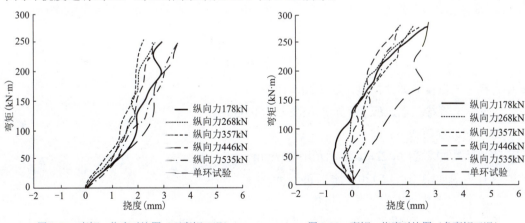

图 2-87　弯矩—挠度对比图（正弯矩工况）　　图 2-88　弯矩—挠度对比图（负弯矩工况）

从图 2-87、图 2-88 可以看出，弯矩传递试验各个工况挠度变化规律系相近，在相同弯矩作用下，单环试验的挠度略人于弯矩传递试验工况的挠度，说明在弯矩较小的情况下，两边环对中间环的挠度发展有一定的影响，但从极限工况可以看出，当弯矩较大后，两边环对中间环接缝的发展影响较小，中间环接缝挠度发展趋于单环试验。

C. 弯矩传递系数计算。

弯矩传递试验的最终目的是得到一项关键的参数——弯矩传递系数 ξ。通过在试验管片中预埋的钢筋应变片和混凝土表面的混凝土应变进行截面弯矩的计算，通过分别计算中间环管片和两端环管片在纵缝位置处的弯矩，直接得到弯矩传递系数。管片混凝土采用《混凝土结构设计规范》（GB 50010—2010）中推荐的混凝土应力—应变关系曲线，其中接缝管片对应的混凝土强度等级为 C50，其应力—应变曲线如图 2-89 所示。

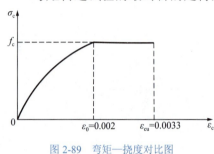

图 2-89 弯矩—挠度对比图

$$\sigma_c = \begin{cases} f_c \left(\dfrac{2\varepsilon_c}{\varepsilon_0} - \dfrac{\varepsilon_c^2}{\varepsilon_0^2} \right) & (\varepsilon_c \leqslant \varepsilon_u) \\ f_c & (\varepsilon_0 \leqslant \varepsilon_c \leqslant \varepsilon_{cu}) \end{cases} \quad (2\text{-}10)$$

式中：ε_0、ε_{cu}——峰值应力的应变、极限压应变，分别取为 0.002 和 0.0033。

混凝土抗压强度 f_c 应取混凝土的轴心抗压强度标准值，此标准值参照试验管片批次的立方体抗压强进行计算，构件厂出厂混凝土立方体抗压强度平均值，转换为轴心抗压强度标准值为 $f_{ck}=0.88\alpha_1\alpha_2 f_{cu,k}=0.88\times0.76\times0.9675\times56.0=36.2$（MPa）

其中混凝土强度等级为 C50 时，$\alpha_1=1$，$\alpha_2=0.9675$，因此取 $f_c=36.2$MPa。

钢筋则采用两折线本构模型，即理想弹塑性模型，屈服强度 f_y 为 400MPa，其应力—应变曲线如图 2-90 所示。

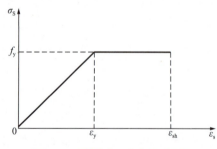

图 2-90 钢筋应力—应变关系曲线

$$\sigma_c = \begin{cases} E_s \varepsilon_s & (\varepsilon_s \leqslant \varepsilon_y) \\ f_y & (\varepsilon_0 \leqslant \varepsilon_s \leqslant \varepsilon_{sh}) \end{cases} \quad (2\text{-}11)$$

式中：E_s——螺栓的弹性模量，取 2.00×10^5MPa；

ε_y——螺栓的屈服应变，屈服应变取为 0.002。

管片配筋参数如下：

管片外弧面钢筋：$6\phi22+4\phi25$，面积 4244mm^2；

管片内弧面钢筋：$12\phi20$，面积 3927mm^2。

D. 不同纵向力下的弯矩传递系数。

设计工况下，采用了 5 种不同的纵向力，分别为 178kN、268kN、357kN、446kN、

535kN，分别对其在相同荷载下的弯矩传递系数进行了计算和比较，正弯矩工况弯矩取 M=252kN·m，负弯矩工况弯矩取 M=285kN·m。

a. 正弯矩工况。

a）纵向力 178kN。

施加于中间环的弯矩为 M，此弯矩为 252kN·m，中间环传递给 3、4 号管片的弯矩为 $M_{传}$，$M_{传}$ 的计算为 3、4 号管片本身实测的弯矩减去所受设备所施加的弯矩，即 $M_{传}=M_{34测}-M_{34原}$。则弯矩传递系数 ξ 计算公式如下：

$$\xi=\frac{M_{34测}-M_{34原}}{M} \quad (2\text{-}12)$$

当纵向力为 178kN 时，M=252kN·m，$M_{34原}$=-88kN·m，两边环内弧面的钢筋应变为 -58.27με，外弧面的钢筋应变为 -40.17με。钢筋与混凝土均处于弹性阶段，根据平截面假定及混凝土基本原理，计算得到中间环管片弯矩为 $M_{34测}$=-66.91kN·m。则

$$\xi=\frac{M_{34测}-M_{34原}}{M}=\frac{-66.91+88}{252}=0.084$$

b）纵向力 268kN。

当纵向力为 268kN 时，M=252kN·m，$M_{34原}$=-88kN·m，两边环内弧面的钢筋应变为 -54.63με，外弧面的钢筋应变为 -42.96με。钢筋与混凝土均处于弹性阶段，根据平截面假定及混凝土基本原理，计算得到中间环管片弯矩为 $M_{34测}$=-57.81kN·m。则

$$\xi=\frac{M_{34测}-M_{34原}}{M}=\frac{-57.81+88}{252}=0.120$$

c）纵向力 357kN。

当纵向力为 357kN 时，M=252kN·m，$M_{34原}$=-88kN·m，两边环内弧面的钢筋应变为 -53.84με，外弧面的钢筋应变为 -43.79με。钢筋与混凝土均处于弹性阶段，根据平截面假定及混凝土基本原理，计算得到中间环管片弯矩为 $M_{34测}$=-52.14kN·m。则

$$\xi=\frac{M_{34测}-M_{34原}}{M}=\frac{-52.14+88}{252}=0.142$$

d）纵向力 446kN。

当纵向力为 446kN 时，M=252kN·m，$M_{34原}$=-88kN·m，两边环内弧面的钢筋应变为 -52.18με，外弧面的钢筋应变为 -44.24με。钢筋与混凝土均处于弹性阶段，根据平截面假定及混凝土基本原理，计算得到中间环管片弯矩为 $M_{34测}$=-48.41kN·m。则

$$\xi=\frac{M_{34测}-M_{34原}}{M}=\frac{-48.41+88}{252}=0.157$$

e）纵向力 535kN。

当纵向力为 535kN 时，M=252kN·m，$M_{34原}$=-88kN·m，两边环内弧面的钢筋应变为 -51.73με，外弧面的钢筋应变为 -44.73με。钢筋与混凝土均处于弹性阶段，根据平截面假定及混凝土基本原理，计算得到中间环管片弯矩为 $M_{34测}$=-46.12kN·m。则

$$\xi = \frac{M_{34测} - M_{34原}}{M} = \frac{-46.12 + 88}{252} = 0.166$$

M=252kN·m 下不同纵向力的弯矩传递系数见表 2-23。

弯矩传递系数汇总　　　　　　　　　　　　　　　　　　　表 2-23

纵向力（kN）	弯矩传递系数	纵向力（kN）	弯矩传递系数
178	0.084	446	0.157
268	0.120	535	0.166
357	0.142		

通过上表可以发现，随着纵向力的增大，弯矩传递系数有一定程度的上升，但弯矩传递系数较小，小于设计取值的 0.3。

b. 负弯矩工况。

a）纵向力 178kN。

施加于中间环的弯矩为 M，此弯矩为 -285kN·m，中间环传递给 3、4 号管片的弯矩为 $M_{传}$，$M_{传}$ 的计算为 3、4 号管片本身实测的弯矩减去所受设备所施加的弯矩，即 $M_{传}$ =$M_{34测}$-$M_{34原}$。则弯矩传递系数 ξ 计算公式与式（2-12）相同。

当纵向力为 178kN 时，M=-285kN·m，$M_{34原}$=37kN·m，两边环内弧面的钢筋应变为 -31.60με，外弧面的钢筋应变为 -39.65με。钢筋与混凝土均处于弹性阶段，根据平截面假定及混凝土基本原理，计算得到中间环管片弯矩为 $M_{34测}$=8.19kN·m。则

$$\xi = \frac{M_{34测} - M_{34原}}{M} = \frac{8.19 - 37}{-285} = 0.101$$

b）纵向力 268kN。

当纵向力为 268kN 时，M=-285kN·m，$M_{34原}$=37kN·m，两边环内弧面的钢筋应变为 -32.63με，外弧面的钢筋应变为 -38.79με。钢筋与混凝土均处于弹性阶段，根据平截面假定及混凝土基本原理，计算得到中间环管片弯矩为 $M_{34测}$=-5.43kN·m。则

$$\xi = \frac{M_{34测} - M_{34原}}{M} = \frac{5.43 - 37}{-285} = 0.111$$

c）纵向力 357kN。

当纵向力为 357kN 时，M=-285kN·m，$M_{34原}$=37kN·m，两边环内弧面的钢筋应变为 -33.50με，外弧面的钢筋应变为 -37.09με。钢筋与混凝土均处于弹性阶段，根据平截面假定及混凝土基本原理，计算得到中间环管片弯矩为 $M_{34测}$=3.27kN·m。则

$$\xi = \frac{M_{34测} - M_{34原}}{M} = \frac{3.27 - 37}{-285} = 0.118$$

d）纵向力 446kN。

当纵向力为 446kN 时，M=-285kN·m，$M_{34原}$=37kN·m，两边环内弧面的钢筋应变为 -36.05με，外弧面的钢筋应变为 -33.20με。钢筋与混凝土均处于弹性阶段，根据平截面假定及混凝土基本原理，计算得到中间环管片弯矩为 $M_{34测}$=-3.92kN·m。则

$$\xi = \frac{M_{34测} - M_{34原}}{M} = \frac{-3.92 - 37}{-285} = 0.143$$

e）纵向力 535kN。

当纵向力为 535kN 时，$M=-285$kN·m，$M_{34原}=37$kN·m，两边环内弧面的钢筋应变为 $-39.50\mu\varepsilon$，外弧面的钢筋应变为 $-32.23\mu\varepsilon$。钢筋与混凝土均处于弹性阶段，根据平截面假定及混凝土基本原理，计算得到中间环管片弯矩为 $M_{34测}=-12.20$kN·m。则

$$\xi = \frac{M_{34测} - M_{34原}}{M} = \frac{-12.20 - 37}{-285} = 0.172$$

$M=-285$kN·m 下不同纵向力的弯矩传递系数见表 2-24。

弯矩传递系数汇总 表 2-24

纵向力（kN）	弯矩传递系数	纵向力（kN）	弯矩传递系数
178	0.101	446	0.143
268	0.111	535	0.172
357	0.118		

通过上表可以发现，随着纵向力的增大，弯矩传递系数有一定程度的上升，但弯矩传递系数较小，小于设计取值的 0.3。

E. 极限工况弯矩传递系数。

为了研究在加载过程中不同阶段的弯矩传递系数，需要选择几个比较突出的拐点进行计算。正弯矩试验极限工况中对应的纵向力为 268kN，最终选择的点为 $M=326$kN·m，此时对应的为竖向力最大时产生的弯矩值，以及点 $M=484$kN·m，此时对应的为竖向力最大但轴向力最小时产生的弯矩值；负弯矩试验极限工况中对应的纵向力为 268kN，最终选择的点为 $M=-400$kN·m，对应的为竖向力最大时产生的弯矩值，以及点 $M=-512$kN·m，对应的为竖向力最大但轴向力最小时产生的弯矩值。

a. 正弯矩工况。

a）纵向力 268kN，弯矩 326kN·m。

施加于中间环的弯矩为 M，此弯矩为 326kN·m，中间环传递给 3、4 号管片的弯矩为 $M_传$，$M_传$ 的计算为 3、4 号管片本身实测的弯矩减去所受设备所施加的弯矩，即 $M_传 = M_{34测} - M_{34原}$。则弯矩传递系数 ξ 计算公式与式（2-12）相同。

当纵向力为 268kN 时，$M=326$kN·m，$M_{34原}=-116$kN·m，两边环内弧面的钢筋应变为 $-62.73\mu\varepsilon$，外弧面的钢筋应变为 $-44.22\mu\varepsilon$。钢筋与混凝土均处于弹性阶段，根据平截面假定及混凝土基本原理，计算得到中间环管片弯矩为 $M_{34测}=-63.00$kN·m。则

$$\xi = \frac{M_{34测} - M_{34原}}{M} = \frac{-63 + 116}{326} = 0.162$$

b）纵向力 268kN，弯矩 484kN·m。

施加于中间环的弯矩为 M，此弯矩为 484kN·m，中间环传递给 3、4 号管片的弯矩为 $M_传$，$M_传$ 的计算为 3、4 号管片本身实测的弯矩减去所受设备所施加的弯矩，即 $M_传 = M_{34测} - M_{34原}$。

则弯矩传递系数 ξ 计算公式与式（2-12）相同。

当纵向力为 268kN 时，M=484kN·m，$M_{34原}$=-20kN·m，两边环内弧面的钢筋应变为 $-16.44\mu\varepsilon$，外弧面的钢筋应变为 $-26.38\mu\varepsilon$。钢筋与混凝土均处于弹性阶段，根据平截面假定及混凝土基本原理，计算得到中间环管片弯矩为 $M_{34测}$=40.88kN·m。则

$$\xi = \frac{M_{34测} - M_{34原}}{M} = \frac{40.88+20}{484} = 0.126$$

所以在同一纵向力 268kN 作用下，不同的加载阶段的弯矩传递系数见表 2-25。

弯矩传递系数汇总　　表 2-25

弯矩（kN·m）	弯矩传递系数	弯矩（kN·m）	弯矩传递系数
252	0.120	484	0.126
326	0.162		

从上述分析中可以看出当弯矩达到 484kN·m 时的弯矩传递系数小于弯矩为 326kN·m 时的系数，即 $\xi_{传484} < \xi_{传326}$，说明弯矩传递的相对值有所降低，现在分析其弯矩传递的绝对值。弯矩达到 484kN·m 时，弯矩传递的真实值为：

$$M_{传512} = M_{34测} - M_{34原} = 40.88 + 20.00 = 60.88 (\text{kN·m})$$

弯矩达到 400kN·m 时，弯矩传递的真实值为：

$$M_{传512} = M_{34测} - M_{34原} = -63.00 + 116 = 53.00 (\text{kN·m})$$

可见弯矩传递数值上，484kN·m 时的传递值大于 326kN·m 时得数值，即 $M_{传484} > M_{传326}$。

可见纵向力的存在仍然使中间环接缝的弯矩传递至了两边本体管片，只是传递的弯矩值占总弯矩的比例有所降低，结合中间环接缝附近的错台来进行说明，取具有代表性的错台接缝进行汇总如图 2-91 所示。

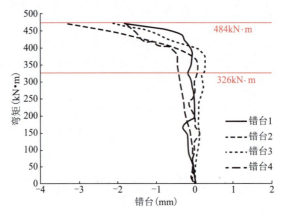

图 2-91　错台—弯矩曲线汇总

可见，当弯矩为 326kN·m 时，接缝附近的错台值较小，均在 0.5mm 以内，且数值有所波动，表明中间环与两边环的错动较小，环间的摩擦以静摩擦为主，静摩擦与环间剪

力平衡，随着环间剪力的增大静摩擦逐渐提高。而当弯矩达到 484kN·m 时，可以看出环间错台已经发生了快速增长，达到 1.5mm 以上，表明中间环与两边环的错动较大，环间的摩擦以动摩擦为主，而动摩擦数值与纵向力有关，为一个稳定值，环间可传递的剪力已经达到上限，由于弯矩传递的效应与剪力有关，因此当环间发生较大错台后，弯矩传递的绝对值并不会随着弯矩的持续增大表现为绝对值的继续增大，因此表征弯矩传递效应的传递系数反而会减小。

从构造角度来看，由于类矩形盾构隧道环缝接头没有凹凸榫的存在，因此环间剪力的传递以摩擦力传递为主，而圆形隧道由于有凹凸榫的存在，当环间发生较大错台后，凹凸榫搭接上，环间剪力可持续通过凹凸榫传递，保证弯矩传递效应随着弯矩的增大而继续提高。

b. 负弯矩工况。

a）纵向力 268kN，弯矩 -400kN·m。

施加于中间环的弯矩为 M，此弯矩为 -400kN·m，中间环传递给 3、4 号管片的弯矩为 $M_{传}$，$M_{传}$ 的计算为 3、4 号管片本身实测的弯矩减去所受设备所施加的弯矩，即 $M_{传}=M_{34测}-M_{34原}$。则弯矩传递系数 ξ 计算公式与式（2-12）相同。

当纵向力为 268kN 时，$M=-400$kN·m，$M_{34原}=50$kN·m，两边环内弧面的钢筋应变为 $-41.73\mu\varepsilon$，外弧面的钢筋应变为 $-34.29\mu\varepsilon$。钢筋与混凝土均处于弹性阶段，根据平截面假定及混凝土基本原理，计算得到中间环管片弯矩为 $M_{34测}=-19.43$kN·m。则

$$\xi=\frac{M_{34测}-M_{34原}}{M}=\frac{-19.43-50}{-400}=0.174$$

b）纵向力 268kN，弯矩 -512kN·m。

施加于中间环的弯矩为 M，此弯矩为 -512kN·m，中间环传递给 3、4 号管片的弯矩为 $M_{传}$，$M_{传}$ 的计算为 3、4 号管片本身实测的弯矩减去所受设备所施加的弯矩，即 $M_{传}=M_{34测}-M_{34原}$。则弯矩传递系数 ξ 计算公式与式（2-12）相同。

当纵向力为 268kN 时，$M=-512$kN·m，$M_{34原}=3$kN·m，两边环内弧面的钢筋应变为 $-21.73\mu\varepsilon$，外弧面的钢筋应变为 $-6.60\mu\varepsilon$。钢筋与混凝土均处于弹性阶段，根据平截面假定及混凝土基本原理，计算得到中间环管片弯矩为 $M_{34测}=-75.12$kN·m。则

$$\xi=\frac{M_{34测}-M_{34原}}{M}=\frac{-75.12-3}{-512}=0.152$$

所以在同一纵向力 268kN 作用下，不同的加载阶段的弯矩传递系数见表 2-26。

弯矩传递系数汇总 表 2-26

弯矩（kN·m）	弯矩传递系数	弯矩（kN·m）	弯矩传递系数
285	0.111	512	0.152
400	0.174		

从以上试验计算结果可以看出，弯矩传递系数是一个会随着加载阶段即荷载水平不断变化的一个值。

从上述分析中可以看出，当弯矩达到512kN·m时的弯矩传递系数小于弯矩为400kN·m时的系数，即$\xi_{传512}<\xi_{传400}$，说明弯矩传递的相对值有所降低。

现在分析其弯矩传递的绝对值。弯矩达到512kN·m时，弯矩传递的真实值为：

$$M_{传512}=M_{34测}-M_{34原}=-19.34-50.00=-69.43（kN·m）$$

弯矩达到400kN·m时，弯矩传递的真实值为：

$$M_{传512}=M_{34测}-M_{34原}=-75.12-3.00=-78.12（kN·m）$$

可见弯矩传递数值上，512kN·m时的传递值值大于400kN·m时得数值，即$M_{传512}<M_{传400}$。

可见纵向力的存在仍然使中间环接缝的弯矩传递至了两边本体管片，只是传递的弯矩值占总弯矩的比例有所降低，结合中间环接缝附近的错台来进行说明，取具有代表性的错台接缝进行汇总如图2-92所示。

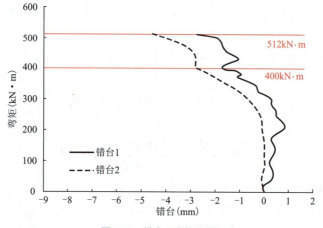

图2-92　错台—弯矩曲线汇总

可见，当弯矩为300kN·m时，接缝附近的错台值较小，此时环缝间剪力有摩擦力平衡，在弯矩处于300～400kN·m时，错台量逐渐增大，错台1数值有所波动，均在3mm以内，此时环缝摩擦逐渐达到静摩擦最大值，环间剪力由滑动摩擦承担，随后错台发展减慢为螺栓参与到了抗剪过程中，随后错台发展速度再次加快。环间摩擦为动摩擦，而动摩擦数值与纵向力有关，为一个稳定值，环间可传递的剪力已经达到上限。由于弯矩传递的效应与剪力有关，因此当环间发生较大错台后，弯矩传递的绝对值并不会随着弯矩的持续增大表现为绝对值的快速增大，表征弯矩传递效应的传递系数反而会减小。

从构造角度来看，由于类矩形盾构隧道环缝接头没有凹凸榫的存在，因此环间剪力的传递以摩擦力传递为主，而圆形隧道由于有凹凸榫的存在，当环间发生较大错台后，凹凸榫搭接上，环间剪力可持续通过凹凸榫传递，保证弯矩传递效应随着弯矩的增大而继续提高。

3）管片纵缝压弯性能试验

盾构法隧道采用装配式衬砌作为结构长期受载体，隧道衬砌由若干弧形管片由盾构机拼装成环,管片环向、纵向之间主要通过螺栓、凹凸榫等进行连接。经过近几十年的发展,国内对盾构隧道管片材料、几何形状和拼装方式等的研究都取得了较大突破,在工程建设中得到了充分的应用和发展。近年来矩形盾构隧道因其空间利用率高等优势得到了较快的发展。

管片接缝是盾构隧道衬砌结构的薄弱环节,其力学行为直接影响到运营盾构隧道结构的渗漏、变形和承载能力,有必要系统调研当前轨道交通盾构隧道的环、纵缝的设计构造现状。在此基础上,针对管片的环向和纵向接缝,细致开展管片接缝的纵缝接头和夹片试验,获得不同工况下纵缝抵抗正(负)弯矩的接头转角刚度,纵缝抗剪刚度,以及错缝拼装衬砌结构弯矩传递系数,探明类矩形隧道管片接缝的极限承载能力,获得接缝受力全过程的性能发展规律,明确控制管片接缝受力行为的控制因素,验证衬砌结构计算和接缝设计中计算参数选取的合理性,并对施工质量提出控制要求及优化建议,为保障宁波市既有和新建轨道交通的质量和运营安全提供技术支撑。

细而言之,开展类矩形管片纵向接缝压弯受力行为研究试验,有着如下具体目标:

①通过开展类矩形盾构隧道管片纵缝接头压弯试验,获得设计状态下纵缝抵抗正(负)弯矩的接头转角刚度,探明接缝的破坏链和接缝强度;

②探究内力对接缝转角刚度的影响规律,为设计单位衬砌接缝设计提供试验依据,验证其参数选取的合理性;

③为类矩形盾构隧道纵缝构造设计提出优化建议和措施。

(1)试验装置

试验采用同济大学自主研发的 TJ-GPJ2000 盾构管片接头试验加载系统进行试验加载,如图 2-93 所示,加载系统由主加载框架、电液伺服加载作动器、试样座、试样装配与纵向加载装置和 POP-M 工控 PC 电液伺服多通道控制器组成,可以实现对隧道管片衬砌结构(包括梁、板等)的单向、双向或三向加载,支持位移及荷载两种加载控制模式。

①加载系统。

A. 垂向加载作动器。

图 2-93 试验设备

垂向加载作动器由两个 750kN 作动器和一个 1500kN 作动器组成,带有负荷传感器和内置式磁致伸缩位移传感器,前端带有球铰和前端带加载支棍的加载分配梁,安装在主加载框架的顶部加载梁上,由三个 Moog D633 伺服阀分别控制,既可以实现同步联动加载,也可以使用其中的任意一个完成加载试验。主要技术参数如下:

a. 单个作动器最大试验力:1500kN(750kN);

b. 试验力测量范围与示值精度:在 2%~100% 满量程区间,示值精度为示值的 ±1%;

c. 作动器最大位移:200mm;

d. 位移分辨率:0.01mm;

e. 等速加载与试验力保持精度 ±1%;

f. 垂向加载梁挠度：小于 $L/600$。

B. 垂向加载作动器。

轴向加载作动器由四个 1000kN 低摩擦作动器组成，合在一起可以提供 4000kN 的横向加载能力，轴向加载作动器通过分配梁给被测试样施加载荷，通过油压传感器测量试验力的大小，四个作动器共用一个 Moog D633 电液伺服阀控制，也可以通过切断任意一个作动器的油路使该作动器不起作用。主要技术指标如下：

a. 单个作动器最大试验力：1000kN；

b. 试验力测量范围与示值精度：在 4%～100% 满量程区间，示值精度为示值的 ±1%；

c. 等速加载与试验力保持精度：±1%；

d. 作动器最大位移：150mm；

e. 试样座：能够按照加载要求支撑试样；

f. 轴向加载梁挠度：小于 $L/600$mm。

C. 纵向加载作动器。

纵向加载作动器由两个 1250kN 的低摩擦作动器组成，与试样装配与运输装置一体化设计，在主加载框架外部将试样装配完成后，与纵向加载装置一起沿导轨推入主加载框架，将试样安放在试样座上。两个作动器共用一个 Moog D633 伺服阀控制，可以给试样施加最大为 2500kN 的纵向载荷。同样，可以通过切断任意一个作动器的油路使该作动器不起作用。主要技术指标如下：

a. 单个作动器最大试验力：1250kN；

b. 试验力测量范围与示值精度：在 4%～100% 满量程区间，示值精度为示值的 ±1%；

c. 作动器最大位移：100mm；

d. 等速加载与试验力保持精度：±1%；

e. 纵向加载梁挠度：小于 $L/600$mm。

②加载支座。

加载系统的支座如图 2-94 所示，千斤顶为球铰连接，可以自由转动，在支座的底部为 1 根钢滚轴，支座可以沿水平方向自由滑动。

图 2-94　管片支座

③控制系统。

POP-M 控制器可以自动控制试验的进程，按照用户要求完成多通道异步阶梯加载和负荷保持，自动采集试验力和垂向作动器的活塞位移，记录试验曲线，并可以用通信方式或模拟输出方式输出上述试验数据给数据采集系统，为试验数据的后处理提供了方便。

a. 5 路电液伺服作动器的同步、异步加载闭环控制；

b. 5 路试验力、3 路位移的自动采集；

c. 具有手动位置调整功能；

d. 具有上述 8 路参数的模拟输出功能；

e. 可以完成负载、垂向作动器位移的任意点保护。

（2）接头试验方案

试验方案主要包括工况设计、试件设计、试验工况设计、加载系统设计、荷载设计。

① 工况设计。

对整环衬砌受力进行分析，采用修正惯用法，埋深 10m 和 17m 时，侧压力系数分别取 0.5～0.8，进行计算，获得各个接头的内力进行汇总，得到正弯矩偏心距变化范围 0.15～0.30m，负弯矩偏心距变化范围 0.09～0.19m，选取该偏心距变化范围进行工况设计，并选取偏心距正弯矩 0.21m、0.30m 工况、负弯矩 0.13m、0.19m 工况作为极限工况，将试验管片加载至破坏，其余工况为设计工况。工况汇总见表 2-27。

工况汇总　　　　　　　　　　表 2-27

工况	类型		偏心距（m）
1	正弯矩	设计工况	0.15
2			0.18
3		极限工况	0.21
4		设计工况	0.24
5			0.27
6		极限工况	0.30
7	负弯矩	设计工况	0.09
8			0.11
9		极限工况	0.13
10		设计工况	0.15
11			0.17
12		极限工况	0.19

本节主要内容为正弯矩偏心距 0.15m、0.18m 和 0.21m 极限工况的试验结果，并对其进行分析。

② 试件设计。

宁波地铁类矩形盾构隧道管片外尺寸 11.5m×6.94m，全环由十块管片（不含立柱）组成，混凝土强度等级为 C50，环向连接采用 6.8 级 M33 型螺栓连接，纵向连接采用 6.8 级 M30 型螺栓连接。

管片厚度为 0.45m，环宽为 1.2m，采用类矩形衬砌环错缝拼装，衬砌截面如图 2-95 所示。选取图 2-96 中标红管片接缝进行纵缝接头试验，并针对该试验进行管片浇筑，管片接缝部位仍保留嵌缝、止水条、定位棒等细部构造。

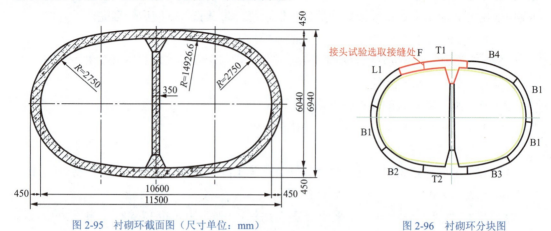

图 2-95 衬砌环截面图（尺寸单位：mm）　　　　图 2-96 衬砌环分块图

原始管片构件弧度很小（外弧半径达到 15450mm），不考虑管片弧度，将管片考虑成直线段。受试验加载设备限制，管片接头在拼接好的状态下长度应为 2.5m 以内，示意图如图 2-97 所示。

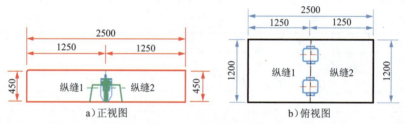

图 2-97 纵缝接头试验铸铁预埋件型拼接示意图（尺寸单位：mm）

③荷载设计及控制程序。

考虑到试验室条件及试件尺寸，直接头试验的试件均平放在试验台座上进行试验。在各试验工况中，竖向力 P 由垂向加载制动器施加，然后通过多点等值钢梁作用在试件上，水平力 N 由水平向千斤顶施加，通过端部支座作用在试件上，见图 2-98。

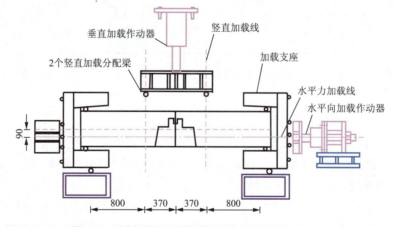

图 2-98 正弯矩接头试验装置正视图（尺寸单位：mm）

76

A. 荷载换算原则。

荷载设计主要是确定各试验工况的加卸载荷载大小等级。设计时参考《混凝土结构试验方法标准》（GB 50152—2012）的规定进行静载试验，按设计最大试验荷载进行加载步分级。

直接头试验构件进行破坏性试验，模拟整环足尺试验中接头处轴力 N、弯矩 M 的变化。试验加载示意图如图 2-99 所示。

根据力的平衡方程可推导出施加荷载 N、F_y 与接头处轴力、弯矩的关系。分别对接头截面中心取距可以得到：

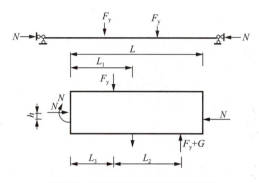

图 2-99　正弯矩接头试验装置正视图

$$M - F_y L_2 + G(L_1 - L_2 - L_3) + N \times h = 0 \quad (2\text{-}13)$$

$$F_y = \frac{M + G(L_1 - L_2 - L_3) + N \times h}{L_2} \quad (2\text{-}14)$$

其中，L_1=625mm，L_2=800mm，L_3=370mm，G=16.875kN，h=90mm。

B. 试验过程控制。

吊装管片，管片接头内外弧面对齐，尽量使管片接头密贴，拧紧螺栓；按荷载设计逐级施加荷载 N、F_y，试验每级加载的稳压时间为 2min，数据采集时间为稳压期间的第 2min。

非极限工况下，接头荷载按照偏心距为 0.15m 或 0.18m 进行加载，水平力 N 每级加载 200kN，对应竖向力按照偏心距计算得到的弯矩进行加载，直至水平力加载到 1000kN；其后水平力每级加载 50kN，对应竖向力按照偏心距计算得到的弯矩进行加载，直至水平力达到 1700kN；随后分 6 级进行卸载。

极限工况按照偏心距为 0.21m 进行加载，水平力 N 每级加载 200kN，对应竖向力按照偏心距计算得到的弯矩进行加载，直至水平力加载 1000kN；其后水平力每级加载 50kN，对应竖向力按照偏心距计算得到的弯矩进行加载，直至管片接头处内力达到设计荷载 N=1486kN、M=318kN·m（F_y=553kN）。随后保持轴力 N=1486kN 不变，继续增大弯矩直至管片发生破坏。

以极限工况为例，荷载加载示意图如图 2-100 所示。

④测试内容及测点布置。

A. 测试内容及研究指标。

a. 管片接头的研究指标：

a）管片内力变化；

b）接头处挠度变化；

c）接缝张角开展；

d）螺栓内力和变形；

e）预埋件内力。

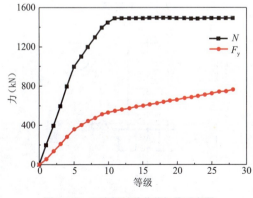

图 2-100　正弯矩试验荷载加载示意图

b. 测试内容如下：

a）环向螺栓应力测量；

b）混凝土应变测量；

c）接头处挠度测量；

d）支座位移测量；

e）接缝张角测量；

f）预埋件应变测量；

g）管片及接头破损观测。

B. 测点布置方案图。

根据以上研究指标，测点布置方案如图 2-101 所示，管片在局部荷载附近区域的应力状态比较复杂，通过在管片端面添加混凝土应变测点，可以测得在加载过程中不同高度的混凝土测点压缩变形量的变化规律。

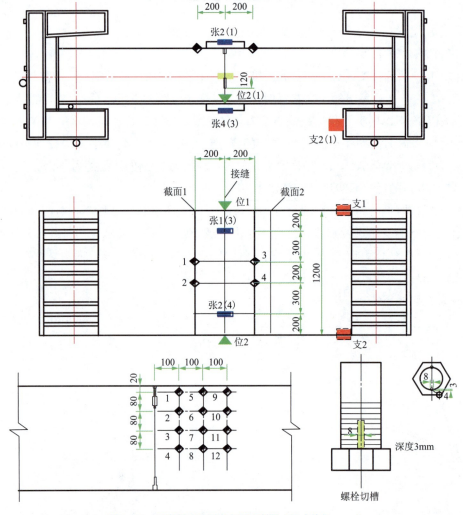

图 2-101　正弯矩试验测点布置示意图（尺寸单位：mm）

测点数量及要求汇总见表 2-28。

工况汇总　　　　　　　　　　　表 2-28

测点名称	数值范围	精度	数量
纵缝张角	$-50\sim50$mm	0.01mm	4
挠度变形	$-50\sim50$mm	0.1mm	2
支座位移	$-50\sim50$mm	0.01mm	2
螺栓应力	$0\sim480$MPa	0.1MPa	8
顶部混凝土应力	$-60\sim10$MPa	0.1MPa	4
侧面混凝土应变	$-60\sim10$MPa	0.1MPa	12
预埋锚筋应变	$-60\sim10$MPa	0.1MPa	26
裂缝观测	—	0.01mm	

⑤测试仪器、传感器及测试方法。

测试内容包括螺栓应力、接缝张角及错动量、混凝土应变、构件挠度、支座位移、裂缝开展等。

A. 环向螺栓应力测量。

环向螺栓应力测量传感器采用箔式应变计，其粘贴、密封工艺基本与测量主筋应力的应变计采用的方法相同。应变计粘贴、密封后用导线在环向螺栓上铣出的凹槽中引出，并逐一加以编号。

B. 混凝土环向应变测量。

混凝土环向应变测量采用长标距（标距长拟取 50mm）箔式应变计，型号为 DX50AA-120，标距长 50mm。侧面混凝土应变测量采用标距长取 20mm 箔式应变计。

在应变粘贴部位用细砂皮打光，清洗干净后紧接着用 502 胶水把长标距应变计粘贴在管片表面，焊接好引出线后逐一加以编号。经检测满足绝缘要后用 703 胶水加以密封，以保证其不受潮、受损。

C. 构件位移变形测量。

构件位移变形测量传感器分别选用量程、精度恰当的电子位移传感器。将它们用万向磁性支架固定在不动体上进行测量。

D. 纵缝张角测量传感器。

测量纵缝张角，实际上测量的是纵缝两侧管片之间的相对位移（即间隙变化），故取电子位移传感器。

E. 预埋筋应力测量。

预埋筋应力测量采用箔式应变计，型号为 B×3AA-120。在应变计粘贴部位，先用砂轮机粗磨，后用细砂皮打光，清洁干净后紧接着用 502 胶水把箔式应变片粘贴在预埋筋上，焊接好引出线后逐一加以编号。经 703 胶水检测达到绝缘标准后用初步密封，$1\sim2$h 后再用具有良好防水、高强性能环氧树脂严加保护，以确保应变计在管片浇制、养护过程中不受损坏。

F. 裂缝观测。

在试件上、下表面用色笔划出分格线，形成矩形网格（20cm×20cm）。裂缝宽度用比对纸、钢尺测量，在每级荷载加载结束后及时绘制在裂缝开展图上。

G. 摄影测量。

在试件侧面安放照相机，拟采用 2 台 CCD 相机（型号：DH-PD2000EC）及配套设备完成相关摄影观测和记录工作，可通过摄像观测得到接缝受压区高度的变化。

H. 测试仪器。

由箔式应变计、电子位移传感器将试件被测机械量（应变、位移等）转换成相应量后，通过多点接线箱输入动态数据采集仪。整套测试仪器由多点接线箱、动态数据采集仪、微机与支持元件等组成。测试仪器的应变测量范围为 $-2\times10^4\mu\varepsilon \sim 2\times10^4\mu\varepsilon$，分辨率为 $1\mu\varepsilon$、零漂不大于 $4\mu\varepsilon/h$，系统不确定度 <0.5%、$\pm3\mu\varepsilon$。整套测试仪器具有正确、可靠、快速等特点。

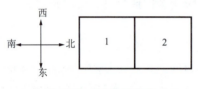

图 2-102 接缝初始状态

（3）试验现象

由于偏心距 0.15m、0.18m 为设计工况，试验现象较少，现在仅对偏心距 0.21m 的极限工况进行现象进行描述。便于描述，对管片进行编号，管片的方位及编号图如图 2-102 所示。

① 试验初始状态。

试验初始主要测量了纵缝张开的初始值，初始的详细数据见表 2-29，初始状态如图 2-103 所示。

错台初始值　　　　表 2-29

测　点	上表面张开值（mm）	下表面张开值（mm）
东侧	12.31	10.30
西侧	12.53	10.10

铸铁预埋件无明显变形，手孔处混凝土无肉眼可观察裂缝，如图 2-104 所示。管片表面无肉眼可观察裂缝，如图 2-105、图 2-106 所示。

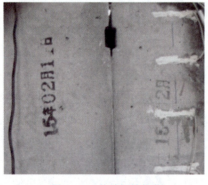

图 2-103 接缝初始状态

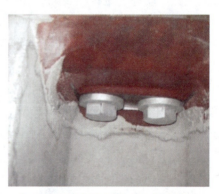

图 2-104 铸铁预埋件与手孔处混凝土

图 2-105　试验管片表面无裂纹

图 2-106　管片表面水平

② 试验过程记录。

试验逐级加载达到 41 级时达到最大荷载破坏。

a. 第 5 级，轴力 $N=1000$kN，$F_y=369$kN（$M=214$kN·m）时，管片下缘混凝土接触面开始脱离。外弧张开 11.72mm，内弧张开 12.46mm。

b. 第 8 级，轴力 $N=1300$kN，$F_y=482$kN（$M=278$kN·m）时，管片下缘混凝土接触面脱离情况并无明显改变。管片铸铁预埋件无明显变形，手孔混凝土无裂缝产生，管片表面也观察不到裂缝。外弧张开 11.17mm，内弧张开 12.62mm。

c. 第 11 级，轴力 $N=1486$kN，$F_y=553$kN（$M=318$kN·m）时，管片表面无裂缝产生。外弧张开 10.99mm，内弧张开 13.22mm。

d. 第 16 级，轴力 $N=1486$kN，$F_y=616$kN（$M=368$kN·m）时，管片表面也观察不到裂缝。外弧张开 10.48mm，内弧张开 14.00mm。

e. 第 20 级，轴力 $N=1486$kN，$F_y=666$kN（$M=408$kN·m）时，管片铸铁预埋件无明显变形，手孔混凝土无裂缝产生，管片表面也观察不到裂缝。外弧张开 10.30mm，内弧张开 14.90mm。

f. 第 28 级，轴力 $N=1486$kN，$F_y=766$kN（$M=488$kN·m）时，管片西边表面止水缝下部出现裂缝。受压区高度较第 20 级明显减少。

g. 第 29 级，轴力 $N=1486$kN，$F_y=778$kN（$M=498$kN·m）时，管片接触面嵌缝闭合。

h. 第 30 级，轴力 $N=1486$kN，$F_y=791$kN（$M=508$kN·m）时，东边管片接触面出现裂缝，管片加载过程出现声音。

i. 第 34 级，轴力 $N=1486$kN，$F_y=841$kN（$M=548$kN·m）时，管片东侧裂缝发展，西侧出现新裂缝。

j. 第 35 级，轴力 $N=1750$kN，$F_y=853$kN（$M=558$kN·m）时，管片西侧出现新裂缝。

k. 第 38 级，轴力 $N=1486$kN，$F_y=891$kN（$M=588$kN·m）时，管片东西两侧均大量出现新裂缝，管片上缘出现水平裂缝。

l. 第 40 级，轴力 $N=1486$kN，$F_y=916$kN（$M=606$kN·m）时，管片接触面出现大量裂缝；嵌缝上部出现数条水平裂缝，混凝土开裂翘起。

m. 第 41 级，轴力 $N=1486$kN，$F_y=928$kN（$M=618$kN·m）时，管片接触面裂缝突然扩大，试件破坏。

③试验最终状态。

A. 接缝最终状态。

管片接触面在荷载下破坏,主裂缝为发生在止水缝下侧斜裂缝,如图 2-107 所示。

图 2-107　破坏管片两侧接触面

B. 铸铁预埋件最终状态。

卸载后,铸铁预埋件无明显变形,手孔处混凝土有裂缝产生,如图 2-108 所示。

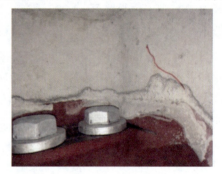

图 2-108　卸载后铸铁预埋件及手孔处混凝土

C. 裂缝最终状态。

可见数条明显的裂缝,嵌缝上端以水平裂缝为主,嵌缝下端以斜向上的斜裂缝为主,如图 2-109 所示。

图 2-109　破坏后管片两侧

（4）试验结果分析

①接缝转角刚度。

试验中，通过内外弧面的张开变化量可以得到接缝转角值，转角值 φ 计算方法为：

$$\varphi = \frac{a-b}{h} \tag{2-15}$$

式中：a——内弧面张开量；

b——外弧面闭合量；

h——管片厚度，取 450mm。

采取以上计算方法，正弯矩偏心距 0.15m 工况、0.18m 工况、0.21m 工况前半部分的弯矩转角曲线如图 2-110 所示。

通过对曲线的斜率进行计算，三个工况的转角刚度分别为 59000kN·m/rad、53000kN·m/rad、45000kN·m/rad。偏心距 0.21m 极限工况的全过程荷载转角曲线如图 2-111 所示。

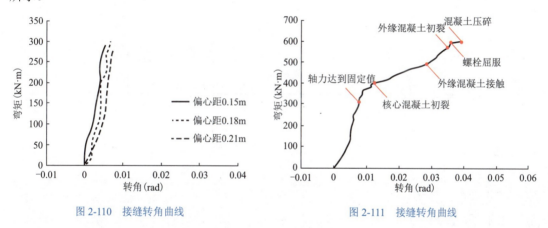

图 2-110　接缝转角曲线　　　　图 2-111　接缝转角曲线

接缝在正弯矩作用下经过以下阶段达到极限承载力：

a. 在加载过程中，纵缝正弯矩接缝首先部分截面受压，接缝张开发展较慢，螺栓和混凝土应变基本呈线性增大；

b. 之后轴力达到 1486kN 后，轴力固定不变，逐渐增大弯矩，受压区混凝土高度减小，螺栓和混凝土应变加快发展，接缝张开量增大；

c. 伴随着接缝张开，核心混凝土受压区高度减小，在弯矩为 403kN·m 时，核心混凝土靠近外弧面出现裂缝，螺栓应变出现突变；

d. 在弯矩为 493kN·m 时，外缘混凝土接触上，参与到接缝的受力过程中，使混凝土受压侧高度有所提高，接缝张开量及挠度增长速度减慢；

e. 在弯矩为 573kN·m 时，外缘混凝土开裂，接缝张开量和挠度数据发生波动；

f. 弯矩达到 593kN·m 时，螺栓屈服，随后核心混凝土及外缘混凝土压碎，接缝达到极限承载状态；

g. 加载过程中第一阶段转角刚度约 45000kN·m/rad，第二阶段转角刚度约为

6000kN·m/rad，第三阶段转角刚度约为 13000kN·m/rad。

②抗弯强度理论分析。

管片混凝土采用《混凝土结构设计规范》(GB 50010—2010)中推荐的混凝土应力—应变关系曲线，其中接缝管片对应的混凝土强度等级为 C50，混凝土轴心抗压强度标准值在规范中取为 32.4MPa，其应力—应变曲线如图 2-89 所示。应力应变公式见式（2-10）。

螺栓则采用两折线钢筋本构模型，即理想弹塑性模型，其中接缝中螺栓采用机械性能等级为 6.8 级 M33 螺栓，公称抗拉强度为 600MPa，屈服强度为 480MPa，其应力—应变曲线如图 2-90 所示。计算公式见式（2-11），式中屈服应变取为 0.0024。

正弯矩工况中核心混凝土初裂时止水带凹槽并未接触，在弯矩 M 和轴力 N 的作用下，螺栓未达到屈服，应力为 σ_s，初裂时受压区最外缘混凝土应变达到 ε_0，此处应力达到混凝土抗压强度 f_c，受压区混凝土应力分布为 $\sigma(y)$。正弯矩初裂时应力分布图如图 2-112 所示。

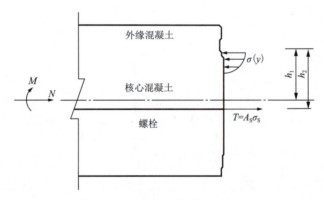

图 2-112 正弯矩初裂时应力分布图

注：图中 T 为螺栓拉力，h_1 为核心混凝土上边缘至接缝面中心点距离，h_2 为核心混凝土上边缘至螺栓中心点距离。

根据力的平衡，$\sum N=0$，得

$$N+T=\int_0^x \sigma(y)\mathrm{d}x \cdot b \qquad (2\text{-}16)$$

根据力矩平衡 $\sum M=0$，对受拉钢筋的合力取矩，得

$$M+N \cdot (h_2-h_1)=\int_0^x \sigma(y)(h_2-x)\mathrm{d}x \cdot b \qquad (2\text{-}17)$$

采用以上所述混凝土及螺栓本构，可通过积分运算求出核心受压混凝土的合力 C 及其作用点到核心受压区边缘的距离 y_c。得 $C=0.667f_c \cdot b \cdot x_n$，$y_c=0.375x_n$，$x_n$ 为核心混凝土受压区高度。代入上式得：

$$N+T=0.667f_c \cdot b \cdot x_n \qquad (2\text{-}18)$$

$$M+N \cdot (h_2-h_1)=0.667f_c \cdot b \cdot x_n \cdot (h_2-0.375x_n) \qquad (2\text{-}19)$$

其中 b 为管片宽度，$T=A_s \cdot \sigma_s$，A_s 为螺栓总面积，混凝土初裂时螺栓应变 $\varepsilon_s=1200\times 10^{-6}$。

混凝土抗压强度 f_c 应取混凝土的轴心抗压强度标准值，此标准值参照试验管片批次的立方体抗压强进行计算，构件厂出厂混凝土立方体抗压强度平均值，转换为轴心抗压强度

标准值为

$$f_{ck}=0.88\alpha_1\alpha_2 f_{cu,k}=0.88\times0.76\times0.9675\times56.0=36.2（MPa）$$

其中混凝土等级为 C50 时 $\alpha_1=1$，$\alpha_2=0.9675$，因此取 $f_c=36.2$MPa。

将 $h_1=0.145$m，$h_2=0.170$m，$b=1.2$m，$f_c=36.2$N/mm²，$A=3421.2$mm²，$N=1486$kN 代入公式，并考虑螺栓的预紧产生的拉力，可得核心混凝土受压区高度 $x_n=93$mm，$M=333$kN·m。

试验中混凝土初裂的弯矩为 $M=403$kN·m，计算所得弯矩与试验弯矩相差 17%。正弯矩工况中由于止水带凹槽的存在，将受压区混凝土分为外缘混凝土和核心混凝土，如图 2-113 所示。

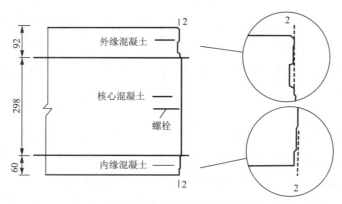

图 2-113 纵缝细部构造图（尺寸单位：mm）

在弯矩 M 和轴力 N 的作用下，接缝达到极限承载力时，螺栓屈服，应力达到屈服强度 f_y，核心混凝土和外缘混凝土均压碎，受压区混凝土应变已达到极限压应变 ε_{cu}，该处的应力达到抗压强度 f_c，核心混凝土受压区应力分布为 $\sigma(y)$，外缘混凝土受压区应力分布为 $\sigma'(y)$，如图 2-114 所示。

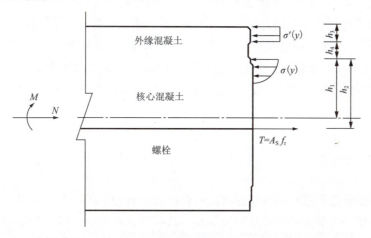

图 2-114 正弯矩极限工况应力分布图

注：图中 h_3 为外缘混凝土高度，h_4 为接缝止水带处高度。

根据力的平衡，$\sum N=0$，得式（2-16）。

根据力矩平衡 $\sum M=0$，对受拉钢筋的合力取矩，得

$$M+N\cdot(h_2-h_1)=\int_0^x \sigma(y)(h_2+h_3+h_4-x)\mathrm{d}x\cdot b \qquad (2\text{-}20)$$

采用以上所述混凝土及螺栓本构，可通过积分运算求出核心受压混凝土的合力 C 及其作用点到核心受压区边缘的距离 y_c。得 $C=0.718f_c\cdot b\cdot x_n$，$y_c=0.412x_n$，$x_n$ 为核心混凝土受压区高度。代入上式得：

$$N+T=0.798f_c\cdot b\cdot x_n+f_c\cdot b\cdot h_3 \qquad (2\text{-}21)$$

$$M+N\cdot(h_2-h_1)=0.798f_c\cdot b\cdot x_n\cdot(h_2-0.412x_n)\cdot b+f_c\cdot b\cdot h_3(h_2+h_3+h_4-0.5h_3) \qquad (2\text{-}22)$$

其中 $T=A_s\cdot f_y$。

将 $h_2=0.310\text{m}$，$h_3=0.038\text{m}$，$h_4=0.037\text{m}$，$b=1.2\text{m}$，$f_c=36.2\text{MPa}$，$f_y=480\text{MPa}$，$A_s=3421.2\text{mm}^2$，$N=1486\text{kN}$ 代入公式，可得核心混凝土受压区高度 $x_n=47\text{mm}$，$M=562\text{kN}\cdot\text{m}$。

试验中混凝土初裂的弯矩为 $M=603\text{kN}\cdot\text{m}$，与理论计算的极限弯矩相差 6.8%，可认为两者较为符合。

③抗弯强度试验对比。

根据《建筑结构可靠度设计统一标准》（GB 50068—2001），当结构或结构构件出现下列状态之一时，应认为超过了承载能力极限状态：

a. 整个结构或结构的一部分作为刚体失去平衡（如倾覆等）；

b. 结构构件或连接因超过材料强度而破坏（包括疲劳破坏），或因过度变形而不适于继续承载；

c. 结构转变为机动体系；

d. 结构或结构构件丧失稳定（如压屈等）；

e. 地基丧失承载能力而破坏（如失稳等）。

上节分析中假定混凝土应变达到极限应变，螺栓达到屈服强度，计算出极限弯矩为 $M=603\text{kN}\cdot\text{m}$，符合以上承载能力极限状态的第 2 个标准。试验中继续加载，受压区混凝土迅速压碎，挠度快速发展，接缝附近发生较大变形，接缝部位发展变为"塑性铰"，结构转变为机动体系，达到以上承载能力极限状态的第 3 个标准，且发生过大变形，不适于继续承载。

上节理论分析中极限弯矩 $M=502\text{kN}\cdot\text{m}$，试验中极限弯矩 $M'=603\text{kN}\cdot\text{m}$，与理论计算的极限弯矩相差不到 6.8%，可认为两者较为符合。

2.6.2 整环试验

足尺整环试验是研究盾构隧道衬砌结构性能的最有效手段，本节运用工程实际应用的类矩形盾构管片，开展模拟管片结构实际受力状况的足尺试验，研究类矩形盾构管片结构变形、接缝错动张开和管片开裂受损等规律，掌握类矩形盾构管片结构在不同受力工况下的结构行为及其承载力极限状态，为宁波市类矩形盾构隧道结构的设计、施工及运营监护提供试验依据。试验分别进行运营工况、施工工况以及极限工况等效加载试验，以期达到如下研究目的：

（1）了解衬砌结构在不同荷载工况下的承载能力和变形特征，验证衬砌结构设计的合理性，确定衬砌结构在施工期和运营期的安全性；

（2）获得纵缝接头在整环结构中的变形规律，校验接头防水能力和适应性；

（3）验证该试验方法的可行性以及试验装置和加载系统的稳定性；

（4）初步确定类矩形盾构整环结构的极限承载力和变形特征，得到衬砌结构的破坏机制和破坏链，明确结构薄弱部位，为结构安全及大批量生产提供初步试验依据；

（5）对比试验数据和理论计算的结果，探索合理的计算参数，丰富类矩形盾构隧道结构设计计算理论。

1）试验方案

（1）试验试件

本次试验研究所采用的试件外包尺寸为 11.5m×6.94m，环宽为 1.2m，和宁波轨道交通 3 号线陈婆渡车站出入段线类矩形盾构错缝拼装隧道所用管片一致，为非对称管片。衬砌全环由 10 块管片和中立柱组成，分别为 2 块 T 块（T1、T2）、3 块 C 块（C1、C2、C3）、3 块 B 块（B1、B2、B3）、1 块 L 块、1 块 F 块以及中立柱。管片厚 450mm，中柱宽 350mm。纵缝采用 6.8 级 M33 型螺栓连接，其中手孔位置采用铸铁预埋件，管片所用混凝土强度等级为 C50。试验试件如图 2-115 所示。

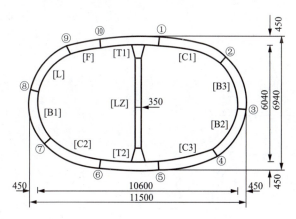

图 2-115 试验管片示意图（尺寸单位：mm）

（2）加载装置

国内目前现有的整环管片加载试验装置多为圆形管片试验平台，其加载方式多为对拉式和下沉式，对拉式加载的主要问题在于无法实现对整环管片的非对称加载，无法模拟管片结构在不同水文地质条件、不同受力模式下复杂的受力状况，而下沉式加载则受制于下沉式平台的尺寸，对于异形截面整环管片的兼容性较差。宁波轨道交通 3 号线类矩形整环足尺试验采用的是可重构式全方位加载闭环压力控制异形管片试验平台，结构加载装置可立可卧，水平放置时主要适用于埋深较深，自重效应较小的多环或单环拼装管片；竖向放置时主要适用于埋深较浅，自重对比荷载影响较大的多环拼装管片。试验加载装置可实现

图 2-116 加载装置

非对称加载，模拟复杂工况。

加载装置主要由水平加载装置及滑动支座组成，如图 2-116 所示。水平加载装置包括反力框架、千斤顶和分配梁，其中反力框架由上主框、下主框、主框连接块、拉杆以及角度调整垫块组成，为试验加载提供反力作用，反力框架与地面间无约束作用，仅存在一定的摩擦力；千斤顶的油缸安装于反力框架上提供试验荷载；分配梁用于保证作用于衬砌结构的集中力沿竖向均匀分布。在试件底部与支座钢面板间放置有 22 盒装有钢珠的钢盒，起滑动支座的作用。

加载装置共有 30 个加载点，每个加载点由 2 个千斤顶进行加载，加载时完全同步，每个加载点所能提供的最大水平荷载为 2000kN，千斤顶的最大行程为 300mm。

（3）试验工况

整环足尺试验针对宁波轨道交通 3 号线类矩形盾构隧道的正常运营工况和施工阶段同步注浆工况进行试验设计。

正常运营工况下衬砌结构在地层中的设计荷载如图 2-117 所示，衬砌结构受到垂直水土压力、水平水土压力、结构自重、地面超载和地基反力等荷载，侧压力系数为 0.7。试验荷载设计基于控制截面内力等效的原则进行设计，30 个加载点分为 3 组试验荷载，分别为 P_1、P_2、P_3，如图 2-118 所示，其中小圆圈代表控制截面，保证设计荷载作用下和试验荷载作用下衬砌结构控制截面的内力等效前提下，正常运营工况下的最大试验荷载值分别为 P_1=300kN，P_2=170kN，P_3=212kN。

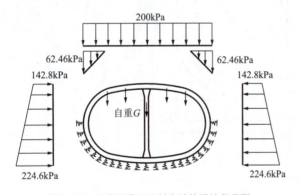

图 2-117 正常运营工况衬砌结构设计荷载图

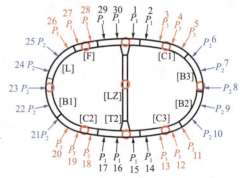

图 2-118 正常运营工况试验荷载分组图

同步注浆工况下衬砌结构在地层中的设计荷载如图 2-119 所示，衬砌结构受到垂直水土压力、水平水土压力、结构自重、地面超载、地基反力和注浆荷载等荷载，侧压力系数为 0.7。试验荷载设计基于控制截面内力等效的原则进行设计，30 个加载点分为 4 组试验荷载，分别为 P_1、P_2、P_3、P_4，如图 2-120 所示，其中小圆圈代表控制截面，保证设计荷载作用下和试验荷载作用下衬砌结构控制截面的内力等效前提下，同步注浆工况下的最大试验荷载值分别为 P_1=330kN，P_2=216kN，P_3=335kN，P_4=240kN。

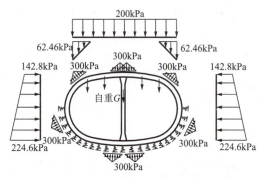

图 2-119 同步注浆工况设计荷载图

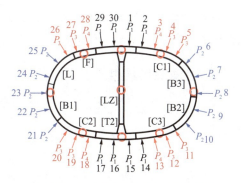

图 2-120 同步注浆工况试验荷载分组图

（4）加载方案

整环足尺试验的加载采用荷载控制的加载方式，各组千斤顶同步加载，分别按照设计值的 0.2、0.4、0.6、0.7、0.8、0.85、0.9、0.95 和 1 倍同步加至试验设计荷载最大值，每级荷载稳压时间控制在 10min 之内。卸载时，各组千斤顶同步卸载，卸载过程分 5 级均匀卸载，每次卸载的荷载量均为试验设计荷载的 0.2 倍。

（5）测试系统

类矩形盾构隧道整环足尺试验中，需要测量和观测的内容包括：结构收敛变形、结构整体变形、中柱侧移、主筋应变、混凝土应变、接缝螺栓应变、接缝内外侧张开和错动、结构表观现象以及试验全过程记录。整环试验测点共 850 个，其中拉线位移计 12 个，电子位移计 170 个，箔式应变计 728 个。测试采集系统由 15 台 60 通道 DH3816 型静态数据采集仪、1 台交换机和 1 台计算机组成。上述测点的数值范围、精度与数量汇总见表 2-30。

测点汇总表　　　　　　　　　　　　　　　　　　　　　表 2-30

测点名称	量程	精度	数量（点）
结构收敛变形	500mm	0.01mm	6
结构整体变形	100mm	0.01mm	40
中柱侧移	500mm	0.01mm	6
主筋应变	20000με	1με	424
混凝土应变	20000με	1με	224
螺栓应力	20000με	1με	80
接缝张开	100mm	0.01mm	50
接缝错动	50mm	0.01mm	20
总计			850

螺栓应力、主筋应变、混凝土应变、接缝错动、接缝张开都采用静态应变电测法。通过箔式应变计、拉线位移计、电子位移传感器将试件的被测物理量（应变、位移等）转换成相应电信号后，接入 DH3816 静态应变数据采集仪。整套数据采集系统由传感器、DH3816 静态数据采集仪、计算机与支持软件等组成。测试仪器的应变测量范围为 $-2\times10^4\mu\varepsilon \sim 2\times10^4\mu\varepsilon$，分辨率为 $1\mu\varepsilon$、零漂不大于 $4\mu\varepsilon/h$，系统不确定度

<0.5%、±3με。整套测试仪器具有正确、可靠、快速（400个测点在10s内采集完毕）等特点。

2）主要试验结果

根据试验过程表观现象观测及试验数据介绍结构裂缝发展情况、结构变形、接缝张开/闭合量、连接螺栓应力和结构内力。

（1）结构裂缝

正常运营工况和同步注浆工况试验结束后，衬砌结构表面均无肉眼可见裂缝，接缝处亦完好，无结构裂缝。

（2）结构变形

如图2-121所示，整环试验共选取20个位置，布置结构整体变形测点，每个测点分别布置径向位移测点和切向位移测点，测点编号为W。选取了3个位置布置结构收敛变形测点，包括1个长轴方向测点和2个短轴方向测点，每个测点在管片环宽方向布置2个拉线位移计，测点编号为SW。

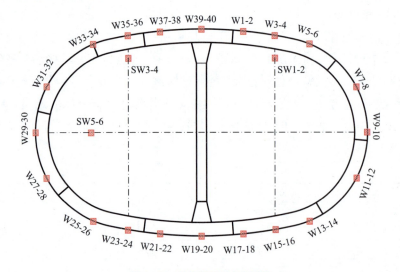

图2-121　结构变形测点布置图

根据结构整体变形测点和结构收敛变形测点测得数据，得到试验设计荷载下衬砌结构整体变形图如图2-122所示，其中曲线①代表正常运营工况试验设计荷载作用下结构变形，曲线②代表同步注浆工况试验设计荷载作用下结构变形。管片向内变形为负，向外变形为正。

在正常运营工况试验设计荷载作用下，长轴方向收敛变形值为0.33mm，中柱左侧短轴收敛变形几乎为0，中柱右侧短轴收敛变形值为-5.76mm。在管片右侧底部C3块位置的变形较大，最大变形为-7.17mm。中柱侧移较小，最大侧移量为向右侧移3.08mm。

在同步注浆工况试验设计荷载作用下，长轴方向收敛变形值为5.30mm，中柱左侧短轴收敛变形值为-0.83mm，中柱右侧短轴收敛变形值为-2.90mm。管片左侧肩部、右侧腰部与右侧底部变形较大，B3 块位置的最大变形为 4.63mm，C3 块位置的最大变形为 −5.23mm，L 块位置的最大变形为 4.90mm。中柱侧移较小，最大侧移量为向右侧移 2.15mm。

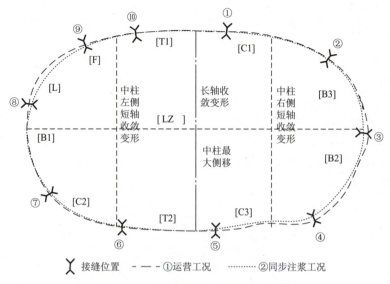

图 2-122　试验设计荷载下衬砌结构变形图

（3）接缝张开

整环衬砌结构共有 10 条纵向接缝，分别编号为①～⑩号缝。每条纵缝沿管片的环宽方向在内外弧面布置接缝张开测点，在接缝受拉张开的一侧弧面布置 3 个位移计，在纵缝受压压紧一侧弧面布置 2 个位移计。根据预分析结果，其中①号缝、③号缝、⑤号缝、⑧号缝为外弧面张开，内弧面压紧；②号缝、④号缝、⑥号缝、⑨号缝、⑩号缝内弧面外弧面压紧，内弧面张开；共布置 50 个接缝张开位移计测点，测点编号为 JZ。测点布置如图 2-123 所示。

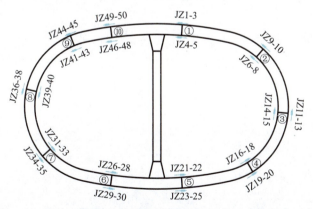

图 2-123　接缝张开测点布置图

由试验测得数据可得衬砌结构在试验设计荷载下接缝张开量/压紧量，见表 2-31，数值为正表示压紧，数值为负表示张开。

接缝张开量汇总表　　　　　　　　　　　　　　　　　　　　　表2-31

接缝位置		正常运营工况张开量(mm)	同步注浆工况张开量(mm)
①号缝	内弧面	0.71	0.65
	外弧面	−0.34	−0.26
②号缝	内弧面	−0.46	−1.23
	外弧面	0.55	0.85
③号缝	内弧面	0.36	0.42
	外弧面	−1.07	−1.15
④号缝	内弧面	−0.56	−1.05
	外弧面	1.08	1.04
⑤号缝	内弧面	0.04	0.02
	外弧面	0.61	−0.20
⑥号缝	内弧面	0.19	0.30
	外弧面	−0.49	−2.51
⑦号缝	内弧面	0.38	−0.05
	外弧面	−0.3	−0.02
⑧号缝	内弧面	3.92	4.65
	外弧面	0.27	−0.79
⑨号缝	内弧面	−0.33	−1.25
	外弧面	0.18	0.56
⑩号缝	内弧面	−1.07	−1.64
	外弧面	0.48	0.69

注：数值为正表示压紧，数值为负表示张开。

在正常运营工况试验设计荷载作用下，管片⑧号缝外弧面压紧量最大，为3.92mm；③号缝外弧面、⑩号缝内弧面张开量最大，为1.07mm，④号缝外弧面压紧量最大，为1.08mm。

在同步注浆工况试验设计荷载作用下，管片⑧号缝外弧面压紧量最大，为4.65mm；⑥号缝外弧面张开量最大，为2.51mm，③号缝外弧面、⑩号缝内弧面张开量也较大达到1.15mm、1.64mm。

（4）连接螺栓应力

整环衬砌结构共有10条纵向接缝，分别编号为①~⑩号缝。每条纵向接缝有4根连接螺栓，每根接缝螺栓两侧切槽，并对称布设2个测点，共布置80个测点，编号为S。

由试验测得数据可计算得到试验设计荷载下各接缝螺栓应力范围，见表2-32所示。

螺栓应力范围表　　　　　　　　　　　　　　　　　　　　　　表2-32

接缝	正常运营工况螺栓应力（MPa）	同步注浆工况螺栓应力（MPa）
①号缝	81.90～196.82	161.70～200.82
②号缝	55.24～126.64	110.68～229.93

续上表

接　缝	正常运营工况螺栓应力（MPa）	同步注浆工况螺栓应力（MPa）
③号缝	134.43～251.92	202.53～211.54
④号缝	72.67～187.67	96.19～197.63
⑤号缝	94.08～118.86	110.46～252.94
⑥号缝	133.26	111.83～185.98
⑦号缝	20.39～26.48	93.89～146.07
⑧号缝	48.73～72.87	122.68～155.90
⑨号缝	72.45～113.40	96.92～168.86
⑩号缝	89.04～163.20	137.10～150.38

在正常运营工况试验设计荷载作用下，①号缝、③号缝、④号缝、⑥号缝、⑩号缝螺栓受力比较明显，平均应力在 100～200MPa 之间。

在同步注浆工况试验设计荷载作用下，①号缝、②号缝、③号缝、⑤号缝、⑥号缝螺栓受力比较明显，平均应力在 150～200MPa 之间。

正常运营工况与同步注浆工况试验设计荷载作用下，螺栓受力较小，使用强度不足屈服强度的 50%。

（5）结构内力

根据有限元预分析结果，选取 10 个管片内力控制截面及 1 个中柱内力控制截面的主筋及端面混凝土布设电阻应变片，量测主筋及端面混凝土应变值，每个内力控制截面布置 12 个主筋应变片，12 个混凝土应变片。另外，主筋应变除 11 个内力控制截面外，还根据对称原则及均匀布置原则进行加密，共有 16 个管片加密截面和 4 个中柱加密截面，每个加密截面布置 4 个主筋应变片。主筋应变测点布置如图 2-124 所示，混凝土应变布置如图 2-125 所示。

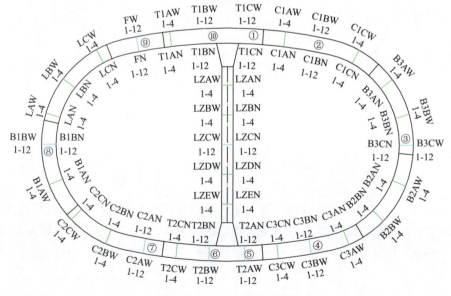

图 2-124　主筋应变测点布置图

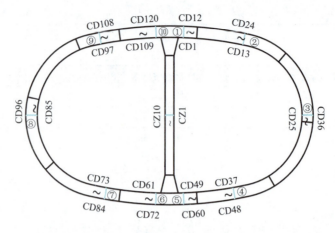

图 2-125　混凝土应变测点布置图

截面应变符合平截面假定，根据试验测得的混凝土应变和主筋应变进行内力计算，得到衬砌结构在试验设计荷载作用下内力控制截面的内力。

试验设计荷载作用下，正常运营工况和同步注浆工况内力控制截面的弯矩分布规律和轴力分别规律分别如图 2-126 和图 2-127 所示。

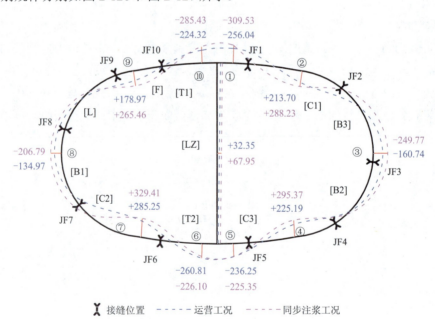

图 2-126　试验设计荷载作用下弯矩图（单位：kN·m）

正常运营工况试验设计荷载作用下管片负弯矩最大处为 T2 块管片中柱左侧截面，弯矩为 -260.81kN·m，腰部管片最大负弯矩为 -160.74kN·m，正弯矩最大处为 C2 块管片内力控制截面，弯矩为 285.25kN·m。中柱控制截面弯矩为 32.35kN·m。管片的轴力最大处在管片腰部 B3 块内力控制截面处，轴力最大值为 -741.05kN。中柱内力控制截面轴力最大值为 -1037.50kN。

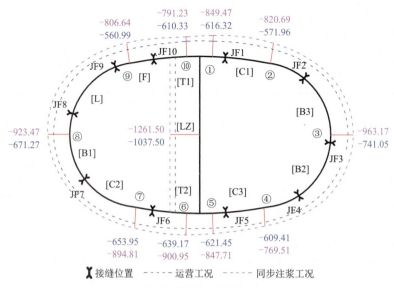

图 2-127 试验设计荷载作用下轴力图（单位：kN）

同步注浆工况试验设计荷载作用下管片负弯矩最大处为 T1 块管片中柱右侧截面，弯矩为 -309.53kN·m，腰部管片最大负弯矩为 -272.42kN·m，正弯矩最大处为 C2 块管片内力控制截面，弯矩为 329.41kN·m。中柱控制截面弯矩为 67.95kN·m。管片的轴力最大处在管片腰部 B3 块内力控制截面处，轴力最大值为 -963.17kN。中柱内力控制截面轴力最大值为 -1261.50kN。

2.6.3 优化试验

为了提高结构承载力、增加管片整环试验中 T 块抗剪箍筋配筋量，对类矩形盾构隧道结构设计进行了两点优化设计研究，在与管片相同的试验条件下开展了螺栓位置优化前、后两个整环试验研究。

两个整环试验均选用深埋管片，主筋配筋量相同，仅对接缝螺栓位置进行了相应优化措施，其中正弯矩接缝向相比于未优化接缝向内弧面移动 50mm，负弯矩接缝相比于未优化接缝向外弧面移动 50mm，如图 2-128 所示。

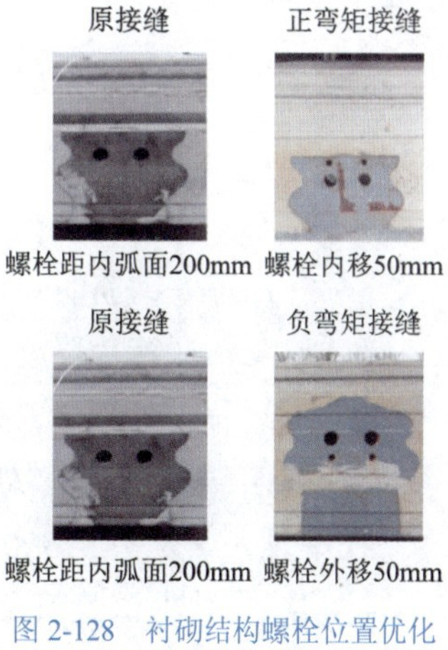

1）优化前试验结果

本节根据类矩形中埋衬砌结构正常运营工况试验数据，对类矩形衬砌结构在正常运营工况试验荷载作用下的结构变形、结构内力、接缝内力和接缝受力进行分析，了解类矩形衬砌结构在正常运营工况试验荷载作用下的受力性能。

图 2-128 衬砌结构螺栓位置优化前后示意图

（1）结构变形

根据足尺试验结构整体位移测点和收敛位移测点测得衬砌结构整体位移及收敛位移，衬砌结构长轴和短轴变形见表 2-33。

中埋正常运营工况衬砌结构长短轴变形　　　　表 2-33

中埋正常运营工况	长轴变形	中柱右侧短轴变形	中柱左侧短轴变形
变形值（mm）	4.92	7.18	7.9
长（短）轴千分比（‰）	0.46	1.26	1.39

由上表可知，在正常运营工况试验荷载作用下，衬砌结构长轴变形为 4.92mm，约为长轴 0.46‰；中柱右侧短轴变形为 7.18mm，约为短轴 1.26‰；中柱左侧短轴变形为 7.9mm，约为短轴 1.39‰。长短轴变形均小于 3‰设计限值。

（2）结构内力

根据足尺试验主筋应变和衬砌结构上端面混凝土应变测试结果，假设管片在受力变形过程中符合平截面假定，由平截面假定可得到整个正截面应变分布，如图 2-129 所示。其中钢筋为 HRB400，采用理想弹塑性本构模型，混凝土强度等级为 C50，采用国标推荐混凝土本构关系。

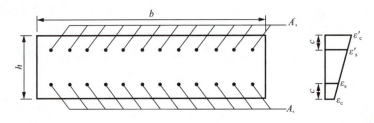

图 2-129　管片正截面应变示意图

衬砌结构在正常运营阶段构件截面处于弹性阶段，因此按弹性计算可满足本次此时试验内力计算，根据钢筋及混凝土应变可由下式计算截面的弯矩 M 和轴力 N：

$$N = \varepsilon_s E_s \cdot A_s + \varepsilon_s' E_s' \cdot A_s' + \int_0^h \sigma[\varepsilon(x)]b\mathrm{d}x \qquad (2\text{-}23)$$

$$M = (\varepsilon_s' E_s' \cdot A_s' - \varepsilon_s E_s \cdot A_s) \times \left(\frac{h}{2} - c\right) - \int_0^h \sigma[\varepsilon(x)]b\left(x - \frac{h}{2}\right)\mathrm{d}x \qquad (2\text{-}24)$$

式中：ε_s、ε_s'——内外侧钢筋应变；

A_s、A_s'——内外侧钢筋面积，m^2；

E_s——钢筋的弹性模量，GPa；

h、b、c——管片厚度、环宽以及主筋保护层厚度，m；

$\varepsilon(x)$——对应位置处混凝土的应变；

$\sigma[\varepsilon(x)]$——对应位置处由混凝土应变决定的混凝土应力值，采用国标推荐混凝土本构关系。

在中埋正常运营工况试验荷载作用下，衬砌结构弯矩试验值及理论值图如图 2-130 所示，衬砌结构轴力试验值及理论值图如图 2-131 所示。中埋正常运营工况试验荷载作用下，试验内力值和理论内力值较为匹配，衬砌结构内力控制截面内力较为对称，其中 9 号截面弯矩和理论值较其他截面相差较多，这和衬砌结构 F 块分块较小，刚度较小，弯矩发生传递有关；轴力分别较为均匀，轴力值范围为 $-1261.41 \sim -999.17 \mathrm{kN}$，中柱轴力为 $-1907 \mathrm{kN}$。衬砌结构内力控制截面试验最大负弯矩位于 10 号截面，弯矩值为 $-372.90 \mathrm{kN \cdot m}$，轴力值为 $-1099.62 \mathrm{kN}$；内力控制截面试验最大正弯矩位于 7 号截面，弯矩值为 $+436.36 \mathrm{kN \cdot m}$，轴力值为 $-1038.83 \mathrm{kN}$。

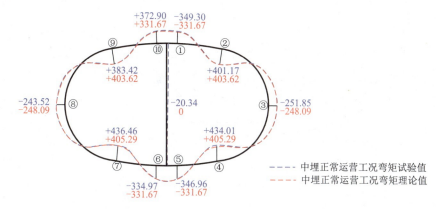

图 2-130　中埋正常运营工况衬砌结构弯矩对比图（单位：kN·m）

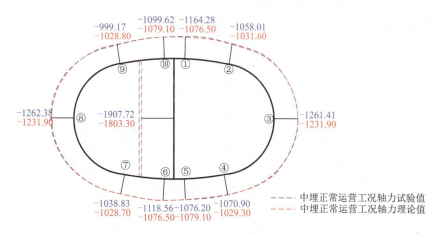

图 2-131　中埋正常运营工况衬砌结构轴力对比图（单位：kN）

（3）接缝受力

根据衬砌结构在正常运营工况试验荷载作用下的纵向接缝变形测试结果，包括张开量和闭合量，螺栓受力情况分析类矩形衬砌结构纵向接缝的受力特点。

①接缝变形。

正常运营工况试验荷载作用下衬砌结构纵向接缝变形测点试验结果如图 2-132 所示。

由表和图可知，各接缝的张开和闭合趋势和接缝处弯矩正负值一致，正弯矩接缝表现为内弧面张开外弧面压紧，负弯矩接缝表现为内弧面压紧外弧面张开。接缝变形较大的是 1 号缝、3 号缝、4 号缝、5 号缝、6 号缝、8 号缝和 9 号缝，最大张开量不超过 2.5mm，满足防水设计要求的最大张开量不超过 6mm。

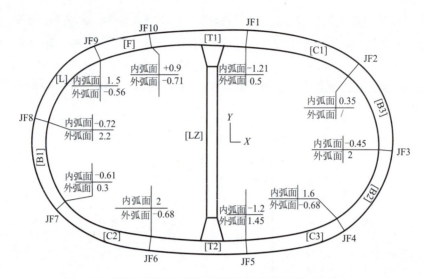

图 2-132 中埋正常运营工况衬砌结构纵向接缝变形图(单位:mm)

注:正值表示接缝张开,负值表示接缝压紧。

②螺栓受力。

根据正常运营工况试验荷载作用下衬砌结构纵向接缝螺栓应力测点试验结果,求得每个纵向接缝螺栓的平均应力,如图 2-133 所示。

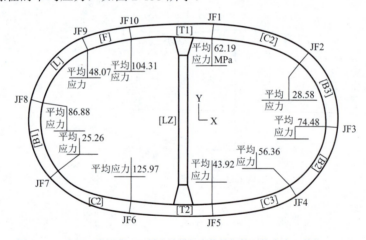

图 2-133 中埋正常运营工况衬砌结构纵向接缝螺栓平均应力(单位:MPa)

由图可知,各接缝螺栓平均应力和接缝变形较为一致,接缝螺栓平均应力较大是 1 号缝、3 号缝、6 号缝、8 号缝和 10 号缝,最大螺栓平均应力为 125.97MPa,小于螺栓屈服应力 50%。

(4)小结

在中埋正常运营工况试验荷载作用下,衬砌结构的结构变形、结构内力、接缝受力等方面的受力性能总结如下:

①结构变形:衬砌结构整体变形较为对称,中柱左侧变形较中柱右侧变形稍大,最大变形位于封顶块。衬砌结构长轴变约为长轴 0.46‰;中柱右侧短轴变形约为短轴 1.26‰;

中柱左侧短轴变形约为短轴1.39‰，均满足小于3‰设计要求。

②结构内力：衬砌结构试验内力值和理论内力值较为匹配，控制截面内力较为对称，9号截面弯矩和理论值相差较大，和衬砌结构F块分块较小，刚度较小，弯矩发生传递有关。轴力值范围为-1261.41～-999.17kN，中柱轴力为-1907kN；截面试验最大负弯矩值为-372.90kN·m，最大正弯矩值为+436.36kN·m。

③接缝受力：各接缝的张开和闭合趋势和接缝处弯矩正负值一致，接缝变形较大的是1号缝、3号缝、4号缝、5号缝、6号缝、8号缝和9号缝，最大张开量不超过2.5mm，满足防水设计要求的最大张开量不超过6mm。各接缝螺栓平均应力和接缝变形较为一致，接缝螺栓平均应力较大是1号缝、3号缝、6号缝、8号缝和10号缝，最大螺栓平均应力为125.97MPa，小于螺栓屈服应力50%。

2）优化后试验结果

根据类矩形中埋螺栓优化后衬砌结构正常运营工况试验数据，对类矩形衬砌结构在正常运营工况试验荷载作用下的结构变形、结构内力、接缝内力和接缝受力进行分析，了解类矩形衬砌结构在正常运营工况试验荷载作用下的受力性能。

(1) 结构变形

根据足尺试验结构整体位移测点和收敛位移测点，衬砌结构长轴和短轴变形见表2-34。

中埋螺栓优化后正常运营工况衬砌结构长短轴变形　　表2-34

中埋螺栓优化后正常运营工况	长轴变形	中柱右侧短轴变形	中柱左侧短轴变形
变形值（mm）	4.5	6.26	6.74
长（短）轴千分比（‰）	0.41	1.04	1.12

由上表可知，在正常运营工况试验荷载作用下，衬砌结构长轴变形为4.5mm，约为长轴0.41‰；中柱右侧短轴变形为6.26mm，约为短轴1.04‰；中柱左侧短轴变形为6.74mm，约为短轴1.12‰。长短轴变形均小于3‰设计限值。

(2) 结构内力

根据足尺试验主筋应变和衬砌结构上端面混凝土应变测试结果，假设管片在受力变形过程中符合平截面假定，由平截面假定可得到整个正截面应变分布，如图2-129所示。其中钢筋为HRB500，采用理想弹塑性本构模型，混凝土强度等级为C50，采用国标推荐混凝土本构关系。

衬砌结构在正常运营阶段构件截面处于弹性阶段，因此按弹性计算可满足本次此时试验内力计算，根据钢筋及混凝土应变可由式（2-23）和式（2-24）计算截面的弯矩M和轴力N。

在中埋螺栓优化后正常运营工况试验荷载作用下，衬砌结构弯矩试验值及理论值图如图2-134所示，衬砌结构轴力试验值及理论值图如图2-135所示。中埋螺栓优化后同步注浆工况试验荷载作用下，试验内力值和理论内力值较为匹配，衬砌结构内力控制截面内力较为对称，部分弯矩截面和理论值相差较多，其中9号截面弯矩和理论值较相差较多的原因和衬砌结构F块分块较小，刚度较小，弯矩发生传递有关；T块5号内力控制截面弯矩相差较多的原因和T块弯矩变化较快有关，容易造成误差；轴力分别较为均匀，轴力值范围为-1261.06～-1035.61kN，中柱轴力为-1881.03kN。衬砌结构内力控制截面试验最大负弯矩位于10号截面，弯矩值为-341.06kN.m，轴力值为-1085.45kN；内力控制截面试验最大正弯矩位于4号截面，弯矩值为+427.80kN.m，轴力值为-1062.60kN。

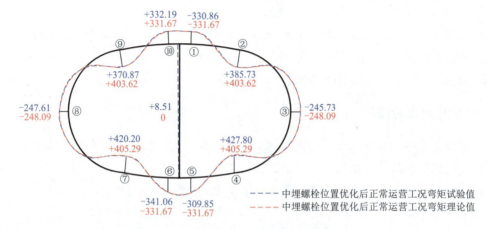

图2-134　中埋螺栓优化后正常运营工况衬砌结构弯矩对比图（单位：kN·m）

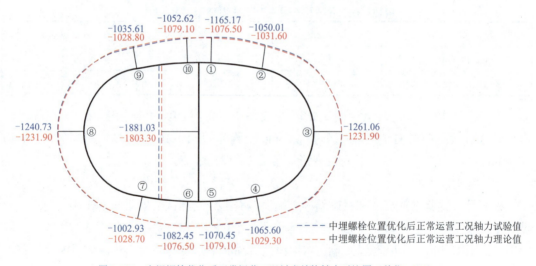

图2-135　中埋螺栓优化后正常运营工况衬砌结构轴力对比图（单位：kN）

（3）接缝受力

根据衬砌结构在正常运营工况试验荷载作用下的纵向接缝变形测试结果，包括张开量和闭合量，螺栓受力情况分析类矩形衬砌结构纵向接缝的受力特点。

①接缝变形。

正常运营工况试验荷载作用下衬砌结构纵向接缝变形测点试验结果如图2-136所示。

由图可知，各接缝的张开和闭合趋势和接缝处弯矩正负值一致，正弯矩接缝表现为内弧面张开外弧面压紧，负弯矩接缝表现为内弧面压紧外弧面张开。接缝变形较大的是 1 号缝、3 号缝、5 号缝、5 号缝、6 号缝、8 号缝和 9 号缝，最大张开量不超过 2.5mm，满足防水设计要求的最大张开量不超过 6mm。

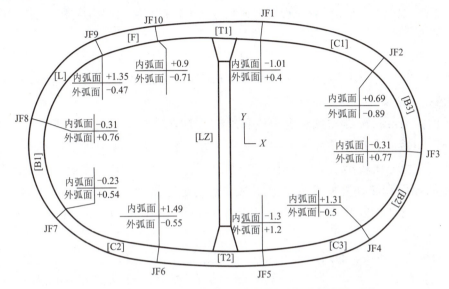

图 2-136　中埋螺栓优化后正常运营工况衬砌结构纵向接缝变形图（单位：mm）

注：正值表示接缝张开，负值表示接缝压紧。

②螺栓受力。

根据正常运营工况试验荷载作用下衬砌结构纵向接缝螺栓应力测点试验结果如图 2-137 所示。

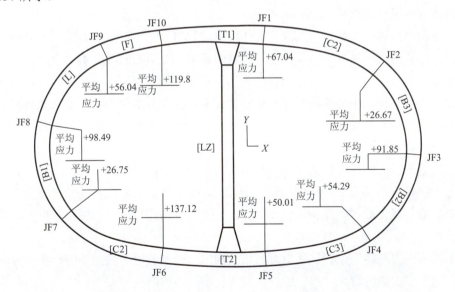

图 2-137　中埋螺栓优化后正常运营工况衬砌结构纵向接缝螺栓平均应力（单位：MPa）

由图可知，各接缝螺栓平均应力和接缝变形较为一致，接缝螺栓平均应力较大是 1 号缝、3号缝、6号缝、8号缝和10号缝，最大螺栓平均应力为137.12MPa，小于螺栓屈服应力50%。

（4）小结

在中埋螺栓优化后正常运营工况试验荷载作用下，衬砌结构的结构变形、结构内力、接缝受力等方面的受力性能总结如下：

①结构变形：衬砌结构整体变形较为对称，中柱左侧变形较中柱右侧变形稍大。衬砌结构长轴变约为长轴0.41‰；中柱右侧短轴变形约为短轴1.04‰；中柱左侧短轴变形约为短轴1.12‰，均满足小于3‰设计要求。

②结构内力：衬砌结构试验内力值和理论内力值较为匹配，控制截面内力较为对称，部分弯矩截面和理论值相差较多，其中9号截面弯矩和理论值较相差较多的原因和衬砌结构F块分块较小，刚度较小，弯矩发生传递有关；T块5号内力控制截面弯矩相差较多的原因和T块弯矩变化较快有关，容易造成误差。$-1261.06 \sim -1035.61$kN，中柱轴力为-1881.03kN；截面试验最大负弯矩值为-341.06kN·m，最大正弯矩值为$+427.80$kN·m。

③接缝受力：各接缝的张开和闭合趋势和接缝处弯矩正负值一致，接缝变形较大的是1号缝、3号缝、5号缝、5号缝、6号缝、8号缝和9号缝，最大张开量不超过2.5mm，满足防水设计要求的最大张开量不超过6mm。各接缝螺栓平均应力和接缝变形较为一致，接缝螺栓平均应力较大是1号缝、3号缝、6号缝、8号缝和10号缝，最大螺栓平均应力为137.12MPa，小于螺栓屈服应力50%。

3）优化前后试验结果对比

（1）运营工况对比结果

类矩形衬砌结构在正常运营工况荷载作用下，螺栓位置优化对于衬砌结构的结构变形、接缝变形、结构内力和螺栓受力都产生了一定的影响，但影响的程度不大。

对于结构变形，螺栓位置前后衬砌结构的变形规律较为一致，优化前后中柱右侧结构变形较为相近；优化后中柱左侧整体变形较优化前中柱左侧变形小，但变化幅度很小。优化后衬砌结构的长短轴变形均小于优化前的长短轴变形，螺栓位置的优化可使得长短轴变形减小约10%。

对于接缝变形，螺栓位置优化前后衬砌结构接缝变形的规律较为相似，其中3号缝、5号缝、6号缝、8号缝和9号缝的接缝变形较大，优化前后衬砌结构的接缝变形均较小，均小于2.5mm。优化后衬砌结构接缝变形较优化前衬砌结构接缝变形减小，但变形减小的绝对量较小。

对于结构内力，螺栓位置优化后对衬砌结构内力控制截面的轴力影响较小，这和接缝构造对于轴力传递影响较小一致。螺栓位置优化后部分内力控制截面的弯矩较小，这和螺栓位置优化后，靠近接缝附近的内力控制截面向接缝附近传递有关，说明接缝位置优化后结构的内力分布更为均匀，控制截面弯矩减小。

对于螺栓受力，螺栓位置优化使接缝受力更充分，优化后衬砌结构接缝螺栓平均应力总体比优化前螺栓平均应力大。2号缝和4号缝受到的影响较小，其余接缝优化后螺栓平均应力的增大幅度为7.8%～22.8%。

（2）极限工况对比

对螺栓位置优化前后类矩形衬砌结构的荷载—位移曲线及性能点进行对比分析，并对极限工况下衬砌结构的鲁棒性进行分析，了解螺栓位置优化对类矩形衬砌结构极限工况下受力性能的影响。

螺栓位置优化前后的荷载—长轴变形对比曲线如图2-138所示，螺栓位置优化前后衬砌结构受力性能对比见表2-35，栓位置优化前后衬砌结构整体弹性荷载一致，荷载—长轴变形曲线变化过程基本一致，说明螺栓位置优化对结构的弹性阶段影响不大；衬砌结构进入弹塑性受力阶段后，螺栓位置优化后的衬砌结构刚度明显大于螺栓位置优化前，说明螺栓位置优化有利于提高衬砌结构弹塑性受力阶段结构刚度；螺栓位置优化后长轴最终变形值明显增大，优化后长轴变形值为优化前长轴变形2倍，说明螺栓位置修改后衬砌结构的整体延性明显增加；螺栓位置修改后衬砌结构的极限承载力比螺栓位置修改前极限承载力提高318kN，约提高30%，说明螺栓位置优化可使类矩形衬砌结构极限承载力明显提高。

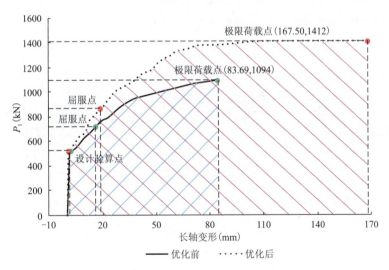

图2-138 螺栓位置优化前后的荷载 - 长轴变形对比曲线

螺栓位置优化前后衬砌结构受力性能对比　　表2-35

复力性能	弹性荷载值（kN）	极限荷载值（kN）	极限变形（mm）
优化前	522	1094	83.69
优化后	522（1.00）	1412（1.29）	167.50（2.00）

螺栓位置优化前后衬砌结构的各项鲁棒性指标见表2-36，由表可知，优化后衬砌结构各项鲁棒性指标明显提高，说明螺栓位置优化使类矩形衬砌结构的鲁棒性明显增强。

表 2-36 螺栓位置优化前后衬砌结构鲁棒性指标对比

鲁棒性	超载系数 K	变形系数 D	延性系数 μ	消能能力 I
优化前	2.10	40.9	5.26	45.4
优化后	2.70（1.29）	97.5（2.38）	8.98（1.71）	138（3.04）

2.6.4 防水试验

宁波地铁 3 号线在进行防水设计时制定了三个比选方案：方案一为复合式双排孔密封垫；方案二为双排孔密封垫；方案三为大孔三元乙丙密封垫。为了综合比选三种方案的优劣，该工程进行了防水试验。

1）密封垫断面初选

按照《高分子防水材料 第 4 部分：盾构法隧道管片用橡胶密封垫》（GB 18173.4—2010），设计了密封垫防水试验装置。依靠环状的密封垫试件营造一个密闭的环境，通过装置设置不同的张开量和错台量，加压后测试密封垫的耐水压力水平（图 2-139）。装置尺寸图及加工图如图 2-140 所示，装置由上下两块方形模板组成，各厚 25mm，模板内侧开一个深凹槽（凹槽与设计的类矩形盾构管片沟槽一致），用以放置密封垫圈。钢模板的四周有 20 个 ϕ16 的螺栓孔用以放置螺栓紧固上下模板。

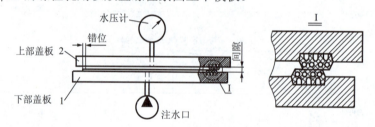

图 2-139 "一"字防水试验装置原理图

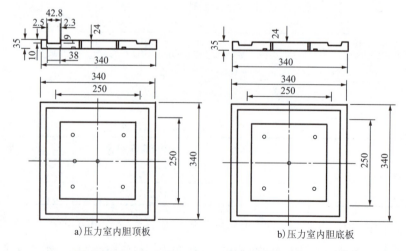

图 2-140 "一"字缝水密性试验模具（尺寸单位：mm）

盖板上设置有螺栓孔，且螺栓孔开成条形，可通过外胆钢板上两块限制块控制错台量，以模拟横向和纵向错缝，由于设置有精密的限位装置，可以保证错缝的精确度。张开量可通过在两钢板之间设置一定厚度的钢垫块实现。

根据类矩形盾构隧道的受力、变形特点，按照《高分子材料第 4 部分：盾构法隧道管片用橡胶密封垫》（GB 18173.4—2010）的测试流程，参考已有的圆形盾构管片密封垫水密性试验，考虑了完全闭合和 3 种接缝张开量，分别是错台量 8mm、张开量 10mm、张开量 12mm，同时考虑密封垫间张开量为 4mm、6mm、8mm 的情况。

图 2-141、表 2-36 为方案一断面的试验结果，可以看出在张开量 8mm，错台量 12mm 时候并不满足最低的防水要求 0.51MPa，将试样保压维持 2d 后，耐水压力并未提高，说明密封垫顶部遇水膨胀胶条并起到提高防水能力作用。图 2-142 为试验后拆箱时发现，复合式密封垫的顶部遇水膨胀部分与下方的三元乙丙胶条接触面发生了局部撕裂，由此可见采用复合式密封垫的设计方案并不适用于本项目。

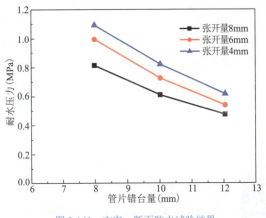

图 2-141　方案一断面防水试验结果

图 2-142　复合式密封垫破坏图

图 2-143 为方案二断面的试验结果，可以看出在张开量 8mm，错台量 12mm 时候并不满足最低的防水要求 0.51MPa。图 2-144 为方案三断面的试验结果，可以看出在张开量 8mm，错台量 12mm 时候也不满足最低的防水要求 0.51MPa。因此在此基础上进行进一步优化。

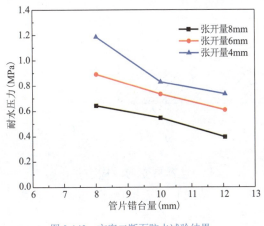

图 2-143　方案二断面防水试验结果

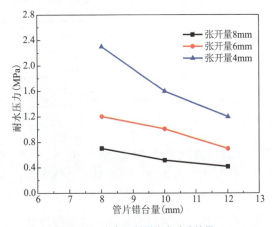

图 2-144　方案三断面防水试验结果

2）密封垫断面优化

（1）计算分析方法简介

橡胶密封垫密封的过程就是橡胶体在密封力（弹性复原力或膨胀力）作用下，在接触表面产生较大的变形，从而填充了接触面上微观上的凸凹不平，阻止液体在接触间隙中的流动，达到密封的目的。在以前隧道橡胶密封垫防水设计中，普遍将橡胶密封垫看作类似于高黏体系的材料，它具有把压力传递到其接触面的特性。装在密封槽中的橡胶密封垫受压缩（或遇水膨胀）时，便对初始接触面产生弹性复原应力（或水膨胀力）P_0，当其受到液体压力作用时，也将在接触面上产生附加应力 P_1（图 2-145），总接触面的应力为 $P=P_0+P_1$。当水压 $P_W>\alpha P$，即 $P>\alpha (P_0+P_1)=\alpha(P_0+\beta P_0)=\alpha(1+\beta)P_0$ 时，即发生渗漏，式中 α 与密封材料的材质、耦合面表面状况有关，β 与材料硬度、断面形式相关。在以往的科研中往往依靠模拟密封垫在压缩状态下的受力来推断防水的极限状况。

但是密封垫的实际工作状态并非如此，在密封垫的实际工作状态中，由于密封垫的宽度并未远大于高度，因此水楔在侵入过程必然会在高度范围内对其产生侧向推力，这将压紧密封垫，可一定程度上提高密封垫的防水能力。在计算中发现，在水楔侵入过程中判断是否渗漏的标准依靠密封垫间的接触面积要比密封垫的接触力更为可靠。因此本节利用有限元方法模拟水楔的侵入过程，通过考察密封垫的接触面积的变化来判断是否发生渗漏。计算原理示意图参见图 2-146。

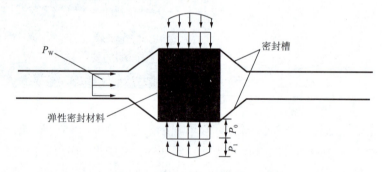

图 2-145　原有密封垫防水机理示意图

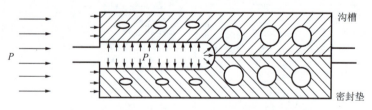

图 2-146　水击穿密封垫原理示意图

（2）计算本构模型简介

和其他固体相比，橡胶是非常特殊的，它非常柔软，且容易变形。橡胶是由数千个—C_5H_5 连续结合而成的链状高分子聚合体，在其中加入硫或其他无机物后，链便相互搭接形成网状结构，从而成为具有高度弹性且几乎不发生体积变化的固体。

橡胶材料通常被处理为各向同性不可压缩超弹性材料。其本构方程为：

$$\overline{\sigma} = -p\overline{I} + 2\rho_0 \frac{\partial W}{\partial J_1}\overline{B} - 2\rho_0 \frac{\partial W}{\partial J_2}\overline{B}^{-1} \qquad (2\text{-}25)$$

式中：$\overline{\sigma}$——应力张量；

　　　p——静水压力；

　　　ρ_0——密度；

　　　$\overline{I}$——单位张量；

　　　$\overline{B}$——应变能函数。

2.7 现场试验

对于正常使用阶段的管片结构，其受力特性通常可以简化为平面应变问题进行分析；而对于施工阶段，盾构施工的时间空间性、隧道纵向荷载差异、边界约束条件的不均匀，以及多向的施工荷载的交叉影响，导致施工阶段管片受力成为一个完全的三维问题，且大量施工经验表明，盾构隧道在施工过程中，衬砌结构出现诸如管片裂缝、错台等质量问题的概率高于正常使用阶段，给隧道衬砌结构在使用期的安全性带来隐患。

本节依托宁波轨道交通 3 号线类矩形盾构区间段隧道的设计和施工，进行现场试验研究，获取衬砌结构在施工阶段受力的相关真实数据，以探索类矩形盾构隧道衬砌结构在施工阶段的受力特性，从而为类矩形盾构隧道衬砌结构的设计提供有力支撑，同时也为同类型盾构隧道的施工提供建议和指导。

主要研究目的如下：

（1）采取有效的现场测试方法以得到类矩形盾构隧道在实际施工过程中和使用期间衬砌结构外荷载（水土压力和注浆压力等）、结构内力、连接螺栓轴力、接缝变形以及衬砌结构收敛变形随时间的变化规律；

（2）根据衬砌结构外荷载随时间的变化规律，以及和重要施工工序的对应分析，总结衬砌结构在施工阶段的主要不利受力阶段以及在各阶段下结构外荷载沿结构横断面的分布规律；

（3）通过现场实际测试得到的施工阶段衬砌结构内力、连接螺栓轴力和衬砌结构收敛变形随时间的变化规律，探索衬砌结构在施工阶段主要受力阶段下以及运营阶段下的受力特性；

（4）将以上所得与室内整环试验结果做对比分析，验证类矩形盾构隧道衬砌结构的设计合理性，为之后同类型衬砌结构的设计优化提供依据，同时也为类矩形盾构隧道衬砌结构的设计理论提供一定支撑；

（5）与此同时，根据现场试验的相关实测数据也可为今后同类型盾构隧道的施工提供建议和指导。

2.7.1 现场试验设计及过程

1）试验测试断面及内容

（1）测试截面

测试截面选取分为纵向测试断面的选取和横断面测试截面的选取。

隧道共计 326 环管片，本现场试验纵向测试断面选取为第 241 环衬砌管片对应断面位置，隧道后半段相继穿过河流、车间厂房等地段后进去接收井加固区，241 环管片位于某电机厂下部，对应地面为电机厂内两厂房中间的空旷位置，该位置顶部无建筑物，荷载较为明确。试验环位置覆土 8m，地下水埋深 0.5m 左右，测试断面位置如图 2-147 所示。

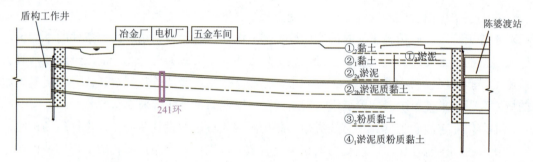

图 2-147 纵向测试断面的位置图

通过纵向测试断面，即 241 环位置的埋深和土体参数进行预分析，从而确定横断面测试截面的选取。该工程衬砌结构的设计计算模型如图 2-148 所示。

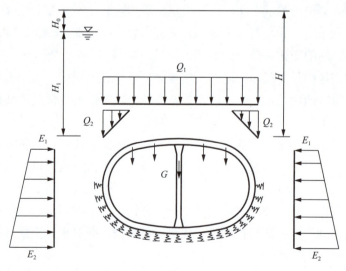

图 2-148 类矩形盾构隧道衬砌结构计算模型（使用阶段）

在衬砌结构设计计算中，分别针对衬砌结构在使用阶段以及考虑同步注浆压力和二次注浆压力荷载下进行数值模拟计算，同时参照室内整环试验的结果，得到类矩形盾构隧道衬砌结构的内力分布规律，并据此确定衬砌结构的重点测试截面，将其选取为横断面测试截面，以便现场试验测试数据能更好地反映出衬砌结构的受力特性。

在设计荷载下，衬砌结构的受力特点如下：

①类矩形隧道衬砌结构的顶部与底部负弯矩较大，管片外侧拉应力较大，由于中柱的存在，T脚部位存在较大的剪力；

②类矩形隧道衬砌结构的左上侧、右上侧、左下侧、右下侧存在较大的正弯矩，管片内弧面受拉，衬砌结构的左侧、右侧存在较大的正弯矩，管片外弧面受拉；

③类矩形隧道衬砌结构的中柱以受压为主，承受较大的压力；

④在室内整环试验中，结构在受力状态的变形呈现竖向"压扁"，腰部"鼓出"的状态，中柱两侧的短轴以及结构左右腰部间的收敛变形较大。

⑤根据预分析与室内整环试验结果，1号、3号、5号、8号接缝存在较大的负弯矩，接缝外侧张开，内侧压紧，2号、4号、6号、9号、10号接缝存在较大的正弯矩，接缝外侧压紧，内侧张开，中柱与T块接缝受弯矩极小，接缝整体呈压紧状态。

根据以上内力分布规律，并结合现场施工的实际情况，在衬砌结构横断面上共选取11个测试截面，其中T1、T2块各有2个测试截面，C1、C2、C3、B1、B3块各有1个测试截面，考虑到中柱存在较大压力，中柱中间位置选取一个测试截面。测试截面的具体位置如图2-149标红截面所示。

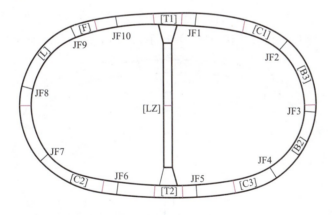

图2-149　横断面测试截面的位置及编号

（2）测试内容

现场试验的主要对象针对盾构隧道衬砌结构，测试类型主要包括结构外荷载、结构内力、接缝螺栓受力以及结构变形。

现场试验的主要测试内容有：隧道衬砌结构的外荷载（水土压力和注浆压力等）和孔隙水压力、测试截面的钢筋应力、试验环纵缝连接螺栓和环缝关键位置连接螺栓的轴力，以及隧道净空收敛和管片环间错台，见表2-37。

类矩形盾构隧道现场测试内容   表 2-37

测试内容	测试方法	测试目的	备注
外荷载	土压力计	得到结构外水土压力、注浆压力的作用模式及其在施工过程中随时间的变化规律	实时自动测试
孔隙水压力	孔隙水压力计	得到结构外水压力的作用模式及其在施工过程中随时间的变化规律	
钢筋受力	钢筋测力计	得到施工过程中衬砌内钢筋的受力状态,为计算衬砌内力提供依据	
纵缝螺栓轴力	螺栓轴力计	得到施工过程中结构纵缝螺栓的受力状态	
环缝螺栓轴力	螺栓轴力计	得到施工过程中结构环向接缝关键部位螺栓的受力状态	
隧道静空收敛	激光测距仪	得到衬砌结构在施工阶段的整体变形特点,用以分析衬砌结构的受力状态	定期人工检测
管片环间错台	—	得到施工过程中隧道管片环间错台的变化特征	

2)试验环测点布设

(1)土压力计、孔隙水压力计测点布置

衬砌结构外荷载主要通过在管片外表面布置常规土压力计和柔性土压力计进行测试,外荷载包括水土压力、同步注浆压力、浮力以及可能出现的二次注浆压力等,常规土压力计或柔性土压力计测到的压力为所有压力的合力,衬砌结构水荷载主要通过在管片外表面布置孔隙水压力计进行测试。其中在管片环脱出盾尾同步注浆的过程,结构外侧会同时受到水土压力、同步注浆压力以及浮力作用。

荷载监测位置选取 H1～H18 截面(图 2-150)。将试验环管片的顶底、腰部两端对应截面作为荷载重点监测截面,即图中 H1、H5、H9、H14 截面,每个截面布置 1 个柔性土

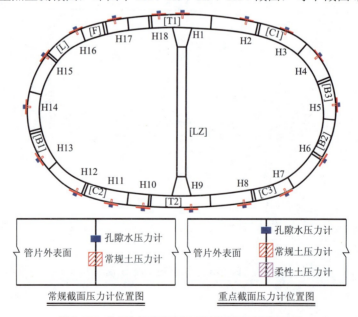

图 2-150 土压力计及孔隙水压力计测点布置图及编号

压力计、1个土压力计、1个孔隙水压力计。以2.5m内有1个荷载监测截面为原则，考虑到测点安装情况，所选择截面应与接缝有一定距离，选择常规截面进行荷载监测，即图中H2、H3、H4、H6、H7、H8、H10、H11、H12、H13、H15、H16、H17、H18截面，每个截面布置1个土压力计、1个孔隙水压力计，截面布置整体呈对称分布。其中H3、H6、H10、H13、H16、H18位于盾构机同步注浆孔附近。

（2）钢筋测力计测点布置

截面内力主要通过在管片内外侧钢筋上布置钢筋测力计，根据所测钢筋应变和平截面假定，通过积分计算出截面所受弯矩与轴力。根据内力分布规律，考虑到测点安装情况，所选择截面应与接缝有一定距离，在衬砌结构横断面上选取10个内力测试截面，其中T1、T2块各有2个测试截面，C1、C2、C3、F、B1、B3块各有1个测试截面，每个截面均具有较大的弯矩，为设计控制截面，每个截面布设4个钢筋测力计，内外侧钢筋各2个，考虑到中柱存在较大压力，中柱中间位置选取1个测试截面，布设4个钢筋测力计。内力测试截面的具体位置如图2-151标红截面所示。

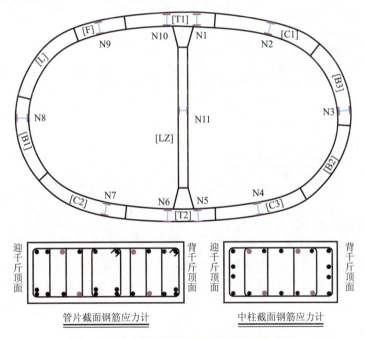

图2-151 内力测试截面编号及钢筋测力计布置图

（3）螺栓轴力计测点布置

为得到施工过程中结构接缝螺栓的受力状态，对管片纵缝的环向螺栓和顶底、腰部两端对应的环缝纵向螺栓的轴力进行监测。不考虑中柱接缝，试验环共有10个纵缝，每个纵缝选取中间两根螺栓进行轴力监测。试验环与前一相邻环的顶底、腰部位置处的环缝布置纵向螺栓轴力计，共计8个轴力测点。现场试验监测所螺栓的具体位置如图2-152标红截面所示，试验环为第241环，241环与240环连接的环缝螺栓编号为A1~A8。

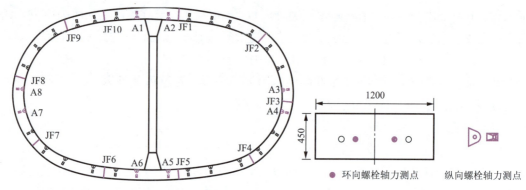

图 2-152　螺栓应变及轴力计测点布置及编号（尺寸单位：mm）

3）传感器及采集设备汇总

现场试验所用传感器及采集设备的量程和数量汇总见表 2-38。

传感器及采集设备汇总表　　表 2-38

序号	项目	类型	单位	总量
1	柔性土压力计（450mm×350mm,1.6MPa）	振弦式	个	4
2	常规土压力计（400mm×400mm,1.6MPa）	振弦式	个	18
3	孔隙水压力计（150mm,1.0MPa）	振弦式	个	18
4	钢筋测力计（20、22、25mm,-160～200MPa）	振弦式	个	44
5	轴力计（300kN）	应变式	个	28
6	多点接线箱	20 通道	台	3
7	动态采集仪	8 通道	台	1
8	测点合计			112

2.7.2　主要试验结果

现场试验共记录了从试验环 241 环拼装完成到 262 环推进期间的 21 环推进、拼装过程，共进行了 10d，240h 的连续测量。将各个传感器的测试结果随时间的变化绘制成曲线，将管片成环后、未脱出盾尾前的状态作为时间零点，随后的工况记录时间均为该时刻的相对时间。现场试验推进时间汇总见表 2-39。

现场试验推进时间汇总　　表 2-39

时间段（h）	施工工序
8～10	盾构机推进 242 环
10～13	242 环管片拼装
13～15	盾构机推进 243 环，试验环 241 环脱出盾尾
15～20	243 环管片拼装
32～34	盾构机推进 244 环，试验环脱出盾尾后继续推进 1 环
34～37	244 环管片拼装

续上表

时间段（h）	施工工序
37.25～40.8	盾构机推进245环，试验环脱出盾尾后继续推进2环
41～43.7	245环管片拼装
56～58	盾构机推进246环，试验环脱出盾尾后继续推进3环
58～61	246环管片拼装
61.5～63.75	盾构机推进247环，试验环脱出盾尾后继续推进4环
64～66.5	247环管片拼装
80.5～82	盾构机推进248环，试验环脱出盾尾后继续推进5环
82～84.5	248环管片拼装
84.5～86	盾构机推进249环，试验环脱出盾尾后继续推进6环
86～89	249环管片拼装
89.15～91.5	盾构机推进250环，试验环脱出盾尾后继续推进7环
104～106.8	250环管片拼装
106.8～107.8	盾构机推进251环，试验环脱出盾尾后继续推进8环
108～112	251环管片拼装
112.25～116	盾构机推进252环，试验环脱出盾尾后继续推进9环
128～130.5	252环管片拼装
130.5～132.9	盾构机推进253环，试验环脱出盾尾后继续推进10环
133～136.1	253环管片拼装
136.9～139.3	盾构机推进254环，试验环脱出盾尾后继续推进11环
152～155.5	254环管片拼装
155.5～156.9	盾构机推进255环，试验环脱出盾尾后继续推进12环
157～160.7	255环管片拼装
160.75～162.9	盾构机推进256环，试验环脱出盾尾后继续推进13环
176～178	256环管片拼装
179～180	盾构机推进257环，试验环脱出盾尾后继续推进14环
180～184.5	257环管片拼装
184.75～188	盾构机推进258环，试验环脱出盾尾后继续推进15环
200～203	258环管片拼装
203.5～206.5	盾构机推进259环，试验环脱出盾尾后继续推进16环
206.7～209.1	259环管片拼装
209.8～212	盾构机推进260环，试验环脱出盾尾后继续推进17环
224～227	260环管片拼装
227.4～230.75	盾构机推进261环，试验环脱出盾尾后继续推进18环
231～233	261环管片拼装
233.7～235.3	盾构机推进262环，试验环脱出盾尾后继续推进19环

1）衬砌结构外荷载

现场施工中第 241 环管片为试验环，衬砌结构外荷载通过安装在管片外表面的柔性土压力计、常规土压力计、孔隙水压力计测量，试验环共布置 18 个结构外荷载截面测点，编号为 H1～H18。其中 B2、F 块布置 1 个测点截面，T1、T2、C1、C2、C3、B1、B3、L 块布置 2 个测点截面，测点位置及编号如图 2-153 所示。其中 H1、H5、H9、H14 截面柔性土压力计、常规土压力计、孔隙水压力计各布置一个，其余截面常规土压力计、孔隙水压力计各布置 1 个。

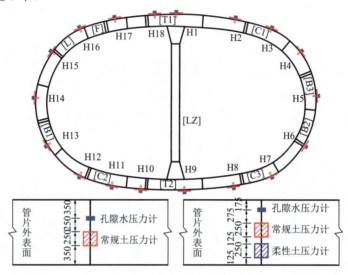

图 2-153　试验环荷载测试截面的布置位置及编号图

根据各测点在施工过程中的实际测试值，以及柔性土压力计的工作原理，将测试值转化为各测点位置的管片外荷载值，并绘制出各测点管片外荷载随时间的变化曲线。各测点管片外荷载值均是相对于管片块在自由状态下的差值，即结构在施工阶段受到的实际荷载值，该曲线将管片成环后、未脱出盾尾前的状态作为时间零点，随后的工况记录时间均为该时刻的相对时间。

衬砌结构总荷载主要通过在管片外表面布置常规土压力计和柔性土压力计进行测试，总荷载主要包括水土压力、同步注浆压力、浮力以及可能出现的二次注浆压力，常规土压力计或柔性土压力计测到的压力为所有压力的合力。衬砌结构水荷载主要通过在管片外表面布置孔隙水压力计进行测试。

（1）H1 号截面测点（T1 块）结构外荷载

H1 号截面测点位于衬砌结构 T1 块，其所测结构外荷载值在施工过程中随时间的变化曲线如图 2-154 所示。在 0～10h 时间段，总荷载和水荷载均较小，且无波动，表明在脱出盾尾前，无外荷载作用于衬砌上；在 13～15h 阶段，试验环脱出盾尾，总荷载值明显增大，随后迅速减小；32～34h、37～40h 总荷载值出现一定波动，随后在盾构机推进的时间段内荷载值出现波动，但波动范围较小；110～120h 时间段总荷载有一定减小，随后总荷载值趋于稳定。可认为在试验环脱出盾尾，继续推进 2 环后，荷载值变化较小，盾构机推进过程对该截面荷载影响较小。水荷载在 10～45h 时间段，呈增大趋势，随后波动较小。该截面测点所测结构总荷载最大值为 270kPa，稳定后的总荷载值为 137kPa 左右，水荷载稳定后为 63kPa。

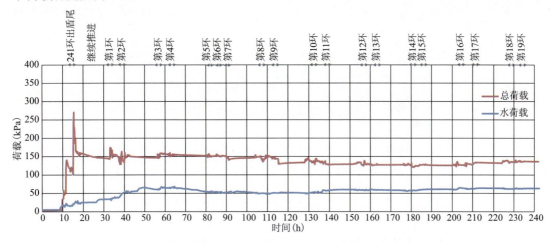

图 2-154　H1 号截面测点结构外荷载随时间的变化曲线图

（2）H5 号截面测点（B3 块）结构外荷载

H5 号截面测点位于衬砌结构 B3 块，其所测结构外荷载值在施工过程中随时间的变化曲线如图 2-155 所示。在 0～10h 时间段，总荷载数值较小，且无波动，表明在脱出盾尾前，无外荷载作用于衬砌上；在 10～15h 阶段，试验环逐渐脱出盾尾，总荷载值明显增大，随后迅速减小；在 32～34h、37～40h、56～58h、61～64h 阶段总荷载值出现一定波动，随后在盾构机推进的时间段内荷载值出现波动，但波动范围较小，总荷载值趋于稳定，但整体呈减小趋势。可认为在试验环脱出盾尾，继续推进 4 环后，荷载值变化较小，盾构机推进过程对该截面荷载影响较小。该截面测点所测结构总荷载最大值为 245kPa，稳定后的荷载值为 170kPa 左右。该测试截面水荷载测点损坏。

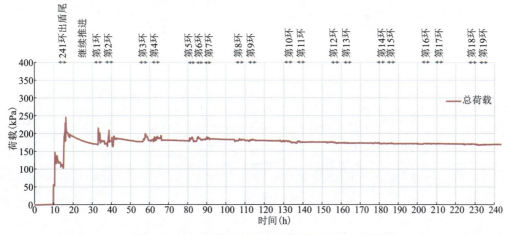

图 2-155　H5 号截面测点结构外荷载随时间的变化曲线图

（3）H9 号截面测点（T2 块）结构外荷载

H9 号截面测点位于衬砌结构 T2 块，其所测结构外荷载值在施工过程中随时间的变化曲线如图 2-156 所示。在 0～10h 时间段，总荷载数值较小，且无波动，表明在脱出盾尾前，无外荷载作用于衬砌上；在 13～15h 阶段，试验环逐渐脱出盾尾，总荷载值明显增大，随后迅速减小；在 32～34h、37～40h、56～58h、61～64h、80～82h、84～86h 阶段总荷载值出现一定波动，随后在盾构机推进的时间段内荷载值出现波动，但波动范围较小，总荷载值趋于稳定，但整体呈较小的减小趋势。可认为在试验环脱出盾尾，继续推进 6 环后，荷载值变化较小，盾构机推进过程对该截面荷载影响较小。该截面测点所测结构总荷载最大值为 297kPa，稳定后的荷载值为 189kPa 左右。该测试截面水荷载测点损坏。

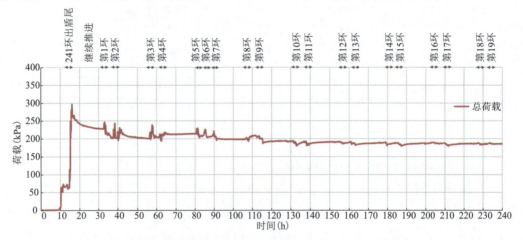

图 2-156　H9 号截面测点结构外荷载随时间的变化曲线图

（4）H16 号截面测点（L 块）结构外荷载

H16 号截面测点位于衬砌结构 L 块，其所测结构外荷载值在施工过程中随时间的变化曲线如图 2-157 所示。在 0～10h 时间段，总荷载和水荷载均较小，且无波动，表明在脱

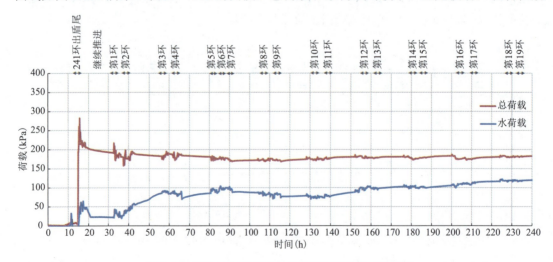

图 2-157　H16 号截面测点结构外荷载随时间的变化曲线图

出盾尾前，无外荷载作用于衬砌上；在 13～15h 阶段，试验环脱出盾尾，总荷载值明显增大，随后减小；在 32～34h、37～40h、56～58h、61～64h 阶段总荷载值出现一定波动，随后在盾构机推进的时间段内荷载值出现波动，但波动范围较小，总荷载值趋于稳定。可认为在试验环脱出盾尾，继续推进 4 环后，荷载值变化较小，盾构机推进过程对该截面荷载影响较小。水荷载在 10～80h 时间段，呈增大趋势，随后波动较小。该截面测点所测结构总荷载最大值为 282kPa，稳定后的荷载值为 181kPa 左右，水荷载整体呈增大趋势，测试阶段末期约为 119kPa。

2）衬砌管片钢筋应力

该试验环共有 11 个内力测试截面，截面内力主要通过在管片内外侧钢筋上布置钢筋测力计，根据钢筋受力计算出截面所受弯矩与轴力。试验环 T1、T2 块各有 2 个测试截面，C1、C2、C3、B1、B3、F、LZ 块各有 1 个测试截面，每个截面布设 4 个钢筋测力计，内外侧钢筋各 2 个。内力测试截面位置如图 2-158 所示。

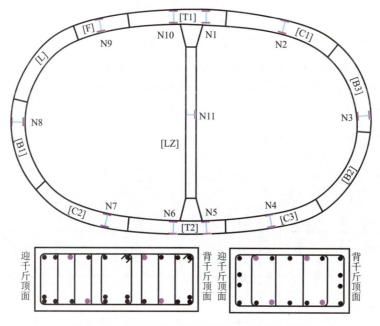

图 2-158　试验环内力测试截面及钢筋测力计布置图

根据各测点在施工过程中的实际测试值，以及钢筋测力计的工作原理，将测试值转化为各测点位置的钢筋应力，并绘制出各测点钢筋应力随时间的变化曲线。各钢筋测点应力值均是相对于管片块在自由状态下的差值，即结构在施工阶段受到的实际荷载产生的应力值，该曲线将管片成环后、未脱出盾尾前的状态作为时间零点。

（1）N1 号截面（T1 块）钢筋应力

截面 N1 位于结构 T1 块，其所测外弧面钢筋应力随时间的变化曲线如图 2-159 所示。所测应力为正，表示外弧面钢筋受拉，在初期应力波动较小，随后脱出盾尾阶段钢筋受力快速增大，达到 45MPa 左右，随后快速减小，趋于稳定，在继续推进第 1 环、第 2 环时，应力有所波动，但逐渐减小，并趋于稳定，随后推进过程对外弧面钢筋应力变化影响较小。该截面外弧面钢筋测点稳定后的应力值为 32MPa 左右。外弧面钢筋 2 数据异常。

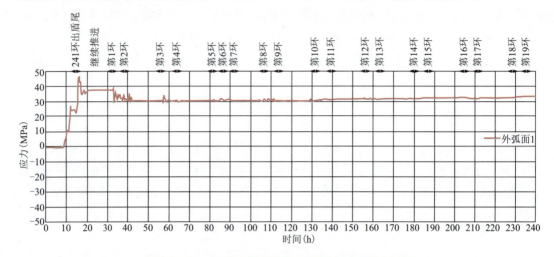

图 2-159　N1 号截面外弧面钢筋应力随时间的变化曲线图

截面 N1 内弧面钢筋应力随时间的变化曲线如图 2-160 所示。所测应力为负，表示内弧面钢筋受压，在初期应力波动较小，随后脱出盾尾阶段钢筋受力快速增大，达到 -40MPa 左右，随后趋于稳定，在继续推进第 1～4 环时，应力有所波动，但波动逐渐减小，并趋于稳定，随后推进过程对外弧面钢筋应力变化影响较小。该截面外弧面钢筋测点稳定后的应力值为 -25MPa、-33MPa 左右。

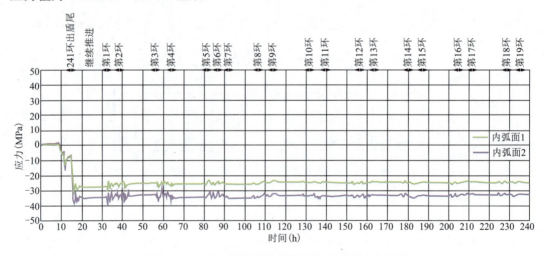

图 2-160　N1 号截面内弧面钢筋应力随时间的变化曲线图

（2）N2 号截面（C1 块）钢筋应力

截面 2 位于结构 C1 块，其所测外弧面钢筋应力随时间的变化曲线如图 2-161 所示。所测应力多为负，表示外弧面钢筋受压，在初期应力波动较小，随后脱出盾尾阶段钢筋受力快速增大，达到-35MPa左右，随后趋于稳定，在继续推进第1~4环时，应力有所波动，但逐渐减小，并趋于一稳定数值附近，随后推进过程对外弧面钢筋应力变化影响较小。该截面外弧面钢筋测点稳定后的应力值为-18MPa左右。外弧面钢筋1数据异常。

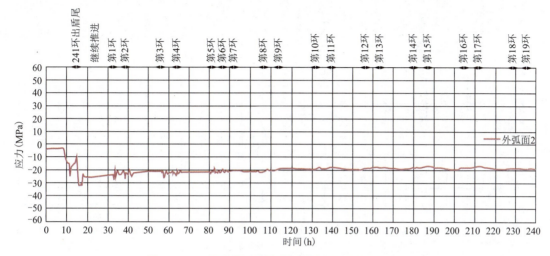

图 2-161　N2 号截面外弧面钢筋应力随时间的变化曲线图

截面2内弧面钢筋应力随时间的变化曲线如图2-162所示。所测应力多为正，表示内弧面钢筋受拉，在初期应力波动较小，随后脱出盾尾阶段钢筋受力快速增大，达到15MPa左右，随后趋于稳定，在继续推进第1~6环时，应力有所波动，但波动逐渐减小，随后推进过程对外弧面钢筋应力变化影响较小。该截面外弧面钢筋测点稳定后的应力值为7MPa、12MPa。

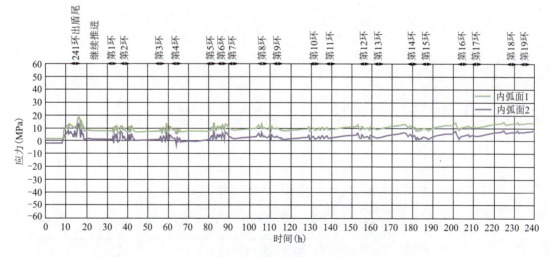

图 2-162　N2 号截面内弧面钢筋应力随时间的变化曲线图

（3）N5 号截面（T2 块）钢筋应力

截面 N5 位于结构 T2 块，其所测外弧面钢筋应力随时间的变化曲线如图 2-163 所示。所测应力为正，表示外弧面钢筋受拉，在初期应力波动较小，随后脱出盾尾阶段钢筋受力快速增大,达到 90MPa 左右,随后快速减小,趋于稳定,在继续推进第 1 环、第 2 环时,应力有所波动,但逐渐减小,并趋于稳定,随后推进过程对外弧面钢筋应力变化影响较小。该截面外弧面钢筋测点稳定后的应力值为 42MPa 左右。外弧面钢筋 2 数据异常。

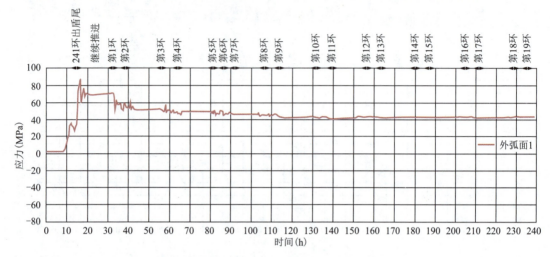

图 2-163　N5 号截面外弧面钢筋应力随时间的变化曲线图

截面 N5 内弧面钢筋应力随时间的变化曲线如图 2-164 所示。所测应力为负,表示内弧面钢筋受压,在初期应力波动较小,随后脱出盾尾阶段钢筋受力快速增大,达到 -70MPa 左右,随后趋于稳定,在继续推进第 1~4 环时,应力有所波动,但波动逐渐减小,应力整体有减小趋势,随后接近一稳定值,表明之后的推进过程对外弧面钢筋应力变化影响较小。该截面外弧面钢筋测点稳定后的应力值为 -38MPa 左右。内弧面钢筋 1 数据异常。

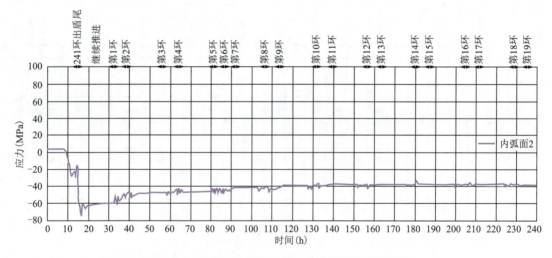

图 2-164　N5 号截面内弧面钢筋应力随时间的变化曲线图

(4) N8 号截面（B1 块）钢筋应力

截面 N8 位于结构 B1 块,其所测外弧面钢筋应力随时间的变化曲线如图 2-165 所示。

所测应力多为正,表示外弧面钢筋受拉,在初期应力波动较小,随后脱出盾尾阶段钢筋受力有一定波动,但变化较小,在继续推进第 1～4 环时,应力有所波动,但变化量仍然较小,随后推进过程对外弧面钢筋应力变化影响较小。该截面外弧面钢筋测点稳定后的应力值为 5MPa 左右。外弧面钢筋 2 和内弧面钢筋数据异常。

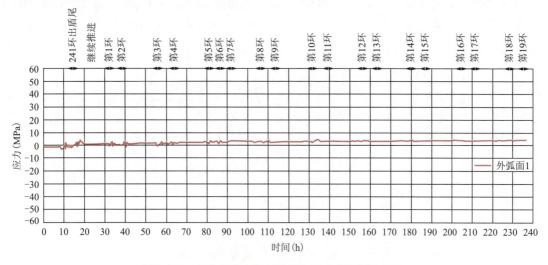

图 2-165　N8 号截面外弧面钢筋应力随时间的变化曲线图

(5) N11 号截面(中柱)钢筋应力

截面 N11 位于结构中柱,其所测钢筋应力随时间的变化曲线如图 2-166 所示。所测应力为负,表示内弧面钢筋受压,在初期应力波动较小,随后脱出盾尾阶段钢筋受力快速增大,达到 -30MPa 左右,随后趋于稳定,在继续推进第 1～4 环时,应力有所波动,但波动逐渐减小,随后推进过程对外弧面钢筋应力变化影响较小。该截面外弧面钢筋测点稳定后的应力值为 -14、-20MPa 左右。钢筋 1、3 数据异常。

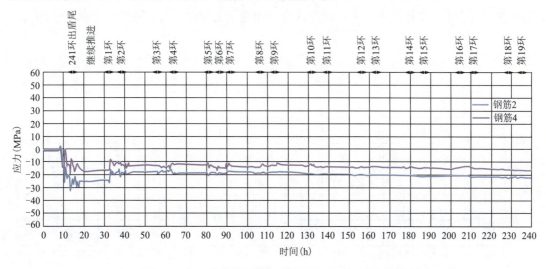

图 2-166　N11 号截面外弧面钢筋应力随时间的变化曲线图

3）衬砌结构螺栓轴力

衬砌结构纵缝螺栓受力通过轴力计量测。不考虑中柱接缝，试验环共有 10 个纵缝，每个纵缝选取中间两根螺栓进行轴力监测。0 试验环与前一相邻环的顶底、腰部位置处的环缝布置纵向螺栓轴力计，共计 8 个轴力测点。现场试验监测所螺栓的具体位置如下图标红截面所示，试验环为第 241 环，241 环与 240 环连接的环缝螺栓编号为 A1～A8。测点位置及编号如图 2-167 所示。

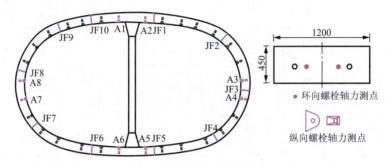

图 2-167　第 13 环纵向螺栓轴力计测点及编号（尺寸单位：mm）

根据各测点在施工过程中的实际测试值，以及螺栓轴力计的工作原理，将测试值转化为各测点位置的螺栓轴力，之后进一步转化为应力，并绘制出各测点螺栓应力随时间的变化曲线。该曲线将管片成环后、未脱出盾尾前的状态作为时间零点。

（1）纵向螺栓应力

①顶部环缝测点螺栓应力。

A1、A2 螺栓测点位于 241 环与 240 环顶部环缝位置，测点的螺栓应力相对变化量在施工过程中随时间的变化曲线如图 2-168 所示。测点螺栓在安装中初始应力为 92MPa 左右，试验环脱出盾尾过程中应力减小，在脱出盾尾结束后，应力快速增长，到达 250MPa，在继续推进的第 1～7 环的过程中，螺栓应力均出现一定的波动，且螺栓应力整体呈增大趋

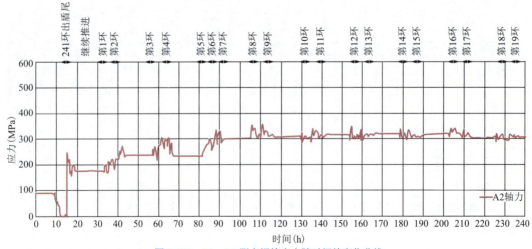

图 2-168　A1、A2 测点螺栓应力随时间的变化曲线

势,随后推进过程中螺栓应力仍然有所波动,但波动量有所减小,且波动后趋于一稳定数值,可见后期施工对该测点螺栓应力影响较小,后期螺栓应力约为310MPa。其中A1螺栓测点数据异常。

②底部环缝测点螺栓应力

A5、A6螺栓测点位于241环与240环底部环缝位置,测点的螺栓应力相对变化量在施工过程中随时间的变化曲线如图2-169所示。测点螺栓在安装中初始应力为300MPa左右,试验环脱出盾尾过程中应力减小,在脱出盾尾结束后,应力快速增大,达到初始应力的水平,随后继续推进第1~7环的过程中,螺栓应力均出现一定的波动,且螺栓应力整体呈增大趋势,随后推进过程中螺栓应力仍然有所波动,但波动量有所减小,且波动后趋于一稳定数值,可见后期施工对该测点螺栓应力影响较小,后期螺栓应力约为480MPa。其中A6螺栓测点数据异常。

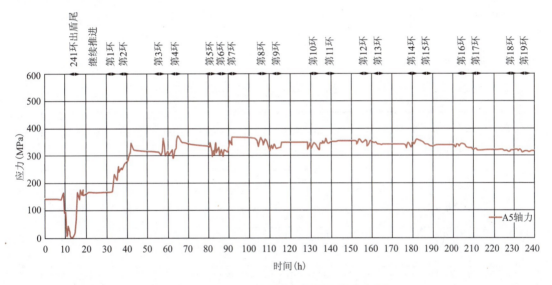

图 2-169 A5、A6测点螺栓应力随时间的变化曲线

(2)环向螺栓应力

① JF1纵缝测点螺栓应力。

JF1纵缝螺栓测点所得到螺栓应力相对变化量在施工过程中随时间的变化曲线如图2-170所示。螺栓安装的初始应力为25MPa左右,随后在脱出盾尾过程中,应力快速减小,在随后过程中应力有所波动,但整体变化不大,后期基本趋于稳定,稳定阶段应力值为5MPa左右。

② JF2纵缝测点螺栓轴力。

JF2纵缝螺栓测点所得到螺栓应力相对变化量在施工过程中随时间的变化曲线如图2-171所示。螺栓安装的初始应力为7MPa左右,随后在脱出盾尾过程中,应力减小,在随后过程中应力有所波动并逐渐减小,随后推进过程中应力整体变化不大,后期基本趋于稳定,稳定阶段应力值为1MPa左右。

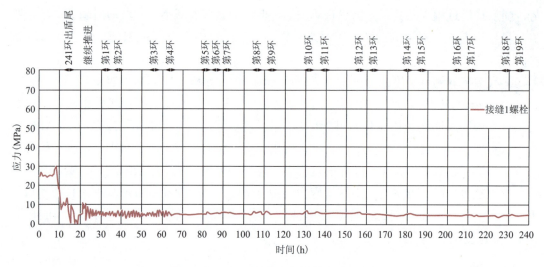

图 2-170 JF1 测点螺栓应力随时间的变化曲线

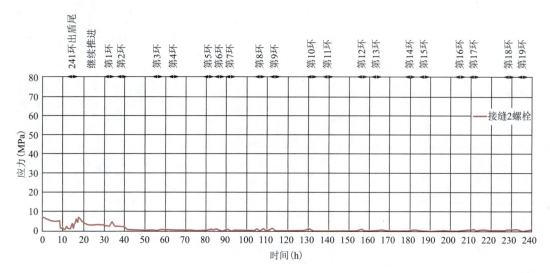

图 2-171 JF2 测点螺栓应力随时间的变化曲线

③ JF6 纵缝测点螺栓轴力。

JF6 纵缝螺栓测点所得到螺栓应力相对变化量在施工过程中随时间的变化曲线如图 2-172 所示。螺栓安装的初始应力为 17MPa 左右，随后在脱出盾尾过程中，应力快速减小，脱出盾尾结束后应力有所增大，在随后过程中应力有所波动，但波动逐渐减小，后期基本趋于稳定，稳定阶段应力值为 30MPa 左右。

④ JF8 纵缝测点螺栓轴力。

JF8 纵缝螺栓测点所得到螺栓应力相对变化量在施工过程中随时间的变化曲线如图 2-173 所示。螺栓安装的初始应力为 8MPa 左右，随后在脱出盾尾过程中，应力有所增大，在随后过程中应力有所波动，但整体变化不大，后期基本趋于稳定，稳定阶段应力值为 11MPa 左右。

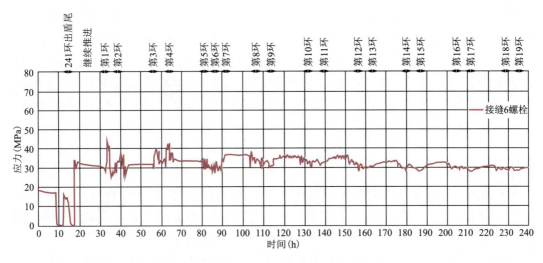

图 2-172　JF6 测点螺栓应力随时间的变化曲线

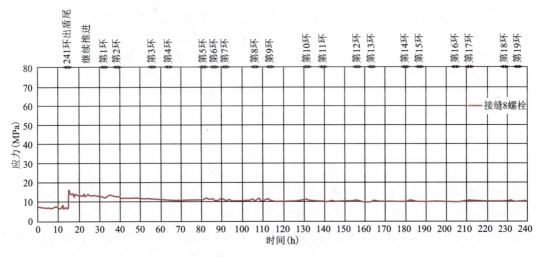

图 2-173　JF8 测点螺栓应力随时间的变化曲线

4）小结

（1）试验环实际安装传感器数量及存活数量统计见表 2-40。

试验环传感器安装及存活数量统计表　　表 2-40

传感器名称	总 数 量	存 活 量	存 活 率
柔性土压力计	4	3	75%
常规土压力计	18	16	89%
孔隙水压力计	18	6	33%
钢筋测力计	44	34	77%
螺栓轴力计	28	14	50%
合计	112	73	65%

（2）试验环外荷载传感器的测试零点为该环拼装成环尚未脱出盾尾的状态，各测点管片外荷载值均是相对于管片块在自由状态下的差值，即结构在施工阶段受到的实际荷载值，外荷载传感器包括柔性土压力计、常规土压力计和孔隙水压力计。在施工阶段，结构外荷载开始随时间变化较大，多数在试验环管片脱出盾尾及其后4环继续推进的时间段中荷载增大或者波动较为明显，其对应时间为施工期的前64h。随后推进过程中，荷载值存在一定波动，但整体波动量较小，且趋于一稳定值。

（3）试验环钢筋计传感器的测试零点为该环拼装成环尚未脱出盾尾的状态，各测点钢筋计值均是相对于管片块在自由状态下的钢筋受力差值，即结构在施工阶段钢筋实际产生的应力值。在施工阶段，钢筋应力主要在脱出盾尾阶段变化较大，表明脱出盾尾后结构明显受力。伴随着推进过程的进行，施工对钢筋受力的影响逐渐减小，逐渐趋于稳定。

（4）试验环轴力计测试数据从拼装后开始，以此为零点进行监测。环缝螺栓具有一定的初始预紧力，但在脱出盾尾阶段，螺栓受力有所减小，脱出盾尾后，螺栓受力增大，随后在一定稳定值附近波动。纵缝螺栓也有一定的初始预紧力，脱出过程螺栓受力出现明显的变化，但初始预紧力和变化量均较小，纵缝的环向螺栓受力明显小于环缝的纵向螺栓。

2.7.3 试验结果分析

1）施工过程不同阶段的划分

现场试验的测试主要针对试验环241环以及其后19环管片的施工过程，一环管片的推进和拼装为一组完整的施工循环，现场的施工流程如图2-174所示。

每一管片环推进的整个过程盾构机推进与出土两个工序同步进行，同时伴随有盾尾的同步注浆；盾构机停止推进后，同步注浆停止，开始管片拼装，螺栓施拧，渣土运出隧道。盾构机每环推进距离1.2m，正常进度下推进一环管片需要1.5~2h，盾构机正常拼装一环管片需要3~4h，试验过程由于部分设备维修、集土坑已满、夜间停止施工等导致施工过程出现停滞。

根据以上所述隧道的施工流程及监测荷载变化，可以定义出衬砌结构在整个施工过程中的4个主要受力阶段，分别为拼装阶段、脱出盾尾阶段、继续推进阶段和稳定荷载阶段。

（1）拼装阶段

拼装阶段为衬砌结构在拼装完成后到开始脱出盾尾前这一阶段的最不利受力状态。相应的，衬砌结构在拼装完成后到开始脱出盾尾前这一阶段称为拼装阶段。

在拼装阶段下，衬砌结构主要依靠千斤顶的顶力和环间纵向螺栓预紧力在管片环两侧端面产生的摩擦力支撑，阶段初期整个管片环和盾壳内表面没有接触，阶段后期管片外表面逐渐接触到盾尾刷。阶段内衬砌结构主要受到自身重力、盾尾刷挤压力的作用（图2-175）。

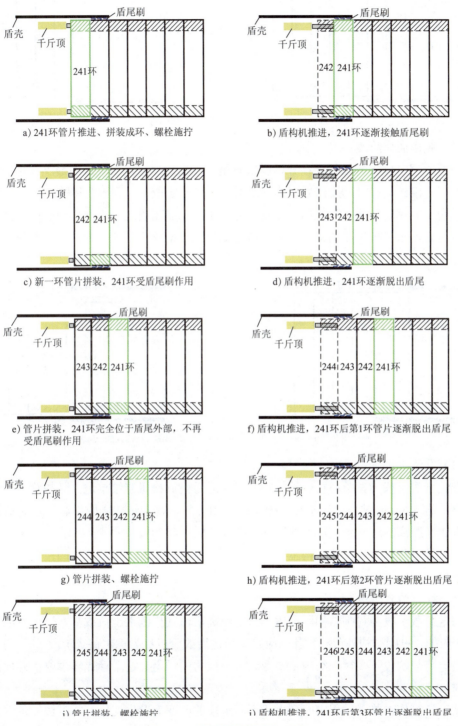

图 2-174 类矩形盾构隧道施工流程

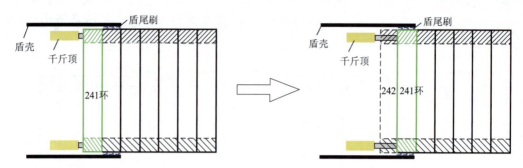

图 2-175　241 环管片拼装完成后到开始脱出盾尾前的阶段

（2）脱出盾尾阶段

脱出盾尾阶段为衬砌结构在开始脱出盾尾到脱出盾尾后这一阶段的最不利受力状态。相应的，衬砌结构在开始脱出盾尾到脱出盾尾后这一阶段称为脱出盾尾阶段。

在脱出盾尾阶段下，衬砌结构在宽度方向上，已脱出盾尾的部分作用有同步注浆压力和水土压力，未脱出盾尾的部分作用有盾尾刷挤压力的作用。整个管片环主要依靠盾尾刷支撑（图 2-176）。

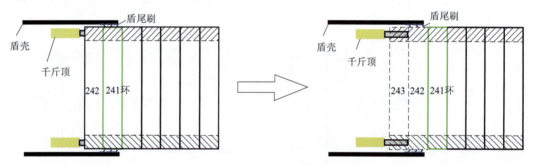

图 2-176　241 环管片开始脱出盾尾到脱出盾尾后的阶段

（3）继续推进阶段

继续推进阶段为试验环衬砌结构刚脱出盾尾后到盾构机继续推进 3 环的距离，即沿轴向距离前进 3.6m 的过程中最不利受力状态。相应的，衬砌结构刚脱出盾尾后到盾构机继续推进 3 环距离的这一阶段称为继续推进阶段（图 2-177）。

继续推进阶段下，衬砌结构主要受到同步注浆压力和水土压力的共同作用，整个管环主要依靠周围地层的支撑。

（4）稳定荷载阶段

稳定荷载阶段为衬砌结构脱出盾尾一定距离后，其周围水土荷载基本恒定时的受力状态。相应的，衬砌结构外荷载及其响应趋于稳定后的阶段称为稳定荷载阶段（图 2-178）。

稳定荷载阶段下，衬砌结构主要受到水土压力的作用，这个管片环主要依靠周围地层的支撑。

试验环管片在施工过程中的受力随不同阶段的改变而发生变化，同时边界条件也发生变化，对其汇总见表 2-41。

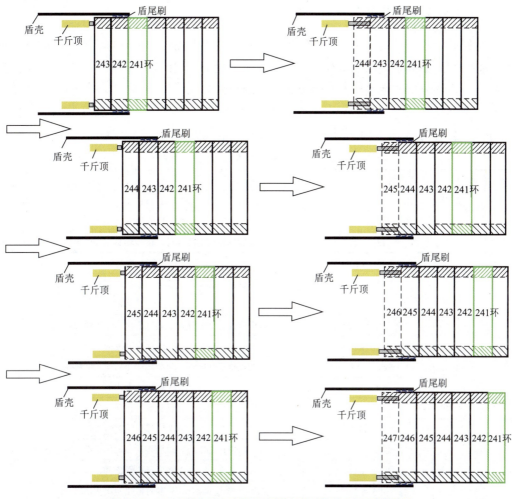

图 2-177 241 环管片脱出盾尾后到盾构机继续推进 4 环距离的阶段

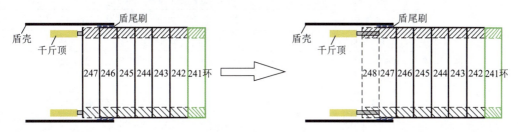

图 2-178 241 环管片所受荷载达到稳定的阶段

验环衬砌结构在不同施工阶段下的边界条件　　　　　　　　　　表 2-41

施工阶段	结构所处阶段	主要作用荷载	约束状态
拼装阶段	盾尾内	结构自重、环间摩擦力	环间摩擦
脱出盾尾阶段	目标环脱出盾尾过程	盾尾刷压力、注浆压力、水土压力	盾尾刷支撑
继续推进阶段	目标环已出盾尾，随后三环相继脱出盾尾过程	注浆压力、水土压力	土层作用
稳定荷载阶段	目标环荷载进入稳定阶段	水土压力	土层作用

2）不同施工段荷载分布

现场试验试验环的荷载测试结果分析主要目的是将衬砌结构在不同施工阶段的外荷载进行汇总，得到不同阶段的外荷载分布，和稳定阶段荷载相比较，得到不同施工阶段的荷载分布差异，并分析产生差异的原因及其主要影响因素。

2016年8月5日23：00将拼装完成的试验环传感器全部接入采集器开始进行采集，以此时间点为时间零点。之后各施工工序及其对应时间见表2-42。

与试验环相关的各施工工序及其对应时间表　　　表2-42

施工阶段	时间段（h）	施工工序
拼装阶段	8～10	盾构机推进242环
	10～13	242环管片拼装
脱出盾尾阶段	13～15	盾构机推进243环，试验环241环脱出盾尾
继续推进阶段	15～20	243环管片拼装
	32～34	盾构机推进244环，试验环脱出盾尾后继续推进1环
	34～37	244环管片拼装
	37.25～40.8	盾构机推进245环，试验环脱出盾尾后继续推进2环
	41～43.7	245环管片拼装
	56～58	盾构机推进246环，试验环脱出盾尾后继续推进3环
	58～61	246环管片拼装
	61.5～63.75	盾构机推进247环，试验环脱出盾尾后继续推进4环
荷载稳定阶段	64～66.5	247环管片拼装
	80.5～82	盾构机推进248环，试验环脱出盾尾后继续推进5环
	82～84.5	248环管片拼装
	84.5～86	盾构机推进249环，试验环脱出盾尾后继续推进6环
	86～89	249环管片拼装
	89.15～91.5	盾构机推进250环，试验环脱出盾尾后继续推进7环
	104～106.8	250环管片拼装
	106.8～107.8	盾构机推进251环，试验环脱出盾尾后继续推进8环
	108～112	251环管片拼装
	112.25～116	盾构机推进252环，试验环脱出盾尾后继续推进9环
	128～130.5	252环管片拼装
	130.5～132.9	盾构机推进253环，试验环脱出盾尾后继续推进10环
	133～136.1	253环管片拼装
	136.9～139.3	盾构机推进254环，试验环脱出盾尾后继续推进11环
	152～155.5	254环管片拼装
	155.5～156.9	盾构机推进255环，试验环脱出盾尾后继续推进12环
	157～160.7	255环管片拼装
	160.75～162.9	盾构机推进256环，试验环脱出盾尾后继续推进13环

续上表

施工阶段	时间段（h）	施 工 工 序
荷载稳定阶段	176～178	256环管片拼装
	179～180	盾构机推进257环，试验环脱出盾尾后继续推进14环
	180～184.5	257环管片拼装
	184.75～188	盾构机推进258环，试验环脱出盾尾后继续推进15环
	200～203	258环管片拼装
	203.5～206.5	盾构机推进259环，试验环脱出盾尾后继续推进16环
	206.7～209.1	259环管片拼装
	209.8～212	盾构机推进260环，试验环脱出盾尾后继续推进17环
	224～227	260环管片拼装
	227.4～230.75	盾构机推进261环，试验环脱出盾尾后继续推进18环
	231～233	261环管片拼装
	233.7～235.3	盾构机推进262环，试验环脱出盾尾后继续推进19环

为方便各个阶段对比，先对荷载稳定阶段进行分析。

（1）荷载稳定阶段荷载分布

将各个测试截面荷载进行汇总，采用样条曲线进行连接，得到如图2-179所示的荷载空间分布的雷达图。

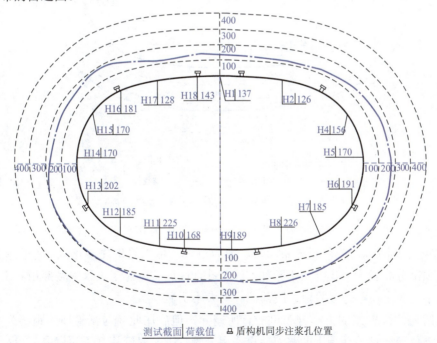

图2-179　荷载稳定阶段总荷载分布图（单位：kPa）

在该阶段中衬砌结构所受荷载主要为水土荷载，总荷载范围为126～226kPa，荷载分布整体呈左右对称。荷载从上到下根据荷载测试截面所处的埋深位置整体逐渐增大，表现出荷载分布上小下大的特征。从底部荷载分布可以看出，类矩形盾构隧道的底部荷载分布并不呈线性分布，而是呈现出两边大，中间小的特征。

稳定阶段选取的测试时间为200h后，试验环脱出盾尾后继续推进了15环，从荷载汇总表中（表2-43），可以看出此时荷载波动较小，可认为荷载达到了稳定值，此后的荷载分布对比均相对此阶段荷载值进行对比分析。

（2）继续推进阶段荷载分布

将继续推进阶段的各个测试截面荷载进行汇总，采用样条曲线进行连接，得到如图2-180所示的荷载空间分布的雷达图，并和荷载稳定阶段的荷载雷达图进行对比。推挤推进阶段选择试验环脱出盾尾后继续推进第1环的荷载为例进行对比。

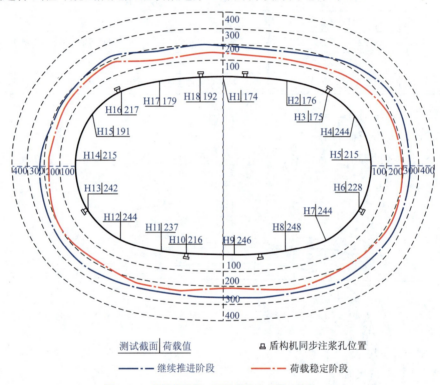

图2-180　继续推进第1环总荷载分布图（单位：kPa）

在继续推进阶段下，衬砌结构主要受到同步注浆压力和水土压力的共同作用。总荷载范围为174～248kPa，总荷载分布均匀，较为对称。可以看出注浆孔多分布在顶部和底部范围，顶部分布较为密集。由于腰部无注浆孔，因此实际施工过程中腰部相对于其他位置荷载偏小，对于荷载稳定阶段，腰部荷载增大不明显。

虽然盾尾注浆荷载的大小分布可能有所差异，但盾尾此时与试验环的距离为1.2m，注浆荷载需传递至试验环周围的浆液后再作用于管片上，对管片产生的集中力较小，因此继续推进第1环时的总荷载分布均匀，整体呈对称分布。但由于注浆荷载的影响，以及试验环脱出盾尾的填充的浆液未能完全消散，因此表现出此阶段的荷载整体大于荷载稳定阶段的荷载值。值得注意的是，此时底部荷载还没有呈现出两边大中间小的分布形式。将试验环脱出盾尾后继续推进第 1～4 环的荷载绘制成雷达图，如图 2-181 所示。

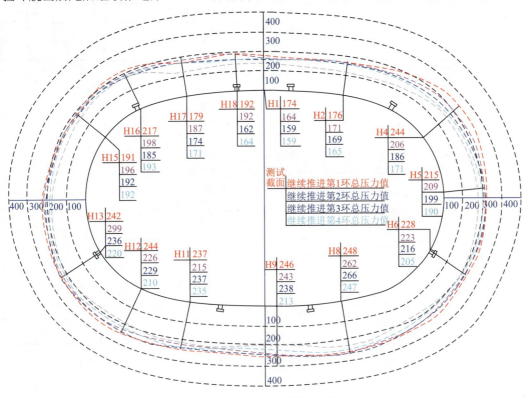

图 2-181　继续推进第 1～4 环总荷载分布图（单位：kPa）

可以看出推进各环时的荷载分布较形式较为相似，整体呈均匀对称分布，从各个测点的具体数值可以看出，伴随着盾构机的推荐，各个测点的荷载值有所减小，这可能是由于试验环距离盾构机的距离逐渐增加，盾尾的注浆荷载对试验环的影响有所减小。

继续推进过程中的荷载分布也整体呈上小下大，对称均匀分布，与稳定阶段的荷载分布（图中灰色线条）相比，略大于荷载稳定阶段，但随着推进的进行，逐渐向荷载稳定阶段的荷载趋近。

（3）施工荷载影响分析

认为荷载稳定阶段的荷载已经趋于稳定，受施工影响的因素较小，其分布是由于衬砌结构周围的水土荷载作用引起的，而脱出盾尾阶段的荷载和继续推进阶段的荷载除受到水土荷载作用影响外，还受到盾尾同步注浆、盾尾刷、油脂等作用，因此将施工过程中采集到的荷载值减去荷载稳定阶段的荷载值，将此值作为汇总，以得到施工荷载对衬砌结构荷载的影响规律。

施工荷载 = 施工阶段荷载 − 荷载稳定阶段荷载

施工阶段荷载：主要为脱出盾尾阶段和继续推进阶段的荷载。

以此计算后，汇总出施工荷载数值见表 2-43。其中继续推进阶段，考虑到继续推进第 1 环时的荷载值相对荷载稳定阶段较大，因此选取此阶段荷载值进行计算。

施工荷载汇总表 表2-43

测试截面	施工荷载（kPa）	
	脱出盾尾阶段	继续推进阶段
1	133	37
2	75	51
3	53	72
4	113	87
5	76	46
6	41	37
7	59	22
8	108	58
9	107	48
10	62	12
11	96	59
12	97	40
13	146	22
14	101	36
15	100	51
16	153	48

首先对脱出盾尾阶段的施工荷载进行分析，将各个测试截面荷载差值进行汇总，采用样条曲线进行连接，得到如图2-182所示的荷载空间分布的雷达图。

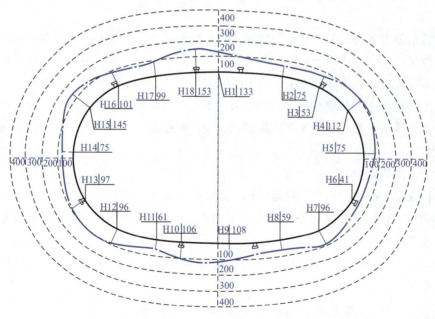

图2-182 脱出盾尾阶段施工荷载分布图（单位：kPa）

在脱出盾尾阶段下，衬砌结构受到的施工荷载范围为41～153kPa。荷载分布不均匀，具有一定的对称性。衬砌结构主要受到注浆荷载、油脂、盾尾刷作用，其中盾尾的注浆直接作用到脱出盾尾部分的管片上,应该为其主要的施工荷载。

不同衬砌位置的施工荷载差别较大。主要表现为:

①顶部和底部和施工荷载虽然分布不均匀,但整体大于腰部,顶部又大于底部。

②注浆孔位置的荷载较大,如中柱附近注浆孔的荷载明显大于其他位置。

③中柱顶部左侧的注浆孔的施工荷载达到153kPa,为测试截面的最大施工荷载点,为该点稳定荷载的1.07倍(该点稳定荷载143kPa)。

实际施工过程中,考虑到注浆浆液向下流动的情况,顶部四个注浆孔的注浆量大于底部四个注浆孔,因此引起的顶部施工荷载略大于底部。腰部虽然没有注浆孔,但是仍然受到注浆荷载的作用,只是数值上小于其他位置。

图2-183为继续推进阶段荷载图,可以看出继续推进阶段的施工荷载在87kPa以内,表明该阶段施工荷载较小,小于脱出盾尾阶段,具有一定的均匀性,相对于脱出盾尾阶段,荷载分为均匀,因此脱出盾尾阶段应为荷载控制工况。

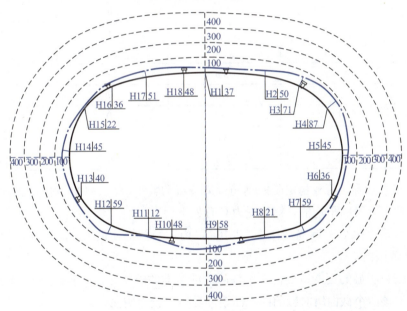

图2-183 继续推进阶段荷载分布图(单位:kPa)

该阶段最大的施工荷载截面为H4截面,为87kPa,该测试截面稳定阶段的荷载数值为156kPa,施工荷载为稳定荷载的0.56倍。由于试验环此时已经距离盾尾有一定距离,盾尾注浆荷载需通过试验环周围的泥浆将荷载传递至试验环管片,因此该阶段的施工荷载较小。

3)衬砌内力分析

根据本次现场试验所测得管片内外弧面主筋应力值,假设管片在受力变形过程中符合平截面假定,由测得钢筋应力转换为钢筋所在位置应变,由平截面假定可得到整个正截面应变分布,如图2-129所示。其中钢筋为HRB400,采用理想弹塑性本构模型,混凝土强度等级为 C50，采用国标推荐混凝土本构关系。

根据钢筋应力试验结果可知，衬砌结构钢筋都处于弹性状态，根据钢筋及混凝土应变可由式（2-23）和式（2-24）计算截面的弯矩 M 和轴力 N。

由于试验环脱出盾尾及其后继续推进过程中钢筋应力存在波动，且截面内力对钢筋受力较为敏感，该阶段计算所得内力波动性较大，因此仅对荷载稳定阶段的钢筋受力进行统计。钢筋测力计布量截面及编号如图 2-151 所示。

根据不同截面的钢筋受力和钢筋尺寸计算出钢筋对应位置的应变，计算出不同内力测试截面的弯矩值和轴力值，汇总见表 2-44。

荷载稳定阶段钢筋应力及内力表 表 2-44

截面	钢筋应力（MPa）		内力	
	内弧面	外弧面	弯矩（kN·m）	轴力（kN）
N1	-24.9	32.6	-171	734
N2	7.0	-18.7	146	570
N3	-16.9	3.2	-114	701
N5	-38.6	42.4	-269	1268
N6	-33.2	33.5	-230	1134
N7	2.4	-17.0	110	731
N9	1.9	-16.1	101	716
N10	-38.2	73.6	-276	891
N11	-14.7	-21.0	10	844

从钢筋应力来看，荷载稳定阶段钢筋应力值波动较小，在 1MPa 以内，因此表中所列数值为荷载稳定阶段的平均值。钢筋受力具有如下特点：

（1）从数值上来看，钢筋受压在 39MPa 以内，受拉钢筋最大应力为 73.6MPa，大部分在 43MPa 范围内。

（2）拉应力明显的钢筋主要位于中柱附近的截面的外弧面，即 N1、N5、N6、N10 截面的外弧面，该四个截面所对应的内弧面钢筋受压也较为明显。

（3）腰部截面内弧面受压，外弧面受拉不明显，如 N3 截面。

（4）N2、N7、N9 截面受力相似，内弧面受拉，但其拉应力较小，外弧面受压，压应变较大。

将根据钢筋应力计算出的衬砌截面内力采用样条曲线进行连接，得到内力分布图，如图 2-184、图 2-185 所示。

弯矩分布来看，具有以下分布规律：

（1）除了 N1 截面外，弯矩整体呈对称分布。N1、N5、N6、N10 所受负弯矩较大，达到 -275kN·m，表明中柱附近的负弯矩较大，外弧面拉应变较大。腰部位置也受负弯矩，但弯矩较小。N2、N4、N7、N9 所受弯矩为正弯矩，内弧面受拉，最大达到 146kN·m。中柱弯矩较小，表明中柱接近纯受压构件。

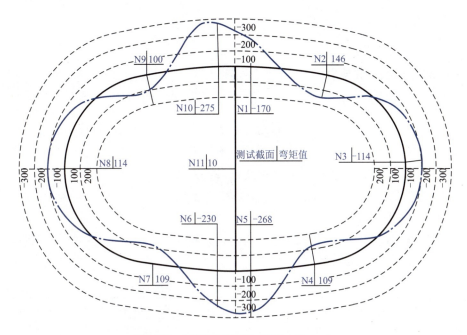

图 2-184 实测弯矩分布图（单位：kN·m）

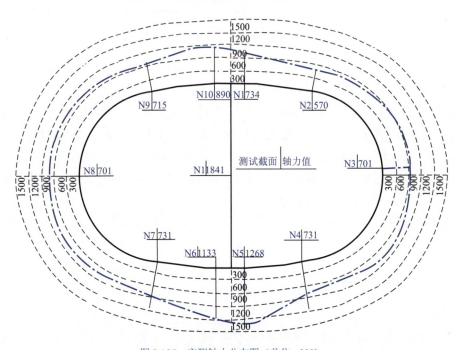

图 2-185 实测轴力分布图（单位：kN）

（2）正负弯矩的分布形式与预分析一致，表明现场试验所得内力趋势正确，内外弧面设计的受拉侧配筋较多，符合设计要求。轴力分布，除了中柱附近截面 N5、N10 外分布较为对称，测试截面均受压，压力分布整体呈上小下大的分布形式，与预分析一致。中柱受力较大，接近纯受压构件。

2.7.4 小结

1）荷载分布及变化规律

（1）荷载随时间变化规律

试验环拼装完成后荷载测点数值接近零，表明在盾尾内所受荷载较小；脱出盾尾过程中荷载快速增大，结束后迅速减小；随后的推进过程中测试截面荷载有所波动，伴随着试验环和盾尾距离的增大，波动数值逐渐减小，各测点荷载值趋于一稳定值附近；荷载稳定后盾构机推进过程对荷载影响较小。

（2）施工过程阶段划分

试验环在施工过程中主要分为4个受力过程，衬砌在每个受力过程下的荷载及约束见表2-45。

衬砌结构在不同施工阶段下的边界条件表　　　　表2-45

施工阶段	试验环所处状态	主要作用荷载	约束状态
拼装阶段	盾尾内	结构自重	环间摩擦
脱出盾尾阶段	试验环脱出盾尾	盾尾刷和油脂挤压力、注浆压力、水土压力	盾尾刷支撑
继续推进阶段	试验环脱出盾尾后继续推进4环	注浆压力 水土压力	周围土层
稳定荷载阶段	试验环所受荷载进入稳定阶段	水土压力	周围土层

①脱出盾尾阶段。

该阶段荷载值范围为215～315kPa，分布不对称，大于稳定阶段荷载值，受力较为不利。注浆孔位置分布和盾尾间隙不同，使注浆荷载分布差异较大，荷载增大不均匀。顶部注浆量较大，此阶段顶部荷载较稳定阶段提高较多，且顶部荷载分布对称性较差。

注浆孔附近荷载较大，相较稳定阶段可提高153kPa，为稳定阶段的1.07倍，腰部位置距离注浆孔较远，荷载增大不明显。

②继续推进阶段。

该阶段荷载值范围为159～266kPa，盾尾注浆浆液通过试验环周围的浆液作用于试验环管片，相对比脱出盾尾阶段对试验环影响较小，分布均匀对称，整体呈上小下大，荷载数值大于荷载稳定阶段的荷载分布，最大大于稳定阶段87kPa。

③荷载稳定阶段。

该阶段荷载值范围为126～226kPa，分布均匀，左右对称，呈上小下大分布，结构底部荷载呈中间小、两边大的分布模式。

2）钢筋受力及内力分布

（1）钢筋受力随时间变化规律

试验环拼装完成后钢筋受力较小；脱出盾尾过程中钢筋受力快速增大，结束后有所减小；随后的推进过程中测试截面钢筋受力有所波动，伴随着试验环和盾尾距离的增大，波动数值逐渐减小，各测点荷载值趋于一稳定值附近；荷载稳定后盾构机推进过程对荷载影响较小。

(2) 钢筋受力

从稳定阶段钢筋应力来看，荷载稳定阶段钢筋应力值波动较小，在 1MPa 以内，从数值上来看，钢筋受压在 39MPa 以内，受拉钢筋最大应力为 73.6MPa，大部分在 43MPa 范围内。

拉应力明显的钢筋主要位于中柱附近的截面的外弧面，即 N1、N5、N6、N10 截面的外弧面，该四个截面所对应的内弧面钢筋受压也较为明显。腰部截面内弧面受压，外弧面受拉不明显，如 N3 截面。N2、N7、N9 截面受力相似，内弧面受拉，但其拉应力较小，外弧面受压，压应力较大。

(3) 衬砌结构内力

荷载稳定阶段衬砌内力，中柱附近截面 N1、N5、N6、N10 和腰部截面 N3 受负弯矩作用，N2、N4、N7、N9 截面受正弯矩作用，轴力分布整体呈上小下大分布，和预分析弯矩分布形式接近。

衬砌测试截面，正弯矩分布范围为 101～146kN·m，负弯矩分布范围为 −276～−114kN·m，轴力分布范围为 570～1268kN，中柱附近截面负弯矩较大，外弧面拉应力较大。中柱弯矩较小，表明中柱接近纯受压构件。

2.8 本章小结

1）结构设计评价

(1) 确定了类矩形隧道建筑限界尺寸为 10300mm×5200mm，隧道内径为 10600mm×6037mm，可以满足宁波轨道交通 B 型车（鼓形车）的通行要求。

(2) 通过结构试验结果验证，理论结构计算模型、计算方法、选用的参数正确，结构厚度 450mm，块与块间采用短直螺栓（铸铁手孔）等尺寸总体合理。

(3) 通过防水试验初步成果验证，管片防水沟槽尺寸和弹性密封垫断面合理。

(4) 本次研究确定的类矩形隧道断面形式具有广阔的适用性，在满足轨道交通 B 型车（鼓形车）的通行要求的基础上，还具备了满足单渡线道岔段功能的发展前景。

(5) 通过整环结构试验的极限破坏工况研究，可以发现本次研究确定的类矩形隧道结构形式相比于现有的圆形隧道结构形式，其结构承载能力对于侧向荷载变化的敏感性较低，意味着类矩形隧道结构形式在侧向卸载工况下的适应性更强，更具有发展前景。

2）整环试验研究及接头试验研究评价

（1）1∶1整环试验研究采用新型整体钢结构加载试验平台进行试验，试验平台可立可卧，水平放置时主要适用于埋深较深，自重效应较小的多环或单环拼装管片；竖向放置时主要适用于埋深较浅，自重对比荷载影响较大的多环拼装管片；并可通过添加纵向加载油缸，对多环拼装的管片结构施加纵向轴力。

（2）接缝正弯矩受力破坏主要经过核心混凝土初裂、外缘混凝土接触、外缘混凝土初裂、螺栓屈服、混凝土压碎等性能点，接缝转角经过是三个阶段达到破坏。第一阶段接缝转角刚度随荷载偏心距增大呈减小趋势，刚度变化范围为 $19\times10^3 \sim 59\times10^3$ kN·m/rad。接缝受正弯矩作用，在达到破坏过程中会出现外缘嵌缝接触，提高了接缝的抗转动能力，对接缝强度及转角刚度均有提升作用。接缝负弯矩受力破坏主要经过核心混凝土初裂、裂缝快速发展、螺栓屈服、混凝土压碎等性能点，接缝转角仍然经历三个阶段达到破坏，第一阶段负弯矩接头转角刚度为 $100\times10^3 \sim 600\times10^3$ kN·m/rad。

（3）纵缝错台量发展大致分为三个阶段，第一阶段为摩擦力抗剪，第二阶段错台量快速发展，螺栓相继受力，第三阶段为摩擦力与螺栓共同抗剪，其中一、三阶段错台量发展较小。试验得到第一阶段、第三阶段纵缝抗剪刚度，第一阶段抗剪刚度范围为 $330\times10^3 \sim 450\times10^3$ kN/m，第三阶段抗剪刚度范围为 $200\times10^3 \sim 280\times10^3$ kN/m。增大螺栓预紧力可提高接缝第一阶段抗剪强度，考虑螺栓预紧力的情况下，接缝剪轴比大于0.5后，错台量发展明显，螺栓参与抗剪。接缝抗剪设计时应使接缝受力处于第一阶段抗剪过程中，螺栓受剪可作为接缝抗剪储备，由此提出了抗剪设计中接缝剪轴比为0.5的控制要求。

（4）正常运营工况和同步注浆工况下结构表面无裂缝开展，螺栓应力适中，衬砌结构的变形、接缝张开均能满足设计要求。同步注浆工况相比正常运营工况受力更为不利，且注浆荷载可使荷载作用附近的接缝转角和管片变形出现较大变化，施工中应加强监测。试验结果得到的结构内力与设计计算得到的结构内力较为匹配，可采用修正惯用法进行类矩形盾构隧道设计，但建议采用考虑接缝效应的梁—弹簧法进行验证。

（5）衬砌结构的接缝和T块长边腋角截面是本次试验衬砌结构的薄弱环节。结构的初始破坏出现在接缝处；结构的最终破坏是由不同部位接缝的螺栓屈服、混凝土受压破坏形成塑性铰以及管片T块长边腋角截面在弯矩和剪力共同作用下发生截面破坏形成，属梁铰机制。定义结构失效时的极限荷载与正常运营设计荷载的比值为结构承载能力安全系数，则结构最终破坏时的承载能力安全系数达到3.54，说明顶部超载极限工况下类矩形盾构隧道衬砌结构具有鲁棒性。

（6）完成了衬砌接头螺栓位置调整的整环试验，验证了此种螺栓设计方法可以有效提高结构极限承载力和鲁棒性。

3）防水试验研究评价

（1）经过国内外调研，尤其是对双圆盾构隧道防水措施的整理总结，本工程接缝防水方案最后选用了三元乙丙梳型密封垫,在充分分析国内轨道交通防水结构设计基础上,确定了沟槽断面的优选方案。根据类矩形盾构隧道的特点,确定了类矩形盾构隧道防水设计原则:低拼装力、高扯断强度、满足环纵缝的防水要求。

(2)确定了类矩形盾构隧道的接缝变形控制指标,即密封垫满足纵缝张开 8mm、纵缝错台 12mm、环缝张开 5mm、环缝错台 15mm 时 0.51MPa 的防水设计要求。

(3)确定了接缝防水形式、防水沟槽设计方案、封垫断面方案,优化后的设计方案满足张开量及错台量情况下的耐水压力测试,同时闭合压缩力略超 60kN/m,满足了管片的拼装要求。

(4)针对环纵缝的变形需求,进行了多组密封垫的老化试验,以密封垫间的接触压力的衰减作为评判其耐久性的依据。通过大量的老化试验,建立了温度、时间以及应力衰减的关系,根据试验结果推断:无论环纵缝在 100 年后,接触压力均大于 0.24MPa。能够满足宁波市轨道交通 3 号线出入段线和 4 号线类矩形盾构隧道百年防水性能要求。

4)现场试验研究评价

(1)试验环拼装完成后荷载测点数值接近零,表明在盾尾内所受荷载较小;脱出盾尾过程中荷载快速增大,结束后迅速减小;随后的推进过程中测试截面荷载有所波动,伴随着试验环和盾尾距离的增大,波动数值逐渐减小,各测点荷载值趋于一稳定值附近;荷载稳定后盾构机推进过程对荷载影响较小。

(2)试验环拼装完成后钢筋受力较小;脱出盾尾过程中钢筋受力快速增大,结束后有所减小;随后的推进过程中测试截面钢筋受力有所波动,伴随着试验环和盾尾距离的增大,波动数值逐渐减小,各测点荷载值趋于一稳定值附近;荷载稳定后盾构机推进过程对荷载影响较小。

(3)脱出盾尾工况为施工过程中的最不利工况,设计模型的荷载分布与实测荷载有一定差别,实测脱出盾尾过程中注浆荷载影响大于设计模型的三角形注浆分布,但峰值小于设计的注浆荷载,据此可以对设计模型注浆荷载分布进行优化。

第 3 章
类矩形盾构装备技术研究

  类矩形盾构机主要由主机和设备车架两大部分组成。本章主要介绍类矩形盾构装备研发的难点、类矩形盾构机构造及试验、设计、组装等方面的技术。其中，类矩形盾构机设备的研发难点主要是矩形全断面切削刀盘和异形管片拼装机两方面。类矩形盾构机构造主要从切削系统、推进系统、铰接系统、纠偏系统、类矩形盾构壳体、可随动螺旋机装置、拼装机构、注浆系统八个方面来介绍。同时还包括了盾构装备切削试验、拼装试验及铰接试验等。

3.1 类矩形盾构机装备概述

  11.83m×7.27m 类矩形盾构主机包括：2 个 φ6730mm 圆刀盘＋2 个偏心刀盘系统、壳体系统、2 个大刀盘驱动 +4 个偏心刀盘驱动系统、2 套 φ630mm 螺旋机出土系统、推进系统、2 套拼装系统、铰接系统。其他还有液压系统、辅助系统（包括同步注浆、集中润滑、冷却、盾尾密封等）、2 套皮带机、2 套车架、电气系统等系统，如图 3-1 所示。

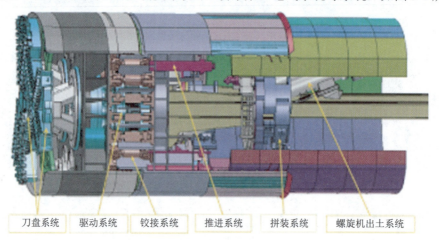

图 3-1　主机构成图

  主机正前方为大刀盘和小刀盘，刀盘后端通过牛腿连接着刀盘驱动，驱动后端安装有电动机，刀盘驱动安装在盾构机前壳体中，壳体分前壳体和后壳体两者之间通过铰接油缸相连接，铰接油缸均布在壳体的四周，2 个出土螺旋机，螺旋机前端以法兰面与前壳体连接固定，后端有 1 根拉杆将其与前壳体锚固；在后壳体中安装有推进系统、由 2 个拼装机组成的拼装系统及由 2 道钢丝刷 1 道钢板刷组成的盾尾密封系统，其主要技术参数见表3-1。

11.83m×7.27m 类矩形盾构主要技术参数　　　表 3-1

前 壳 体		
前壳体尺寸	11830×7270×2160	mm
后壳体尺寸	11800×7240×4664	mm
土压传感器	6	
径向加注	20	
盾 尾		
盾尾尺寸	11800×7240×4800	mm
盾尾间隙	50	mm
盾尾密封	2道钢丝刷+1道钢板刷+1道反向阻浆板	
注浆管路	8+8（备用）	
盾尾油脂管路	16	
大 刀 盘		
数量	2	
类型	X 型辐条式	
最大切削直径	6730	mm
旋转方向	正反转	
耐磨保护	耐磨焊条	
偏 心 刀 盘		
数量	2	
类型	辐条式	
旋转方向	正反转	
耐磨保护	耐磨焊条	
大刀盘驱动（表内为单套配置数据）		
整套数量	2	Set
驱动功率	495（55×9）	kW
转速	0～1	r/min
额定扭矩	4448	kN·m
脱困扭矩	5338	kN·m
轴承寿命	≥10000	h
偏心刀盘驱动		
类型	变频驱动	
驱动功率	222（37×6）	kW
转速	0～2.2	r/min
额定扭矩	330×2	kN·m
脱困扭矩	360×2	kN·m
推 进 装 置		
油缸数量	32	
位移传感器	8	
缸径/杆径	330/260	mm

续上表

推进装置		
行程	2200	mm
总推力	84800	kN
最大推进速度	60	mm/min
铰接装置		
油缸	28	
缸径	330/260	mm
行程	200	mm
总推力	82143	kN
上下纠偏角度	±1.5	°
左右纠偏角度	±1.1	°
最小转弯半径	250	m
螺旋机参数		
扭矩	100	kN·m
类型	芯轴式螺旋输送机	
驱动类型	液压马达	
安全装置	蓄能器在断电时提供闸门液压动力	
螺旋直径	610	mm
螺距	670	mm
最大出土量	173.4	m³/h
转速	0～18	r/min
加注口	3	
螺闸门	1	
闸门类型	闸板门	
拼装机主要参数		
回转	转速	0～1r/min（可微调0～0.2r/min）
	扭矩	700kN·m
拼装机整体平移	速度	0～1.5m/min（可微调0～0.25m/min）
	作用力	550kN（油缸小腔作用）
	行程	2300m
拼装参数	大臂摆动角度	65°
	机械手左右摆动角度	70°
	机械手前后摆动角度	±2°
	机械手水平摆动	-2.5°～+92.5°

3.2 技术研究重点

类矩形盾构机设备的技术难点主要有两个方面：矩形全断面切削刀盘和异形管片拼装机。

1）矩形全断面切削刀盘

类矩形断面隧道的掘进过程中，实现类矩形盾构的全断面切削功能对于开挖面土体的平衡、隧道的轴线控制以及周边地层的扰动控制都极为重要。因此全断面切削的研发难点主要包括深入研究刀盘的结构、切削方式和驱动技术，其中主要针对刀盘的形式、刀具的选型布置、驱动集成技术的适应性研究。

2）异形管片拼装机

大断面类矩形盾构拼装机必须满足类矩形管片的拼装精度和操作等技术要求，因此必须实现多自由度动作机能。针对大断面异形管片，进行拼装机的结构、系统及集成研究，明确拼装机功能参数，完成结构的计算细化以及系统的完善，实现异形管片拼装机所有的拼装动作，并对拼装工艺进行深入性的研究。因此，拼装机的研发难点主要包括拼装机机构、性能参数等，并进行结构的细化计算，实现类矩形盾构管片拼装机多自由度拼装动作。

3）其他研发难点

类矩形断面隧道的宽高比往往较大，小半径曲线段的施工难度显著增加。根据线路设计的最小转弯半径需考虑一定的余量，确定铰接的纠偏角度，主要针对铰接油缸的数量、分布、推力大小、油缸行程以及铰接密封等进行设计优化。为满足类矩形隧道线路的小半径曲线段需求，类矩形盾构必须包含适应转弯的铰接机构。研发难点主要包括铰接系统性能、纠偏机构形式、纠偏控制以及铰接密封等。

3.3 类矩形盾构机构造

3.3.1 "双 X 同面 + 偏心多轴"组合式全断面切削刀盘系统

项目选用两个 X 型辐条式圆形大刀盘加一个偏心多轴驱动仿形刀盘的组合切削形式，如图 3-2、图 3-3 所示。两个大刀盘在矩形盾构机最前端同一水平面上左右分布，偏心多轴仿形刀盘位于矩形盾构机切削面的中央位置，交错置后于两个大刀盘。两个大刀盘的中心距小于大刀盘半径之和，相位差 90°布置，通过程序控制刀盘的转速，使之保持同步，并保证两个圆形刀盘不发生碰撞。由此两个 X 型辐条式圆形刀盘在矩形断面中切削最大面积。偏心多轴驱动的仿形刀盘弥补大刀盘未能切削部分运作，从而实现全断面切削。

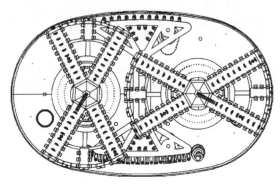 

图 3-2　错层双刀盘复合式刀盘结构　　　　图 3-3　刀盘系统

同一平面上的左右两个大刀盘的运转轨迹有部分重叠,若在运转过程中控制不当,可能会产生两个刀盘互相干涉的情况,造成刀盘损坏,如图 3-4 所示。传统的双刀盘同步控制系统是一种在停止掘进时的双刀盘角度差同步控制模式,而为了避免在盾构机掘进过程中由于频繁调整角度差而造成停止掘进,需要找出一种动态的,也就是在掘进过程中实时地对角度同步控制进行修正的控制系统。

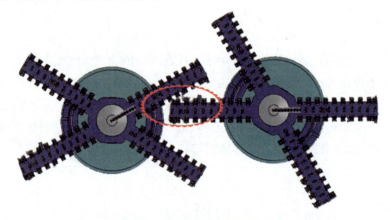

图 3-4　故障情况下刀盘旋转状态

在切削面的两个圆形大刀盘驱动装置的中心位置安装刀盘位置检测装置,分别实时测定两个刀盘的转速和角度。采用在变频器中预制加速时间和分段加速的方式,保证启动期间刀盘运转的安全。在两刀盘运转期间,通过专用控制设备,实时计算两刀盘角度差后通过防干涉的算法来及时调整刀盘转速,从而保证刀盘不发生相互干涉,并确保刀盘扭矩的同步。

3.3.2　施工同步可更换、压密量可调节铰接密封系统

为了确保隧道曲线段的施工,类矩形盾构设计成铰接式。采用主动铰接方式,前壳体偏转后,可以在减少推进时土体超挖产生推进分力,以易于盾构转弯,同时铰接仍可保证盾构后壳体与管片的同轴度,这样,一方面保护盾尾刷,另一方面,可防止盾构主体挤压

管片，致使管片碎裂损坏。

铰接系统采用 28 只铰接油缸，转动角度：上下 ±1.5°、左右 ±1.1°，其中 14 个铰接油缸上设有行程传感器，以检测铰接油缸的行程。铰接油缸连接前壳体与后壳体，铰接环部分设有 3 道密封圈＋1 道紧急密封＋1 道止浆钢板刷，3 道密封圈之间由集中润滑系统加注油脂，起到润滑和止水的效果，还有钢板刷密封和可更换紧急密封，起更好的密封保护作用。

由于类矩形盾构在上下左右转弯时，其周边的间隙大小不同，所以采用可调节压密量且可更换铰接密封装置，在 3 道齿形密封后，增加可更换铰接密封装置，其调节功能可满足不同间隙的密封要求，损坏可更换，及时防止浆液渗漏等情况发生，如图 3-5 所示。

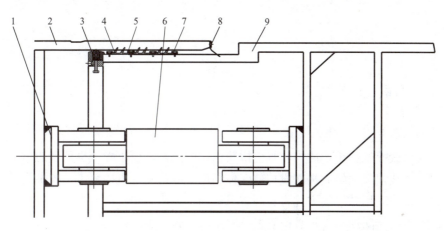

图 3-5　铰接装置

1- 油缸座；2- 前壳体；3- 可调试紧急密封；4- 齿形密封圈；5- 密封圈压板（高）；6- 铰接油缸；7- 密封圈压板（低）；8- 止浆钢板刷；9- 后壳体

3.3.3　类矩形盾构壳体

类矩形盾构壳体的钢结构是根据给定的土压、水压、动载荷和在运行时所产生的负载等条件而进行设计的，通过焊接成为一个整体钢结构，密封面和轴承座进行机械加工。所有的矩形盾构运行所需的各类部件均集成布置在盾壳内，盾构壳体由前壳体、后壳体和盾尾组成，如图 3-6 所示。

前壳体胸板的上下左右位置装有土压传感器，用来测定土仓内的土压。另外，还有多个添加剂加注口，用来改善土仓内的土体流动性。胸板上设有若干固定搅拌棒，与偏心刀盘搅拌棒共同作用，防止土体在土仓中淤积。

盾尾与后壳体通过焊接连接，盾尾具有足够的长度满足开挖和衬砌管片安装的工作空间。盾尾壳

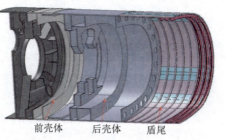

图 3-6　壳体及盾尾总图

体钢板内设置有 32 根盾尾油脂管、16 根注浆管（8 用 8 备）。盾尾尾部安装 2 道钢丝刷 +1 道钢板刷再 +1 道反向阻浆板，在施工时通过盾尾油脂压注系统向管片和密封刷之间充填油脂来保证密封效果和减少摩擦力，通过注浆管路压入浆液，充填土体与管片圆环间的建筑间隙，防止漏水和地面沉降。

3.3.4 可随动螺旋机装置

在盾构机铰接时，由于采用了球铰的形式，螺旋机筒体的位移量会大大减小，如图 3-7 所示。而筒体支座的位置设置会直接影响该位移量能否满足本次项目的要求。

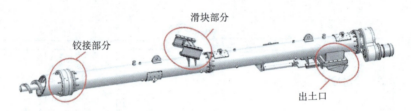

图 3-7　球铰式螺旋机

由于采用铰接式类矩形盾构，且受拼装结构的限制，要求螺旋机后端的出土口与后壳体保持同一轴线，又因螺旋机前段与前壳体相连，故该螺旋机抛弃了一般螺旋机采用的拉杆悬挂式结构，利用球铰的方式将其固定于前槽体和拼装平台上，当壳体进行铰接时，螺旋机可以跟着铰接随动，满足盾构姿态控制需求，如图 3-8 所示。

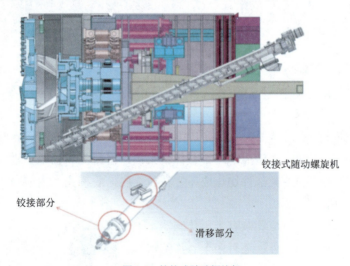

图 3-8　铰接式随动螺旋机

3.3.5 串联环臂式轨迹伺服类矩形盾构拼装系统

根据类矩形管片分块，对于三种形式的拼装机进行选型比较，见表 3-2。

拼装机选型比较 表 3-2

回转爬行式拼装机	双头多自由度拼装机	环臂式双拼装机
优点：拼装容易，只需要一个拼装机构	优点：拼装较容易，在回转轨迹上可拼装中立柱，控制简单	优点：占用空间小，在回转轨迹上可拼装中立柱，与盾构其他部件安装协调
难点：与盾构其他部件难以协调安装，需要另外辅助机构拼装中立柱	难点：占用空间大，与盾构其他部件难以协调安装	难点：控制难度大

根据其拼装的难易程度，空间占用大小，以及与盾构其他部件安装协调程度，进行综合比较，选用环臂式双拼装机。

拼装机应用了串联环臂原理，突破了传统的拼装模式，设计了首台 1 个平移 +5 个回转运动的类矩形盾构拼装机，采用双机配置方式，在狭窄空间内实现了类矩形隧道环向管片和中立柱的拼装。

环臂式拼装机采用 2 台中空轴式回转拼装机，由回转系统、平移系统、摆动机械臂系统、机械手系统以及管片夹取装置组成，2 台拼装机既可以同时独立运行，也可以协同工作，从而大大提高管片拼装效率，通过拼装运动控制轨迹跟踪技术，实现流程自动化、拼装微调化，通过协同作业完成超长中立柱管片的拼装，拼装过程如图 3-9 所示。

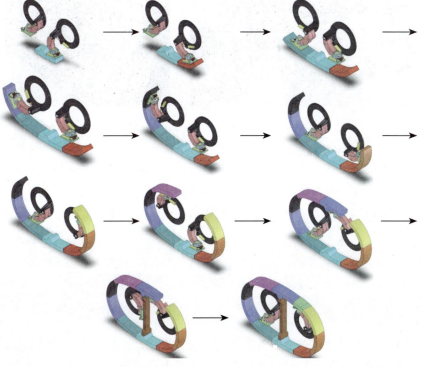

图 3-9 管片拼装流程

拼装机的回转机构采用液压驱动，无级调速；平移机构使整个拼装机通过滚轮可沿着支撑悬臂梁前后移动，使拼装机能移动到管片储存区域和插入封顶块，由2只平行油缸驱动。管片的提升由摆动机械臂系统和回转机构通过计算机程序控制组合完，同时具有左右摆动、前后摆动机构（管片沿隧道纵向前后摆动），水平摆动机构（管片水平转动）可使中立柱实现90°旋转，从而实现中立柱的拼装。

3.3.6 防背土装置

11.83m×7.27m类矩形盾构由于断面尺寸大，与传统的圆形盾构相比，壳体顶部的平面面积大，在施工中容易造成背土，从而造成地面沉降，为控制地面沉降，本次设计采取在前壳体顶部安装有压浆管，并开设压浆槽，使土体与壳体上平面之间形成一泥浆膜，以减少土体同壳体的摩擦力，防止背土现象的发生，如图3-10所示。

为验证防背土减摩装置的有效性，开展了相关的试验，结果如图3-11、图3-12所示。

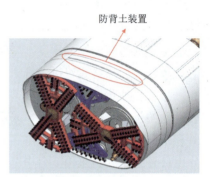

图3-10 防背土装置

图3-11 未注入减摩浆管片段抽出的外套筒的背土情况

图3-12 注入减摩浆管片段抽出的外套筒的背土情况

从试验现场的背土现象中可以明显地观察到，注入减摩浆管片段抽出的外套筒几乎没有背土现象，而未注入减摩浆管片段抽出的外套筒有明显的背土现象，也就说明预先注入减摩浆对类矩形盾构管片的防背土有一定的效益，适用于现场施工。

3.4 类矩形盾构制造试验

为确保施工质量和隧道的稳定性，在施工前首先进行试验。通过大量试验，改良各项参数，得出相应改良后的各项性能参数指标。本节主要介绍了在盾构制造过程中的切削试验、拼装试验及铰接试验，详细介绍了各类试验的方案及流程。

3.4.1 切削试验

在矩形盾构的制造技术中，矩形断面的切削组成形式有很多种选择方案，通过土压平衡型盾构机在施工过程中对前方土体的扰动影响分析中，笔者发现全断面切削可以使土体的扰动达到最小，而经过全断面矩形盾构设计可行性研究，对多动力源驱动大刀盘扭矩平衡控制系统的掌握，提出了以两个圆形大刀盘在一工作面上进行大断面切削的刀盘驱动模式。同一平面上的左右两个大刀盘的运转轨迹有部分重叠，在运转中如果控制不当，可能会产生两个刀盘互相干涉的情况，造成刀盘损坏。故需要研究一种适当的控制系统，避免同一平面上两个刀盘在运转时的互相干涉，从而能使两刀盘能安全地运转。

双刀盘的角度差控制一般根据盾构机的刀盘形式，在双圆盾构中运用的比较广泛，其对双刀盘同步角度差的控制比较简单，只是单纯的根据角度差控制的边界条件来进行刀盘运行的强制停止，简单来说就是设定一个角度差范围，一旦超出则停止偏进状态，同时刀盘停止转动，在刀盘停止的过程中利用变频调速对其进行刀盘停止位置的控制，使其在下次刀盘启动时角度差重置。由于刀盘的旋转速度比较慢，所以其角度差的变化幅度也是比较小的，所以这样的控制系统对于刀盘的干涉预防是比较可靠的，但是在某些盾构机正面土体土质不均匀的情况下，双刀盘的角度差调整的次数可能会很频繁，由于每次调整都需要停止推进状态，这就导致了施工的不连续，从而影响到掘进线路地表层的沉降情况，影响整个施工质量。

通过对传统的双刀盘同步控制系统的分析，可以认为这种同步控制是一种在停止掘进时的双刀盘角度差同步控制模式，而为了避免在盾构机掘进过程中由于频繁调整角度差而造成停止掘进，需要找出一种动态的，也就是在偏进过程中实时地对角度同步控制进行修正的控制系统。

1）系统模拟

在切削面的两个圆形大刀盘驱动装置的中心位置安装刀盘位置检测装置，分别实时测定两个刀盘的转速和角度。采用在变频器中预制加速时间和分段加速的方式，保证启动期间刀盘运转的安全。在两刀盘运转期间，通过专用控制设备，实时计算两刀盘角度差后通过防干涉的算法来及时调整刀盘转速，从而保证刀盘不发生相互干涉，并确保刀盘扭矩的同步，如图 3-13 所示。

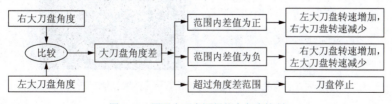

图 3-13 圆形大刀盘运行状态角度控制

在刀盘停止期间，通过可控的制动方式，使刀盘快速停止在预定的位置上，并且保证了两刀盘之间安全的角度差，如图 3-14 所示。

图 3-14　圆形大刀盘停止控制

2）控制方式选择

选择工程上经常使用的 PID 控制器，主要原因有两点，首先是 PID 控制是一种非常成熟，经过时间检验和积累的控制方式，其次在可编程序控制器中自带 PID 控制命令，可使整个控制流程都集成在系统本身的硬件中，不需要再经过上位机进行运算处理。PID 调节器中的 P 为比例环节，起放大作用。I 为积分环节，可以消灭稳态误差。D 为微分环节，可以加快系统的反映。其输入 $e(t)$ 与输出 $u(t)$ 的关系为：

$$u(t)=k_p[e(t)+1/T_I\int e(t)\mathrm{d}t+T_D\times \mathrm{d}e(t)/\mathrm{d}t] \tag{3-1}$$

式中积分的上下限分别是 0 和 t，因此它的传递函数为：$G(s)=U(s)/E(s)=k_p[1+1/(T_I\times s)+T_D\times s]$，其中 k_p 为比例系数；T_I 为积分时间常数；T_D 为微分时间常数。其工作原理如图 3-15 所示。

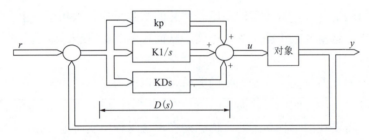

图 3-15　PID 调节器工作原理

注：图中 r 为设定值，y 为输出值，e 为两者之间的误差。

通过 MatLab 仿真，我们可以得到一个经典的 PID 控制输出的曲线，如图 3-16 所示。

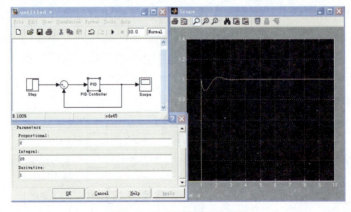

图 3-16　PID 控制输出的曲线

图3-16是一个比例常数为2,积分常数为20,微分常数为1的PID控制系统的仿真曲线,仿真时间为10s,可以从其仿真曲线中看到,在有小幅震荡后系统很快自动达到了系统的设定值。这符合对双刀盘同步驱动系统的控制要求。

3）刀盘旋转角度检测装置

在系统中需要一种可以检测刀盘角度变化的装置,通过其来得到实时的到盘角度差,这类角度编码器可分为增量型及绝对值型,从机械安装的形式上分类可以分为有轴形及轴套型,根据双刀盘同步驱动的控制要求,这次选择了轴套式绝对值型多圈编码器,由于双刀盘同步控制对刀盘角度的检测要求非常高,所以选择编码器旋转轴与刀盘旋转轴直接连接的轴套式安装方式,这样可以避免使用联轴器连接时旋转产生的扰动误差,同时由于增量型编码器可能产生零点漂移和累计误差的缺点,选择使用绝对值型编码器来提高角度检测系统的抗干扰性和数据的可靠性。

4）控制流程

首先根据机械要求设定出边界条件,也就是为了保证双刀盘同步正常运行时的角度差范围,根据此边界条件,定义出四个角度差区间:角度差绝对值从大到小分别为急停区间、报警区间、调整区间、正常运行区间。

（1）急停区间:角度差在此区间内马上停止刀盘驱动动力源输出,停止刀盘旋转。

（2）报警区间:角度差在此区间内进行刀盘电机的转速调整,转速高的刀盘降低速度,转速低的刀盘加快速度,以达到目标角度差,同时在人机界面上进行报警。

（3）调整区间:角度差在此区间内进行刀盘电机的转速调整,转速高的刀盘降低速度,转速低的刀盘加快速度,以达到目标角度差。

（4）正常运行区间:角度差在此区间内认为达到双刀盘同步运行控制的目的,不进行刀盘转速的修正。

在报警区间和调整区间中的刀盘转速调整使用PID控制,这个PID系统的控制目标为角度差,控制变量为刀盘转速。

同时根据工况定义出同步控制的四个状态分别为:刀盘同步旋转启动状态,刀盘同步旋转速度保持状态,刀盘同步旋转速度调整状态,刀盘同步旋转停止状态。

（1）刀盘同步旋转启动状态,刀盘缓慢,均匀的加速,其速度和时间的曲线是斜率为K的直线,在加速的同时进行角度同步控制,在一定角度差内进行加速,超出角度差则加速停止进行角度差修正,以此反复达到目标速度。

（2）刀盘同步旋转速度保持状态,此状态只进行刀盘的角度差修正。

（3）刀盘同步旋转速度调整状态,刀盘缓慢,均匀的由原速度向目标速度变化,在速度变化的同时进行角度同步控制,在一定角度差内进行加速,超出角度差则加速停止进行角度差修正,以此反复达到目标速度。

（4）刀盘同步旋转停止状态:分为两个阶段,第一阶段刀盘缓慢,均匀的减速,在减速同时进行角度同步控制，在一定角度差内进行减速，超出角度差则减速停止进行角度修正，减速到一定值后进行刀盘同步旋转速度保持状态的运行，在转到一定角度后对刀盘进行制动，使其停止在目标位置。

根据双刀盘有两个到盘系统同时旋转的特点，为了控制角度差，规定了角度差为控制目标，而转速是控制量，首先考虑对一个刀盘进行动态转速控制，而另外一个刀盘作为一个参照，让其成为一个运动过程中的相对静止状态，这样使用 MTLAB 建立出控制系统，如图 3-17 所示。

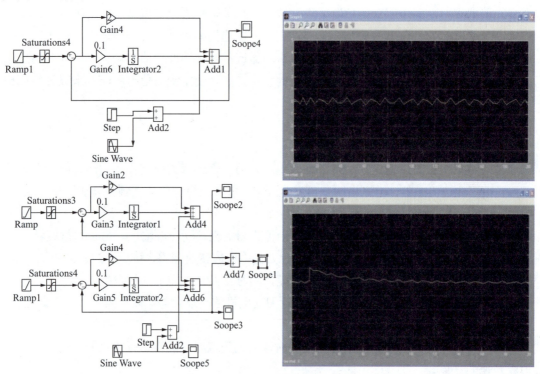

图 3-17　控制系统示意图

在这个系统中 RAMP2 为启动的斜坡信号，SATURATION1 为控制目标，STEP1 和 SINWAVE1 是干扰信号，当在这个 SINWAVE1 中加入一个如下的扰动，在最终的系统中将产生一个可控的状态。但这个系统单刀盘转速控制的系统有一个缺点，就是当转速控制刀盘产生问题时，角度差的控制就被破坏了，稳定性有待提高所以在上述基础上提出两个刀盘同时进行转速控制的模型此模型和单刀盘的动态控制不同，它同时将干扰信号反馈到两个刀盘的控制系统中，在 ADD4 和 ADD5 中可以看出这两个信号的反馈取得是正负相反的信号这就导致了其输出量也呈相反的状态，如图 3-18 所示。

可见这两个系统的输出是相对于 X 轴呈镜像，这样首先当一个刀盘的控制系统出现故障时，另外一个刀盘的控制系统仍然工作，维持双刀盘角度差的控制，增加了系统的稳定性，其次当两个刀盘同时进行转速的动态控制时，有两个控制是镜像的，控制方向都是向唯一的角度差目标值靠拢，这样可以大大减少控制时间。通过两个系统的比较，最后我们决定选择对两个刀盘同时进行动态控制的双刀盘角度差控制。

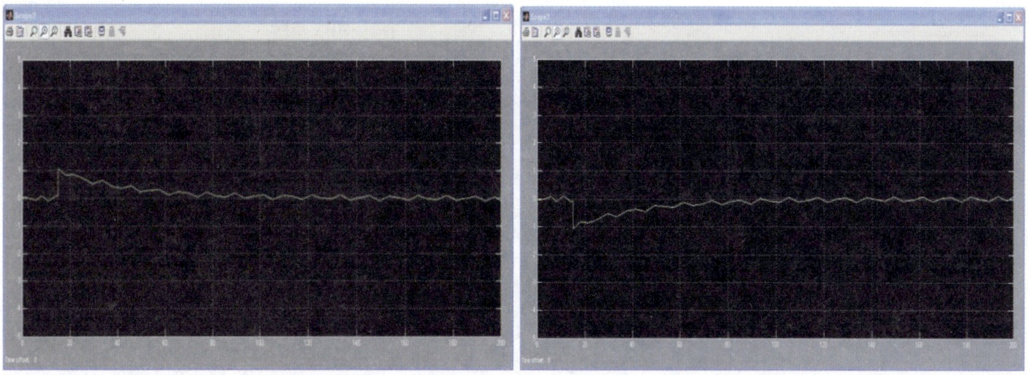

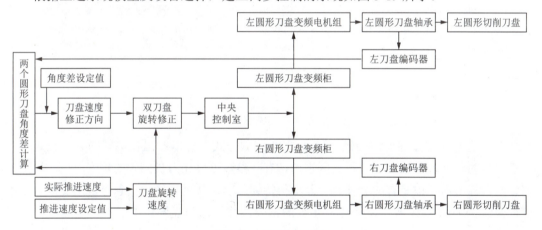

图 3-18　两个系统数据输出图

5）双刀盘同步控制试验

（1）实验系统组态

根据上述系统模型及设备选择，建立同步控制的系统如图 3-19 所示。

图 3-19　同步控制系统图

首先目的是双刀盘同步修正，就是要让两个刀盘在旋转时按照一定的角度差进行修正，那首先要检测出两个刀盘的角度差，通过安装在刀盘轴承上的刀盘编码器，采集两个刀盘实时角度，把数据传入控制系统进行运算的到两个刀盘的角度差，然后通过角度差的设定值，刀盘旋转速度等数据来确定两个刀盘到底如何修正，把修正的数据通过控制室用弱电信号传送到变频柜，再由变频柜控制刀盘电机，刀盘电机带动减速器驱动大轴承，大轴承再带动刀盘。

（2）试验结果

通过一系列试验，获得了在不同控制模式下的 PID 参数，对这些 PID 参数进行整合，从而可以获得对整个系统的单个或多个最优的 PID 参数，通过 LABVIEW 数据采集系统，对整个实验过程进行了监视。

以下是对双刀盘同步实验的跟踪数据，如图 3-20 所示。

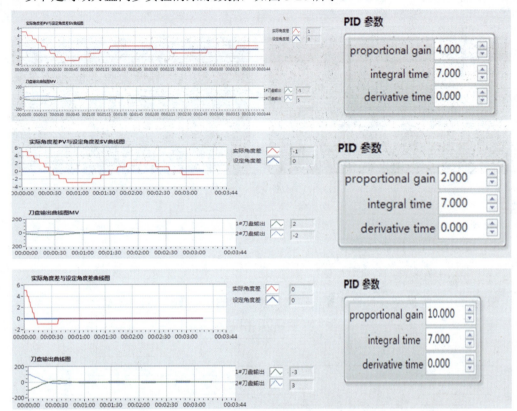

图 3-20　双刀盘同步试验跟踪数据

对于这次双刀盘同步的控制，使用了 PI 控制方式，可以看出在不同的参数设定下，刀盘同步的角度差和速度是有很大区别的，有些参数可以让刀盘同步的角度差控制很快的调整到目标值内，但是有的会使角度差变得持续震荡，甚至可能超出急停范围变成一个不可控系统。如图 3-21 所示，经过一系列的试验，并经过刀盘同步的启动，定速，调速，制动试验的比较，得到了一个比较合理的 PID 参数。

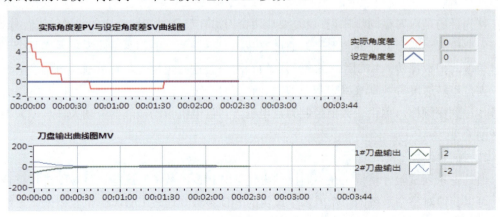

图 3-21　相关角度差与刀盘输出曲线图

通过对双刀盘同步系统的研究，建立了控制模型，并根据控制模型的要求进行了硬件的选择，通过试验验证了系统是否达到双刀盘同步控制的要求，在整个系统的研究及实验中，积累了大量的数据及经验，为今后矩形盾构的系统搭建打下基础。

3.4.2 拼装试验

由于6自由度串联管片拼装机为全新设计的拼装机构，必须对其在管片拼装下的各项性能进行测试，以验证整个系统是否达到了设计要求。为此，对拼装机的大回转、大臂、小臂单自由度目标值和实际值进行记录与比较，以此评价拼装机的单轴控制精度；通过记录三轴联动自动轨迹跟踪工况下系统输出曲线，比评估系统复杂轨迹跟踪精度。最后，通过统计从实验环开始到施工期间的整环拼装时间，对1P5R型管片拼装系统的拼装效率进行评估。

1）控制精度试验

为了对拼装机性能进行评估，在现场开展控制精度测试实验，被测拼装机如图3-22所示，数据采集计算机如图3-23所示。

图3-22 被测拼装机

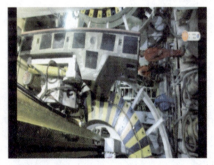

图3-23 测试系统

2）单轴定位精度

拼装机大回转角度目标值和实际值比较如图3-24所示，大回转角度从175°～240°的变化过程中，有0.7°的最大误差，此误差可能是由于系统启动时的冲击及齿轮间隙等硬件结构引起的，但从整个回转过程的比较来看，误差是可接受及自适应调整的，整个系统的可控性良好。

拼装机大臂行程的目标值和实际值的比较如图3-25所示，在行程从210.5～213mm的过程中，出现了最大误差值为-0.17mm，这说明这套系统对于大臂的控制有很好的可控性。

小臂行程目标值与实际值的比较如图3-26所示，从图中可以看到整个小臂的响应速度非常快，几乎无误差，最大误差也很小，只有0.05mm，整个拼装机系统对小臂行程是可控的。

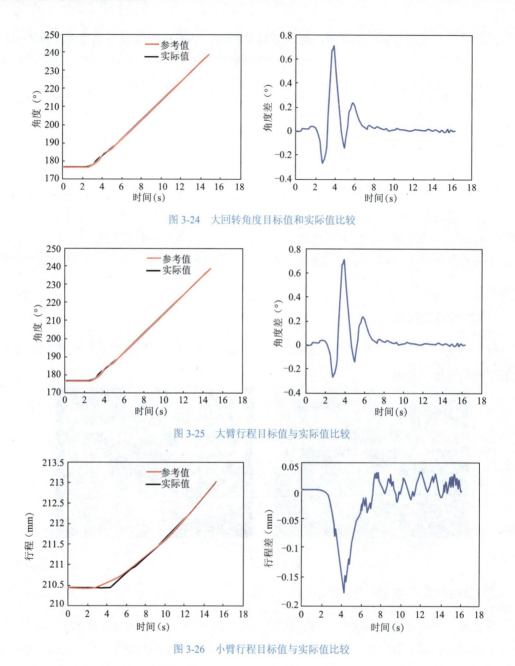

图 3-24 大回转角度目标值和实际值比较

图 3-25 大臂行程目标值与实际值比较

图 3-26 小臂行程目标值与实际值比较

从上述大回转角度,大臂行程和小臂行程目标值与实际值比较的 3 张图中可以发现整个系统的位置控制是比较精确的。

3）三轴联动运动精度

三轴联通直线轨迹跟踪效果如图 3-27 所示。为评估实际输出轨迹的直线度,运用最小二乘法拟合实际曲线,拟合曲线与实际曲线的误差如图 3-27 所示。可知,三轴联动组成的复合动作在走直线段时的直线度偏差在 ±0.5mm。

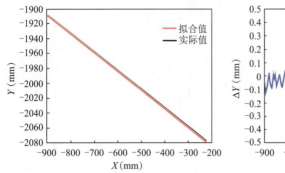 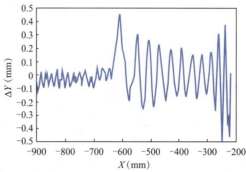

图 3-27 三轴联动直线跟踪曲线

4）拼装效率试验

当拼装试验环时，故拼装时间达到了 3140min，在施工现场，前 10 环的拼装时操作人员对新设备的熟悉阶段，故拼装时间也非常长，而在熟悉设备特性后，显著减少了拼装时间，在 50 环开始进行了两边拼装机同时进行拼装的作业，整个过程显著的提高了拼装效率。

从表 3-3 中还可以发现，1 号管片（下方 T 形块）的拼装时间较长，这时由于矩形盾构管片结构的形式必须保证第 1 块管片的位置正确，同时第 9 块（上方 T 形块）和第 10 块（中立柱）时间也较长，这是因为上 T 形块需要和下 T 形块进行垂直定位匹配，而中立柱局限于其结构形式和拼装流程使得整个拼装时间增加。

整环拼装时间统计　　　　表 3-3

拼装环阶段	总拼装时间(min)	1号管片拼装时间(min)	2号管片拼装时间(min)	3号管片拼装时间(min)	4号管片拼装时间(min)	5号管片拼装时间(min)	6号管片拼装时间(min)	7号管片拼装时间(min)	8号管片拼装时间(min)	9号管片拼装时间(min)	10号管片拼装时间(min)	11号管片拼装时间(min)
试验环	3140	240	160	170	200	230	320	360	350	350	510	250
负 13	1795	120	30	45	120	150	200	180	150	300	400	100
负 12	1115	100	20	25	50	100	120	130	100	150	200	120
负 11	780	120	25	35	60	60	80	70	80	70	120	60
负 10	450	60	20	20	30	30	30	50	50	60	60	40
负 10～0	340	50	20	20	20	20	20	40	40	30	50	30
0～10	310	45	15	15	15	15	15	40	40	30	50	30
10～20	295	40	15	15	15	15	15	35	35	30	50	30
20～50	265	35	15	15	15	15	15	30	30	25	40	30
50～80	155	20	10	10	10	10	10	12	13	20	25	15

现场实测数据表明：大回转角度差误差在 ±0.7° 内，大臂行程误差在 ±0.18mm 内，小臂行程误差在 ±0.07mm 内；拼装机三轴联动的轨迹与拟合轨迹相比较有 ±0.5mm 的直线误差。整环拼装时间统计数据表明：采用两台拼装机同时拼装的工作方式进行拼装作业，可以把拼装整环的时间控制在 155min，约 2.5h 内。上述数据表明拼装机系统达到了预期

的设计目标,可以满足类矩形隧道管片拼装的施工要求。

3.4.3 铰接试验

针对类矩形盾构铰接密封的特性,首次采用了可调式紧急密封装置,为了确保该装置密封效果的可靠性,对该装置进行了一系列的试验。可调式紧急密封装置的试验装置,如图3-28、图3-29所示,由可调式紧急密封装置、外密封装置1、外密封装置2、密封试验环四部分组成。

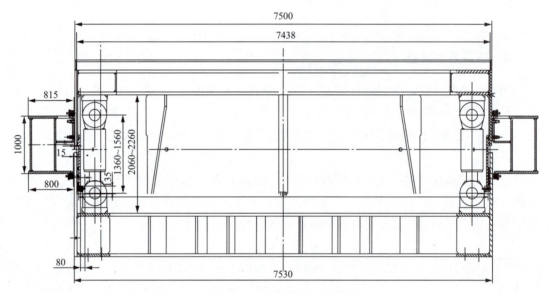

图 3-28 可调式紧急密封试验装置（尺寸单位：mm）

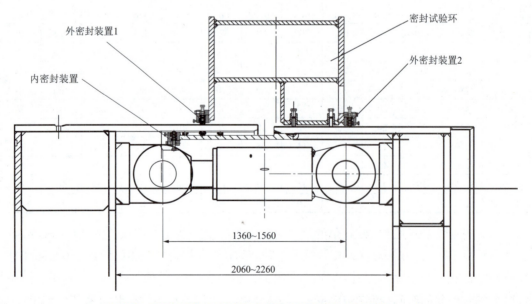

图 3-29 可调式紧急密封装置试验装置局部示意图（尺寸单位：mm）

可调式紧急密封装置是通过调节螺栓旋入深度挤压密封圈达到密封的效果，如图 3-30、图 3-31 所示。

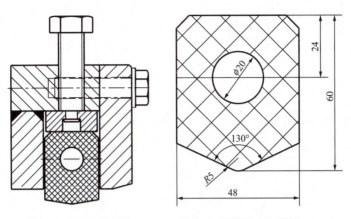

图 3-30　密封装置结构　　图 3-31　密封圈（尺寸单位：mm）

可调式紧急密封试验的试验方案、装置系统原理及试验顺序如下：

1）试验方案

（1）正常顶进状态（静止状态）

机头在正常推进状态下，根据不同埋深及不同的注浆压力，分为不同压力等级进行试压；压力分别为 0.1MPa、0.3MPa，各压力等级下试验时间为 30min，记录密封装置径向螺旋旋入深度。

（2）模拟在纠偏状态下（运动状态）

根据实际纠偏角度要求分为上下 1.5°，左右 1°。根据不同埋深及不同的注浆压力，分为不同压力等级进行测试。铰接装置做上下、左右纠偏动作进行试验；在压力分别为 0.1MPa、0.3MPa，各压力等级下试验时间为 30min，记录密封装置径向螺旋旋入深度。

在无施压情况下，径向螺栓先旋入 10mm，轴向螺栓不施压；在加压时漏水径向螺栓每次旋入 2mm，如继续漏水轴向螺栓每次旋入 2mm。

2）试验装置系统原理

试验装置系统原理如图 3-32、图 3-33 所示。

3）试验顺序

在铰接装置整体试验之前，先对液压系统及水路系统分别进行调试，待上述两个系统调试正常的情况下，在根据试验要求对铰接装置进行整体试验。

如图 3-34、图 3-35 所示，经试验在目前密封圈及结构形式下可调式紧急密封装置可在 0.3MPa 压力不变的情况下保持密封不漏水。可调式铰接密封试验数据见表 3-4。

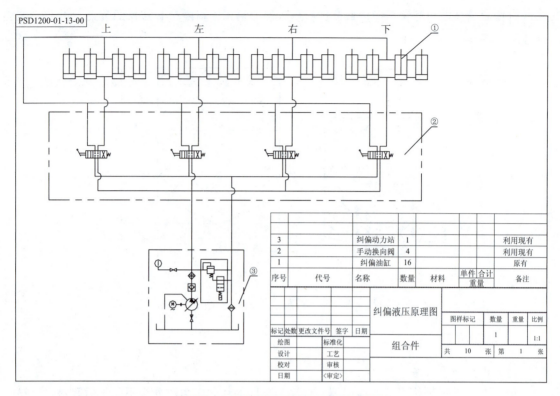

图 3-32 可调式紧急密封试验纠偏液压原理图

注：也可用多路换向阀。

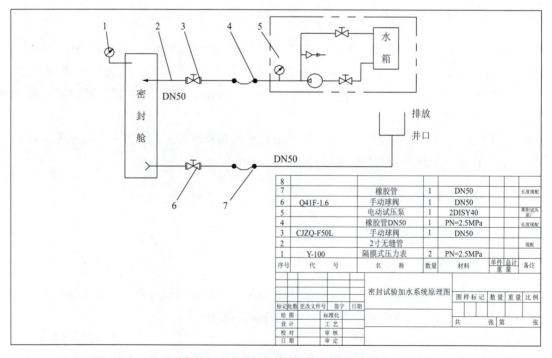

图 3-33 可调式紧急密封试验水系统原理图

图 3-34 可调式紧急密封试验

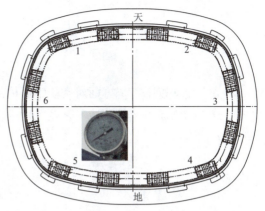

图 3-35 可调式紧急密封试验测量点布置

可调式铰接密封试验数据表　　　　　　　　　　　　　　　　　　　　表 3-4

调节深度 测量点	M20 螺栓调节深度（mm）		M12 螺栓调节深度（mm）	
	0.3MPa	0.1MPa	0.3MPa	0.1MPa
1 号点	20	10	6	2
2 号点	20	8	4	2
3 号点	10	4	2	2
4 号点	8	6	4	2
5 号点	10	6	2	2
6 号点	8	4	4	2

为了进一步达到试验大纲的要求，提高试验压力等级现对密封圈的结构形式进行优化。弹性密封圈的外形构造是弹性密封圈的轴向中心对称的双弧状结构，并在弹性密封圈上设置轴向的双孔，如图 3-36、图 3-37 所示。

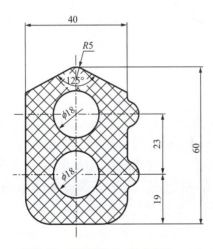

图 3-36 密封圈截面（尺寸单位：mm）

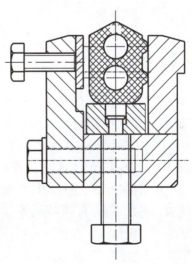

图 3-37 可调式紧急密封装置

3.5 设计、组装的关键技术

本节主要从以下 3 个方面对类矩形盾构的设计、组装及维护概要进行介绍：①类矩形盾构机设计的创新点；②制造工艺及关键部位制作难点；③对盾构机的维护与检查。主要研究内容如下：

3.5.1 创新点

类矩形盾构机的设计主要有以下创新点：

（1）首创"双 X 同面＋偏心多轴"组合式全断面切削类矩形盾构刀盘系统，搭载了此技术的刀盘具有高精度相位差自动保持、停机就近快速复位等功能，精确实现了类矩形形式全断面可靠切削。

（2）首创了串联环臂式轨迹伺服类矩形盾构拼装系统，其大幅扩展了径向施工范围，具有复杂轨迹伺服跟踪功能，特别适应在狭窄和多局限空间内完成管片和中立柱拼装，突破了国际上现有拼装机在这一领域的作业瓶颈。

（3）首创了施工同步可更换压密量可调式类矩形盾构铰接密封系统，此系统首次解决了施工过程中发生密封失效的紧急修复问题，大幅提高了隧道工程的密封质量安全及施工效率。

（4）集成三项首创技术及改进多项盾构传统技术，开发了切削断面为四段圆弧相切所形成的全断面切削类矩形土压平衡盾构机，更针对性地强化了其软土地层沉降控制能力，为亟待解决的线网密集的浅层地下空间利用这一巨大难题。

3.5.2 制造

1）刀盘制造与安装工艺措施

（1）刀盘结构件制作时的难点和相应控制措施

刀盘切削直径为 $\phi6720mm$，4 根辐条采用 Q345B 钢板，具有高强度、抗磨损的优点，但由于 Q345B 含锰量较高，属低合金结构钢，采用药芯焊丝二氧化碳气体保护焊时，选用药芯焊丝 YJ507-1（EF03-5040），焊丝直径 $\phi1.2mm$，气体用 CO_2，纯度大于 99.5%。零件放样应在平整的平台上进行。样板制作时，应按施工图和零件的加工要求，作出各种标记，并预放各种加工余量。4 根辐条与中间六面体的结构特殊，钢板在 40～120mm 厚度之间，结构件焊缝量大，在焊接时易产生裂纹，如果采取刀盘结构总整装搭焊接，不可避免地产生应力和变形。因此采用 4 根辐条和中间六面体分组、分段，各自装配焊接，最后将焊接好的分段合拢焊成整体。这样可使收缩量大的焊缝能比较自由地收缩，而不影响整个结构。焊接过程采用尽量采用较小热输入的焊接方法，例如多层焊和CO_2气体保护焊，焊接时采用跳焊和分段焊法；选择合理的焊接顺序，尽量采用先内后外、从中间到两端、先短后长的对称焊接方法，使工件受热均匀；不同的材质之间焊接时，可以采用焊前预热、焊后回火的方法消除焊接应力；根据不同的材质、板厚和焊接位置与焊缝类型，合理选用焊接工艺参数，尽可能将焊接电流控制在下限值，以减小热输入。对于板厚≤40mm，环境温度＞5℃时不预热，≤5℃时预热温度和层间温度控制在80～100℃；板厚＞40mm，环境温度＞5℃时预热温度和层间温度控制在100～120℃，≤5℃时预热温度和层间温度控制在120～150℃，温度的测量建议使用非接触式红外线测温仪。

（2）刀盘金加工时的技术要求和质量控制点

刀盘结构采用两次金加工，主要目的是消除内应力，保证各类刀具安装面的平面度，和驱动传力环之间的配合定位精度。第一次刀盘结构成型后不进行退火，采用振动时效消除应力，然后上8m立车进行初加工，与刀盘驱动定位的法兰面留10mm切削量，刀盘正面安装刮刀和先行刀的接合面尽量切削出，允许留少量黑疤，保证刀盘面板面的平面度控制在≤3mm，盘体外形误差≤3mm。接着上数控落地镗铣床加工10根安装周边刀的槽，最后才可以定位安装各类刀具。第二次消除应力处理为各类刀具焊接完成，包括盘面和盘缘最受磨损区域堆焊硬质合金完成后，也采用振动时效消除应力，最后再次上8m立车加工与刀盘驱动连接法兰和与中心回转接头连接部位。刀盘结构件保证切削直径ϕ6730mm、周边刀直径ϕ6720mm，与刀盘驱动的定位尺寸为外径R1645mm、内径R1085mm。在刀盘盘面和盘缘最受磨损区域堆焊硬质合金，增强刀盘板耐磨性，刀头硬质合金焊接应可靠坚固，不得有裂缝；刀盘的正面钢板和侧面钢板上用堆707焊条堆焊耐磨硬质合金，堆焊形状为50mm×50mm的网格形花纹，堆焊高度为8mm，硬质合金硬度为HRC58～62。

（3）各类刀具安装的要求

刮刀应装配牢固，采用木制榔头敲击不得出现松动；采用激光水准仪测量，刀尖必须在盘体端面同一平面，平整度误差＜5mm；保证刮刀安装高度135mm，先行刀安装高度185mm。

（4）刀盘装配的要求

刀盘与中心回转接头的管路连接前，必须对刀盘内4根加泥加水管路和2路磨损检测的液压管进行耐压测试，测试合格才可安装。刀盘与驱动传力环连接的10.9级M20螺栓，必须检查螺栓的拧紧力矩是否达到600N·m。偏心刀盘安装后，要保证与前壳体之间间距达50mm。偏心刀盘中间的链接部位采用活络链接，不能固定。

2）关键部件结构件制作时的难点和相应控制措施

（1）传力环的结构件制作

传力环是连接大刀盘与驱动系统动力箱体的主要部件，能将大轴承回转传动力和推力传递给大刀盘，如图3-38所示。传力环的底面法兰圈为厚板拼接而成，要求双面焊的对接焊缝，在背面焊缝施焊前须采用碳弧气刨清根，并且磨净碳渣，打磨呈现金属光泽。焊前设置引、熄弧板焊缝，在该焊缝全部施焊完毕后采用氧乙炔气割割除，对残留的焊疤修磨平整。每条焊缝应圆滑和顺地过渡至母材。多层多道焊时，在焊接过程中应严格清理焊层与焊道间的焊渣、飞溅。每条焊缝施焊完毕，必须及时清理干净覆盖在焊缝表面的熔渣和两侧的飞溅物，除了100%检查焊缝外观质量外，还要100%超声波探伤，达到《焊缝无损检测 超声检测 技术、检测等级和评定》（GB/T 11345—2013）的Ⅰ级的标准。传力环辐条箱型结构封板前，内部的焊缝必须清理干净，对残留的焊疤修磨平整，检查合格后才可最后封板焊接，退货前，为防止箱型结构因退火温度而产生变形，在辐条板上事先开放气孔。辐条与底面法兰圈之间的焊缝必须经过100%超声波探伤检测，达到Ⅰ级的标准。

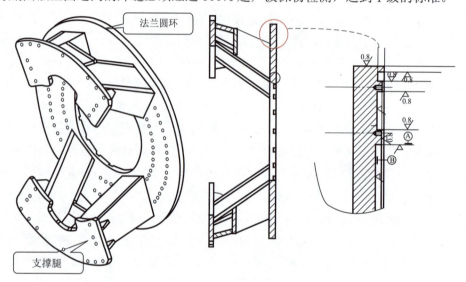

图 3-38　传力环结构件

（2）受力环的结构件制作

主要是采用Q345锻件，锻件厚度厚、外形尺寸大，应严格控制锻件的质量，按照《钢锻件超声检测方法》（GB/T 6402—2008）Ⅰ级质量要求检测，锻后要去应力退火处理。锻件与法兰圈的焊接，必须严格控制其坡口尺寸，法兰圈的拼接焊缝不允许多于三处，且均匀分布。拼接下料工件按二次下料法进行，即第一次下料内外圆加放余量，焊后超声波探伤，并矫正焊接变形，按要求切割成成型工件。最终锻件与法兰圈之间的焊缝也要经过100%超声波探伤检测，达到GB/T 11345—2013中Ⅰ级的标准。受力环焊接后进行去应力退火处理才可金加工。

（3）动力箱的结构件制作

动力箱体是大刀盘驱动中关键部件，连接传力环、密封仓和大轴承，并且要安装9只带减速器的电机，在减速器输出端小齿轮与大齿轮外啮合。动力箱是用Q345B厚板焊接而成，对于大于40mm的厚板焊接按《厚钢板超声检测方法》（GB/T 2970—2016）要求100%检查等级为Ⅱ级的要求提供探伤检查报告，焊缝质量达到《金属材料熔焊质量要求》

（GB/T 12467.1～5—2009）Ⅲ级标准，焊缝采用按 25% 比例着色检验或磁粉检验，主要检查焊缝是否存在裂纹、未焊透、夹渣或气孔等缺陷，发现裂焊应清根补焊。动力箱天地箱体在结构封板前，内部的焊缝必须清理干净，对残留的焊疤修磨平整，检查合格后才可最后封板焊接。动力箱多为板厚≥40mm，一般采用多层多道对称焊接，每施焊一层，必须去除药皮并用钢丝刷刷清焊道内的污物。多层焊时，应特别注意各层焊缝接头的位置安排，不应重合在一起，两层焊缝接头相遇必须错开，至少相距 100mm。焊接完毕，清理焊缝表面的焊渣和飞溅物。预热与层间温度的测量用远红外测温仪进行测量。动力箱中各路集中润滑管路在整个制作环节非常重要，也是控制的难点，为了保证管路通畅，必须经过多次耐压测试达到无渗漏的目的，这里指的耐压测试指结构件制作过程中封板前的测试、结构件退火前、后的管路测试。

3）关键部件金加工时的难点和相应控制措施

（1）传力环的金加工

传力环外端面密封圈槽的尺寸精度是控制的重点，传力环加工外端面密封圈槽的平面时，要使平面的跳动量控制在 0.30～0.50mm，这样才能保证平面密封圈的压密量。要控制与刀盘牛腿法兰的定位配合尺寸以及与主受力环的定位配合尺寸。传力环上槽的螺纹孔要与外断面密封圈压板配作，并做好一一对应的标记。

（2）受力环的金加工

加工受力环时要控制与大轴承的定位尺寸、与大齿圈轴承联接螺孔的中心直径和均布情况，加工其外圆周密封圈槽时要控制槽宽和深度的尺寸精度。受力环上外圆周密封圈槽的螺纹孔要与外圆周密封圈压板配作，并做好一一对应的标记。

（3）动力箱的金加工

控制动力箱内孔与外圆周密封圈接触面的光洁度，与外端面密封圈的接触面的光洁度。动力箱加工重点是控制动力箱与大轴承外圆的定位尺寸，其尺寸必须根据事先测量的大轴承数据得出。要保证齿轮正确啮合，对 9 只减速器座孔的加工：在数控镗床上加工减速器座孔，考虑到大小齿轮加工时的积累误差，及退火处理的结构件在金加工后仍有少量变形等情况，严格控制齿轮啮合的中心距尺寸，避免因啮合间隙过小而产生卡死现象。动力箱加工完成后，还要对其集中润滑管路进行耐压测试，主要是因为金加工切削余量控制对管路的接口和焊缝的影响。若驱动装配后发现管路有渗漏现象的话，将对该道密封圈处的润滑脂补给点造成影响，密封失效，后果较为严重。

（4）密封舱的金加工

密封舱相对来说比较简单，金加工时主要控制内圆周密封圈槽的加工尺寸和精度、内端面密封圈槽的加工尺寸和进度，同时控制与中心回转接头定位安装孔的尺寸精度。密封圈槽上的螺纹孔也要分别与内平面密封圈压板、内圆周密封圈压板配作，并做好一一对应的标记。密封舱加工完成后，也要对其集中润滑管路进行耐压测试，主要是因为金加工切削余量控制对管路的接口和焊缝的影响。

(5) 小齿轮的金加工

小齿轮关键测量变位后的齿形尺寸、跨齿公法线长度、固定弦齿高和固定弦齿厚，小齿轮的齿形必须经过磨齿，来提高表面光洁度。小齿轮必须提供锻件材质合格证明，锻件合格无损检测报告，调质热处理报告和齿面表面渗氮处理报告等。

(6) 各类土砂密封圈的要求

内、外密封圈和内、外圆周密封圈主要检查其齿形尺寸和齿高，这是保证压密量的关键，同时测试密封圈的硬度值。

4）刀盘驱动系统的装配质量

刀盘驱动部件的装配技术要求高，如何满足图纸技术要求，达到要求的技术指标，保证装配质量，是工作的重点，如图 3-39 所示。装配前做好清洁工作：除了对零件的加工质量进行复测确认外，零件不得留有加工残屑，用丙酮清洗各大部件的安装表面、密封圈槽、连接螺栓孔等。安装各类密封圈：在接合面涂以船用黏结剂，并加入少量固化剂，以确保密封圈牢固黏结。在密封圈空隙内加满二硫化钼润滑脂。同时在安装时要保证轴向、径向密封压缩量各为 5mm。将连成一体的主受力环和大轴承装配好吊入动力箱：为使其顺利定位、便于螺栓固定，应预先在大齿轮的螺孔中穿入工艺导向杆，放入轴承座后，固定大齿轮与轴承座的螺栓。另外吊装时应注意大齿轮固定内圈外径上标有的"s"部位（滚道软带部位），应放在箱体的顶部。连接螺栓（螺栓螺纹处须涂紧固厌氧胶），利用测力扳手反复扳紧，达到预紧力要求，将密封隔仓垂直吊装于动力箱体内，连接用的高强度螺栓利用测力扳手反复扳紧，达到预紧力要求。小齿轮的安装：安装时要防止小齿轮与大齿轮发生错位，缓慢旋转传力轴，齿轮的正确啮合，要保证齿轮传动的中心距，中心距误差，虽不影响传动比，但却影响跑合效果和强度。若中心距偏小，接触带将形成棱边接触，局部应力增大，严重地影响齿面接触强度和工作质量。然后再固定行星减速器的连接螺栓。

图 3-39　偏心驱动组装

安装传力环：连接传力环与主受力环之间的定位销及连接螺栓，利用测力扳手反复扳紧，达到预紧力要求。小齿轮两端的调心轴承安装时，要在一定程度上消除两端支点因加工而产生的同轴度误差，同时也要承受一定的轴向力，用手盘动时回转灵活无卡阻现象，同时用蓝油检查小齿轮与大轴承齿轮的啮合情况，测量齿隙。利用集中润滑油脂泵将 1 号锂基脂充填内、外唇型密封圈齿之间的间隙，直至有油脂从内、外平面密封处渗出。整个驱动装配完成要进行整体做气压试验，试验压力为 0.1MPa，保压时间为 24h。

中间的小刀盘采用 4 组偏心多轴驱动装置，这在机器中同样用来支承齿轮、带轮等传动零件，以传递转矩或运动，其中偏心轴的加工尤难。在偏心轴的车床切削加工中最主要是合理地选择定位基准，对于保证零件的尺寸和位置度有着定性的作用。出于该偏心传动轴的几个主要配合表面及轴肩面对基准轴线均有径向圆跳动和端碰圆跳动的要求，它又是实心轴，并且还有特殊的偏心的要求，所以应选择两端中心孔为基准采用顶尖装加上特制的卡罐的装夹法，以保证零件的技术要求。粗基准采用热轧圆钢的毛坯外圆。中心孔加工采用在车床上用双顶尖装夹，三爪夹紧卡罐旋转，卡罐夹住热轧圆钢的毛坯外圆，车端面、钻中心孔。但必须注意，一般不能用毛坯外圆装夹两次钻两端中心孔，而应该以毛坯外圆作为粗基准，先加工一个端面，钻中心孔，车出一端外圆；然后以已车过的外圆作基准，用三爪自定心卡盘装夹，车另一端面，钻中心孔。如此加工中心孔，才能保证两中心孔同轴。

由于偏心，这里需加上一个特殊的装置——卡罐，将卡罐装在轴的两端，卡罐偏心方向应一致，通过卡罐的槽与轴肩的 10H7/h6 的配合，控制了偏心的方向；通过调节卡罐上的压紧螺钉可调节偏心量；使卡罐的端面与轴的台阶面压紧，保证轴的中心与卡罐中心平行。该偏心轴加工和普通传动轴加工一样划分为三个阶段：粗车（粗车外圆、钻中心孔等），半精车（半精车各处外圆、台阶和修研中心孔及次要表面等），粗、精磨（粗、精磨各处外圆）。不一样的是加工偏心部分时候需以 A 基准两端外圆用表测量，调整卡罐上的螺钉，调整至不同的偏心量，车削各偏心外圆至尺寸各阶段划分大致以热处理为界。对于传动轴，正火、调质和表面淬火用得较多。该轴要求调质处理，并安排在粗车各外圆之后，半精车各外圆之前。偏心驱动轴的加工大致工艺路线如下：下料→粗车端面和外圆→在轴的两端均留工艺夹头→粗车精车工艺夹头→钻中心孔→调整卡罐上螺钉→粗车各外圆→调质→修研中心孔→半精车各外圆，车槽，倒角→划键槽加工线→铣键槽→修研中心孔→磨削→检验。

5）管片拼装机制作装配工艺

机械手右中共计 5 种规格的滑环，共 10 件，导向套 1 件，原先设计滑环和导向套的材质为 C320，因采用液态氮冷却装配工艺复杂，安装过程中容易冻伤安装人员，存在一定的风险。经会议讨论改为材质为黄铜，采用隔温冷冻冰箱冷冻，降低风险。由检验员测量 5 种规格的滑环和 1 件导向套外径尺寸和与之配合面的内孔尺寸，数据提供给设计人员，由其计算出过盈量和冷冻时间。同时检查滑环表面和其配合孔的表面毛刺是否清除，安装导入角是否修光。钳工自行制作往冷却冰箱中放入或取出滑环和导向套时必要的夹取工装。使用事先制作的夹取工具将滑环和导向套分别放入冷冻冰箱,不能直接用手取放零件,以免冻伤。冷冻时间是从滑环或导向套放入冰箱开始算起,具体冷冻时间要根据滑环或导向套实际过盈量,技术人员根据计算给出。控制冷缩时间,等滑环或导向套表面不再产生气泡时,用专用夹取工具从冷冻箱中取出滑环或导向套,在滑环头部蘸少许润滑油,立即装入相应的配合孔中,至图纸要求的位置静置,直到滑环涨大固定。

6)壳体制作安装工艺

胎架平面度检测≤2mm,各落料尺寸和坡口尺寸均符合工艺零件图纸的要求,并且通过检验合格后才可进行壳体的拼装。将后壳体法兰板放置在胎架上,对准中心及十字线,下面用铁板与胎架定位焊(不可直接焊),开始装搭内部筋板(与壳体板的间隙越小越好应控制在1mm以内)及圈板,位置正确、垂直,加辅助撑头。吊装后壳体外圈板,对准中心、十字线,位置正确、垂直、平面度检测≤3mm,加辅助撑头定位焊。测量尺寸,并与相应的构件定位焊住,并实施焊接打3层底焊。考虑到铰接部金加工周期长、费用昂贵,把铰接部分为:后壳体结构件分为上下两半,用两部大型数控龙门铣同时进行机加工,回厂拼成整体;前壳体2铰接部先进行机加工,再卷弧,置于后壳体上进行拼装,控制铰接部间隙,拼焊缝要求100%UT探伤,做好焊前及焊后间隙测量。为了保证前壳体2铰接部焊接对后壳体铰接部造成影响,将在后壳体铰接部内侧采用刚性固定法:即做一个铰接部的内支撑(分成2块)。此工艺要结合铰接部压密量的大小来定。前壳体1依照后壳体制作方法制作,将前壳体1前隔仓板放置在胎架上,对准中心及十字线,下面用铁板与胎架定位焊(不可直接焊),开始装搭内部筋板(与壳体板的间隙越小越好应控制在1mm以内)及圈板,位置正确、垂直,加辅助撑头。吊装前壳体1前段外圈板,对准中心、十字线,位置正确、垂直、平面度检测≤3mm,加辅助撑头定位焊。前壳体1开始按工艺焊接并测量。前壳体2在前壳体1上拼装,依据后壳体铰接部来定位,在铰接间隙内镶嵌数条36mm的定位块,在此基础上安装前壳体2铰接圈板。前壳体2铰接板焊接完成后测量并分离,翻身焊接前壳体2铰接板内侧,检测,同时,翻身前壳体1装焊其他零件并检测。把前后壳体重新组装起来检测并通知甲方检查,为方便运输待前后壳体检验合格后装焊辅助工艺支撑,如图3-40所示。

图3-40 前壳体1偏心驱动安装孔精加工

7）螺旋机制作安装工艺

（1）螺旋机制作

将各合格的零件按图纸外形尺寸及金加工要求装搭（间隙越小越好应控制在 1mm 以内），位置正确、垂直，加辅助撑头，并与相应的构件定位焊住，并实施焊接打 3 层底焊。根据工艺实施焊接，边焊接边测量控制变形。按要求将合格的零件进行热处理，回厂再次检验是否因热处理而产生结构件变形；按要求将合格的零件进行喷砂处理并喷涂防腐层，通知甲方验收。

（2）螺旋机驱动组

螺旋机驱动组装如图 3-41 所示。

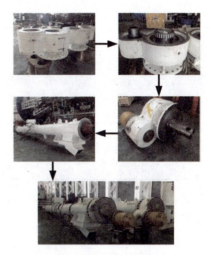

图 3-41　螺旋机组装

3.6　维护与检查要点

为了保证矩形盾构掘进机以最经济、合理的方式进行工作，操作的安全和方便是盾构掘进机的基本要求。而操作者必须正确地操作并小心地维护矩形盾构掘进机。通过正确地操作、使用合适的润滑剂进行充分的润滑和维护以及在操作中仔细地观察机器可以预防故障。

应实施必要的维护作业，以保证隧道掘进机安全和可靠地工作，并减少矩形盾构掘进机的故障次数。所有的维护作业只可以由经批准的和具有相应资格的人员来实施。维护人员必须阅读并理解相关操作说明书。必须遵守所有规定的检查和维护作业的周期，包括关于零部件和部件替换的陈述。只能使用来自生产厂商的原始的备件和附件，并且只能用规定的工作材料和燃料。只能在机器停止状态实施维护作业。必须切断要维修零件的电源并防止被再次打开。在液压设备上实施作业之前，被维修液压设备必须卸压。防止液压油缸移动和旋转驱动装置运转。爆发性的油漏出将引起设备损坏及人员受伤害。维护和修理工作必须由经过培训的有资格的人员来执行。

矩形盾构典型故障及排除对策见表 3-5～表 3-11。

（1）盾构主机

盾构主机异常现象原因及对策　　　　　　　　　　　　　　　　表 3-5

异常现象	原　因	对　策
油缸不动作	①液压泵故障； ②主阀故障； ③阀故障； ④油缸自身故障	①对泵进行检测，在主阀动作时，检查确认阀芯的行程； ②修理或交换 O 形圈等零件； ③与主阀相同； ④更换密封件、修复机械损伤

续上表

异常现象	原 因	对 策
油缸运动不平稳	①安全阀故障； ②换向阀故障； ③泵故障； ④油缸自身故障	①修理安全阀； ②对换向阀进行检查； ③调整或修理泵； ④更换密封件、修复机械损伤

（2）液压系统

液压系统异常现象原因及对策　　　　　　　表3-6

异常现象	原 因	对 策
泵不出油	①吸入管或过滤器堵塞； ②油温过低或黏度过高； ③泵的磨损导致吸入能力丧失； ④泵吸入空气	①清洁过滤器、当堵塞严重时，清扫所有线路并更换新油； ②按预备运转使油温上升至适度（30～60℃）之后，再加载； ③使用推荐黏度的油； ④对磨损部位进行修补、更换部件或更换新泵； ⑤确认油箱是否在规定油位； ⑥检测管道的连接部位
压力不上升	①溢流调压阀运动不良； ②液压线路系统内部泄漏过多； ③泵自身的损坏； ④设备已被磨损或密封已破损	修理或更换故障的部件
泵的声音发生异常	①油箱的油位下降，吸入了空气；或从接口部位吸入了空气； ②泵故障； ③过滤器堵塞； ④油温过低； ⑤黏度过高	①补充油； ②检测相配的接口部位； ③修理泵
温度急剧上升	①油量不足； ②溢流调压阀的设定不当	①补充液压油； ②确认压力表，调整设定压力
液压油泄漏	①油的黏度过低； ②密封破损； ③密封面、O形圈沟槽不良； ④配管接口松动	①更换密封圈； ②对密封面、O形圈沟槽等进行检测； ③紧固接口部位

（3）拼装机

拼装机异常现象原因及对策　　　　　　　表3-7

异常现象	原 因	对 策
拼装机不转动	①泵的自身的故障； ②溢流阀的故障； ③各电磁阀的故障	①对泵进行更换或修理； ②对部件进行检测、修理； ③确认设定的压力； ④确认阀芯的运动； ⑤检测配管配线

续上表

异 常 现 象	原　　因	对　　策
拼装机转动不平稳	①平衡阀的调整不良； ②用于驱动的齿轮与从动轮装置的啮合不良	①对平衡阀进行再调整； ②调整间隙
拼装机油缸不动作	①泵自身的故障； ②溢流阀的故障； ③运动面的卡死或损坏、拼装机变形、受到冲击、润滑脂已耗尽	①对泵进行修理或调换； ②检测、修理部件； ③确认设定的压力； ④查清变形的部位，并对变形进行修正或更换； ⑤调整运动面或进行调换； ⑥补充润滑脂
拼装机油缸不平稳	①油缸导向杆导向不良； ②油缸内部的密封损伤	①加油脂； ②更换密封件

（4）刀盘装置

刀盘装置异常现象原因及对策　　　表 3-8

异 常 现 象	原　　因	对　　策
刀盘不能转动或转动不平稳	①润滑系统故障； ②齿轮传动装置故障； ③开挖面有障碍物； ④刀盘电机故障	①检测润滑系统； ②更换齿轮或减速器； ③开仓检查，清除障碍物； ④修理或更换电机

（5）螺旋输送机

螺旋输送机异常现象原因及对策　　　表 3-9

异 常 现 象	原　　因	对　　策
螺旋输送机不能转动或转动不平稳	①泵故障； ②溢流阀故障； ③电磁阀故障； ④齿轮传动装置故障； ⑤螺杆卡死、断裂； ⑥液压电机故障	①修理或更换泵； ②检测、修理部件； ③确认设定压力； ④确认阀芯的运动； ⑤检测配线； ⑥更换齿轮或减速器； ⑦检查液压线路和驱动装置； ⑧检修螺杆； ⑨修理或更换电机

（6）集中润滑系统

集中润滑系统异常现象原因及对策　　　表 3-10

异 常 现 象	原　　因	对　　策
泵不排出润滑脂	①空气混入； ②电动机的故障； ③泵的故障及附属设备的故障	对泵及附属设备进行修理或更换
润滑脂给脂压力异常	①泵故障； ②分配器故障； ③软管或配管内闭塞或泄漏	①对泵进行修理或更换； ②检查分配器； ③管路检查

(7) 稀油润滑系统（稀油）

稀油润滑系统异常现象原因及对策　　　　　表 3-11

异常现象	原　　因	对　　策
泵不排出油或排量较少	①电动机的故障； ②过滤器堵塞； ③齿轮箱中齿轮油油位过低； ④泵因磨损能力降低	①清扫过滤器； ②补给齿轮油； ③更换泵
排出压不上升	①溢流阀的设定不对； ②溢流阀故障； ③泵故障及附属设备故障	①再进行调整； ②对阀的内部进行清扫或更换阀； ③对泵进行修理或更换

3.7　本章小结

（1）类矩形盾构机有其特殊的构造组成。刀盘系统采用"双 X 同面 + 偏心多轴"组合式全断面切削刀盘系统；铰接密封系统采用主动铰接方式，前壳体偏转后，可以在减少推进时土体超挖产生推进分力，以易于盾构转弯，同时铰接仍可保证盾构后壳体与管片的同轴度；盾构壳体的钢结构是根据给定的土压、水压、动载荷和在运行时所产生的负载等条件而进行设计的，通过焊接成为一个整体钢结构，密封面和轴承座进行机械加工；在盾构机铰接时，采用了球铰的形式，螺旋机抛弃了一般螺旋机采用的拉杆悬挂式结构，利用球铰的方式将其固定于前槽体和拼装平台上，当壳体进行铰接时，螺旋机可以跟着铰接随动，满足盾构姿态控制需求；拼装机应用了串联环臂原理，突破了传统的拼装模式；防背土装置设计采取在前壳体顶部安装有压浆管，并开设压浆槽，使土体与壳体上平面之间形成一泥浆膜，以减少土体同壳体的摩擦力，防止背土现象的发生。

（2）为确保类矩形盾构隧道的施工质量和稳定性，在施工前进行切削试验、拼装试验以及铰接试验。通过对双刀盘同步系统的研究，建立了控制模型，并根据控制模型的要求进行了硬件的选择，通过实验验证了系统是否达到双刀盘同步控制的要求。在拼装试验中，对拼装机的大回转、大臂、小臂单自由度目标值和实际值进行记录与比较，以此评价拼装机的单轴控制精度；通过纪录三轴联动自动轨迹跟踪工况下系统输出曲线，比评估系统复杂轨迹跟踪精度；最后，通过统计从实验环开始到施工期间的整环拼装时间，对 1P5R 型管片拼装系统的拼装效率进行评估。首次采用了可调式紧急密封装置，并对该装置进行一系列的试验，对密封圈的结构形式进行优化，弹性密封圈的外形构造是弹性密封圈的轴向中心对称的双弧状结构，并在弹性密封圈上设置轴向的双孔。

第4章
类矩形盾构施工关键技术研究

宁波市轨道交通 4 号线部分区间隧道上方道路狭窄（现况宽约 14m），交通繁忙，两侧居民区密集，环境保护要求高。按常规设计，盾构将紧贴民宅基础下方穿过，环评公示阶段沿线居民意见较为集中。后续线网建设中，此类问题还会大量存在，成为可持续发展的瓶颈。

类矩形盾构法在地下空间利用、对周围环境影响等方面具有显著优势，该技术能够在一定程度上解决宁波市轨道交通线网建设过程中所面临的老城区道路狭窄、建筑物密集的环境问题。国内尚无类矩形盾构隧道的建设的相关经验，囿于宁波市老城区道路狭窄、轨道交通建设与周边环境保护的矛盾等因素的制约，开展了类矩形盾构方面的施工技术研究，并在该技术的试验段取得显著效果。现将类矩形盾构的主要施工技术分述如下。

4.1 类矩形盾构施工技术概述

类矩形盾构隧道的施工难点主要包括类矩形盾构隧道管片生产的测量技术、类矩形盾构运输及吊装、类矩形盾构始发接收、类矩形盾构推进技术、拼装技术和同步注浆技术、类矩形盾构施工沉降控制技术，其中重大核心技术为以下几个方面：

（1）异形开挖面切削排土控制难度大。类矩形开挖面的土压力分布形式不明确，土仓压力设定难；断面底部呈平底状，渣土流动性差，局部易淤积。

（2）轴线控制及纠偏难度大。类矩形盾构隧道断面的高宽不同，宽高比达 1.7，而且管片多达 11 块，拼装精度控制难，施工中轴线控制复杂；除常规的水平和俯仰纠偏外，类矩形盾构还面临着转角纠偏的问题。

（3）管片拼装难度高。类矩形管片的结构外形尺寸特殊，宽 11.5m，高 6.937m，由 10 块成环管片和 1 块中立柱构成；另外，拼装机结构功能特殊、拼装区域空间小，尚无成熟的拼装质量控制标准和拼装工艺可供参考。

（4）同步注浆施工质量要求高。类矩形盾构顶部和底部的建筑空隙呈平底状，对浆液材料注入填充建筑空隙的充分性、均匀性均较为不利，对浆液材料的性能提出了新的要求；施工场地属富水软土地层，隧道埋深浅，注浆控制不佳易引起隧道变形，加剧地面变形，须对同步注浆施工参数进行试验研究。

（5）施工环境影响保护难。施工场地的地质条件属富水软弱淤泥质地层，结构性强，灵敏度高，隧道埋深介于中埋～浅埋；类矩形盾构的顶部较为缓和，可能面临背土的风险；类矩形盾构隧道施工引发地层变形的影响因素和机理不明，地表沉降槽（横向、纵向）形态和范围的计算预测缺乏相关的经验；类矩形盾构隧道的断面受力特性不同于圆形，隧道变形影响因素和机理不明，隧道收敛和沉降变形控制标准尚无标准可循。

4.2 类矩形盾构隧道管片生产测量方法研究

由于管片尺寸的差异，在管片测量方面，类矩形盾构隧道管片与传统圆管片差异较大，因此需要对类矩形盾构隧道管片的测量方法进行研究。

4.2.1 研究内容

类矩形盾构隧道管片由多块异形的混凝土管片拼装而成，其具有大型、异形和高精度的特点，其精度的测量是一个技术难点，并直接影响到隧道的建设质量。本研究以宁波市轨道交通3号线一期工程为背景，探讨特殊尺寸管片的激光测量方法。

4.2.2 测量项目和测量要求

测量对象如图4-1所示，3号线（一期）工程的隧道管片由11块管片组成，根据拼装的功能要求，每一块管片的上、下端面、外壁、内壁等都需要进行高精度测量和质量控制。具体的测量内容包括管片的几何尺寸和形位公差。同时，由于管片尽管大小不同，但其还是具有一定的相似性，因此为提高测量工作的效率，测量方法也是研究的一个重点内容。

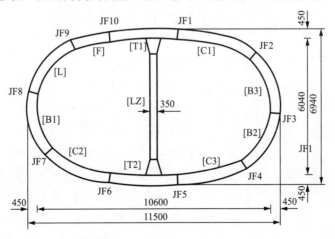

图4-1 异形隧道管片拼装示意图（尺寸单位：mm）

表 4-1 列出了工程图纸上标注的规范要求精度及控制的内容,图 4-2 为管片精度要求示意。

管片测量和控制要求　　表 4-1

序号	项目	精度要求(mm)
1	管片宽度	≤ ±0.4
2	管片弧弦长	≤ ±1.0
3	管片外半径	0 ≤ r ≤ 2
4	管片内半径	≤ ±1.0
5	管片厚度	−1 ≤ b ≤ 3
6	螺栓孔直径与孔位	≤ ±1.0

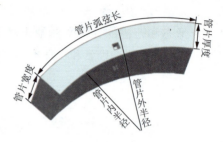

图 4-2　管片精度要求

4.2.3　测量方法

对于大型的工件而言,目前的测量工艺多采用人工的专用工具测量法,其测量操作要求高、操作工作量大、测量精度低,特别是测量效率低,因此已难以适应高精度、高效率的批量测量要求。

随着几何数字测量技术的发展,特别是大型工件测量技术的发展,如激光跟踪仪、影像测量仪等的出现,高精度测量已有了有效的解决方案。通过激光跟踪仪对混凝土管片进行测量的技术也已经成熟,其测量内容相对传统测量工具更加全面,精度也超过了传统测量工具。但由于其一次定位所能测量的内容有限,需要进行工件翻转和测量仪器的转站来配合,因此其工作效率仍是一个需要突破的难题。同时这些设备成本和对测量人员技术素养的要求,也在相当程度上制约了该项技术的应用。为了有效地解决这些问题,就需要研究一种新的测量方法,这里主要需要考虑的因素包括:

(1) 一次定位方位下,获取所有需要测量的项目;

(2) 仪器必须具有高精度特点;

(3) 操作必须方便,减少人员;

(4) 结果应该是数字化的,以便通过对批量工件的精度状况进行深层次的分析,并为反馈控制的实现提供技术支撑。

从上面的分析来看,其关键在于工件一次定位后,所有需要测量的项目可以被测量。而从表 4-1 和图 4-2 所示的测量要求来看,似乎是不可能的。因此,采用了间接和直接测量相结合的方法,并通过多种测量方法和工具的集成来实现这一要求。

图 4-3 及图 4-4 描述了运用激光跟踪仪与测量工装相配合的测量方案,其主要技术特点如下。

(1) 一次定位,同时测量系统的核心工具,

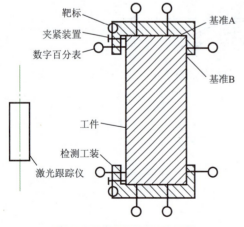

图 4-3　管片测量技术方案示意

采用高精度的大型测量设备——激光跟踪仪。激光跟踪仪同样是一次定位。

（2）激光测量的特性，无法测到工件的背面，除非用 T-Probe 等隐藏点测量工具，但即使这样，其还是采用人工的测量方法，测量效率难以保障。因此这里采用了专用的测量辅助工装，这些测量辅助工装上面不仅装有激光跟踪测量时建立测量坐标

图 4-4 管片测量工装安装示意

系所需要的靶球，同时也配置了可同时测量管片端侧面厚度的装置，这些厚度和深度的测量通过带有 WIFI 发射功能的百分表的相对测量和后续计算来完成。

（3）人员只需要在测量前，将工装按测量规范的要求安装到位，就能通过激光跟踪仪对靶球的测量和百分表测量数据的读取，并通过专门开发的软件来完成各测量项目的测量评定工作。

表 4-2 所示为各测量项目所需的工装及其配合工作内容。

被测要素与检测工装关联方法　　　　　　　　　表 4-2

序 号	测 量 项 目	测 量 仪 器	被测要素关联方法
1	管片宽度	测量仪器 + 传感器	靶标 + 传感器读数
2	管片弧弦长		靶标 + 传感器读数
3	管片外半径		靶标 + 基准 + 传感器读数
4	管片内半径		靶标 + 基准 + 传感器读数
5	管片厚度	传感器	测量工装直接读取读数
6	螺栓孔直径与孔位	传感器	靶标 + 传感器读数

在该技术方案中，测量软件的功能至关重要，其主要承担的工作如下。

（1）操作及规范示意，以引导测量操作人员的规范操作。

（2）跟踪仪的测量触发和测量结果的读取。

（3）传感器（带 WIFI 功能的百分表）的读数按编号获取。

（4）结果的计算，包括基于靶球空间方位坐标值进行圆弧直径的拟合计算，各宽度、厚度、深度、弦长的测量计算，各孔位位置度计算及孔径计算等。在实际测量中，通过测点（点群）的拟合计算完成被测要素的拟合操作，拟合误差的大小有助于剔除粗差点，而拟合方法则按国标等相关标准专门编制相关程序完成，一般情况下，采用最小二乘法进行被测要素拟合。

（5）结果的分析及确认，即通过测量数据的合理性进行测量工作质量的判断和后续测量工作的指导，如重测提示等。

（6）评定结果的管理，包括与测量人员、被测工件（编号）的关联，测量结果的存储管理，测量结果的图示化和 EXCEL 格式输出等。

由于被测对象的多样性，但又具有相似性，因此整个测量软件是基于 CAD 的平台上开发的，同时测量和计算程序采用了参数化结构，从而使测量软件能够适应不同大小、形

状管片的测量工作。

在对激光跟踪仪和数字百分表精度进行校准的同时,还需要对检测的辅助工装进行必要的测量标定,其主要标定的内容包括这些辅助工装测量位置与传感器的关系,标定时采用特制的标准块进行,标定后的辅助工装将满足测量的要求。

上述研究成果为类矩形盾构隧道管片的几何测量提供了一套数字化测量方案,该方法具有高精度、高柔性、低成本的特点,并且可以对宁波轨道交通3号线工程项目中的所有管片分块进行测量,同时也为各类隧道管片的测量提供了一种新的技术思路。在研制过程中该测量系统也形成了一批结构、算法、标定和校准方法等,为有效控制规模化隧道管片成型精度,从而进一步提高整体隧道管片拼装质量提供了有力的保障。

4.3 盾 构 始 发

盾构始发是关乎盾构法施工成败的关键因素之一。始发阶段存在以下几种特殊情况。

(1)始发推进前需要凿除车站的围护结构(主要是处理钢筋混凝土结构),凿除围护结构后的土体在一定的时间段内必须保持自稳,不能有水土流失。

(2)始发阶段盾构机主体在始发导轨上不能进行转向或纠偏。

(3)始发阶段的姿态及地面沉降控制比正常推进阶段困难。

综上所述,盾构在始发阶段的施工难度很大。因此,应确保盾构连续正常地从非土压平衡工况过渡到土压平衡工况,以控制地面沉降、保证工程质量。

4.3.1 盾构出洞(始发)施工总体流程

盾构始发施工总体流程详见图4-5。

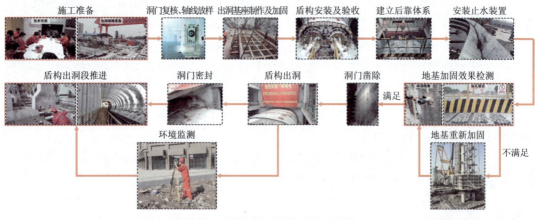

图4-5 盾构出洞(始发)总体流程图

4.3.2 盾构出洞（始发）准备工作

1）盾构基座就位

盾构基座为钢结构预制成品，每段长4m，共4段，总长16m，每段之间采用螺栓连接（图4-4）。盾构基座位置按设计轴线准确放样，安装时按照测量放样的基线，吊入井下就位拼接。4根轨道中心线与基座上的盾构必须对准洞门中心且与隧道设计轴线反向延长线基本一致，并对基座加设支撑加固。基座前端定位必须以实际洞口中心为准，偏差不大于20mm，基座坡度与设计坡度偏差不大于2‰。盾构机下井时必须严格控制转角，定位准确。盾构基座示意图如图4-6所示。

2）盾构后靠支撑体系施工

如图4-7所示，后靠支撑体系由三根双楄70号H型钢立柱后靠、双楄70号工字钢横梁组合而成的门式框架结构及钢后靠背后三道609钢管斜向抛撑组成，钢后靠布设于最后一环负环和井壁结构之间，后靠上设置管片定位块，确保负环管片拼装精度。

图 4-6 盾构基座示意图

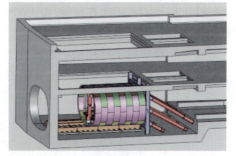

图 4-7 后靠体系形式示意图

3）导向轨制作

洞圈内盾构导向制作需满足支撑盾构机出洞（始发）时的本体重力，并起到一个导向作用。支座材料采用6cm厚钢板，共布置4根，准确位置为盾构基座上4根轨道在洞圈上的延伸段。导向轨夹角中心与隧道轴线相一致，轨距、高程差均不大于5mm。

4）盾尾油脂嵌填

为确保盾尾的密封防水效果，在盾构调试结束后，向盾尾钢刷之间嵌填盾尾油脂，盾尾油脂采用进口油脂，油脂嵌填要均匀、密实，确保盾尾油脂嵌填量不小于500kg。

5）洞门密封装置

针对洞圈间隙，在钢洞圈加工过程中考虑设置预留注浆管，共设置7根2寸注浆管，与洞门密封止水装置组合作为洞口防水堵漏的预防措施。图4-8为出洞（始发）洞门密封装置示意图。

图4-8　出洞（始发）洞门密封装置示意图

6）负环管片拼装

本工程盾构出洞（始发）施工负环管片采用闭口环形式整环拼装，盾构出洞（始发）前根据前期科研管片拼装三维仿真、水平试拼装及管片拼装机试拼装科研成果，预先进行4环负环管片拼装。第1环负环管片拼装是控制管片拼装质量的第一步，第一块管片就位时，由测量人员在管片的4个角测量盾尾间隙是否一致，精确定位，利用后靠上预先设置的定位块把管片与后靠相对固定。

为保证负环管片脱出盾尾后不产生变形，第一环负环与后靠体系连接处在管片外弧面加设筋板并与后靠焊接固定，每一环负环管片在脱出盾尾前利用内弧面环向及纵向预埋钢板焊接固定，管片外弧面与钢轨间间隙采用钢楔块垫放，管片外弧面设置抛撑。图4-9为负环管片加固示意图。

图4-9　负环管片加固示意图

图4-10　盾构基座示意图

7）出洞（始发）地基加固验收

盾构出洞（始发）推进前对井外地基加固进行验收，加固强度达到设计要求指标后，且洞门9个水平样洞探孔无明显渗漏后才能进行出洞（始发）洞门凿除施工，否则应采取补加固措施。图4-10为盾构基座示意图。

8）洞门凿除

在地基加固检测合格及样洞验收良好的情况下，在洞圈内搭设钢制脚手架（图 4-11）开始凿除洞门。根据加固方式及现场结构工况条件，采取粉碎性方式对洞门进行凿除。

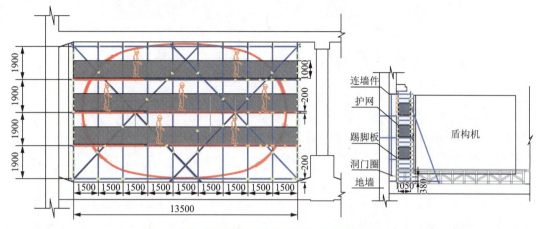

图 4-11　洞门凿除脚手架搭设示意图（尺寸单位：mm）

4.3.3　盾构出洞（始发）段掘进

1）盾构机出洞（始发）施工

当盾构安装、调试结束并一切正常后，进入出洞（始发）施工状态。

（1）盾构刀盘靠上洞圈前再次检查洞口止水装置的密封效果（图 4-12）。

（2）为避免刀盘上的刀头损坏洞口密封装置，在刀头和密封装置上涂抹黄油以减少摩擦力。

图 4-12　洞门止水装置示意图

2）盾构机靠上加固区

当盾构刀盘鼻尖即将靠上加固土体时，确定刀盘旋转不会切削到止水装置，开始旋转刀盘。为保证盾壳顺利进入洞圈，按照盾构基座坡度控制好上下千斤顶油压，确保在盾构前移的过程中盾壳与基座的接触良好。出洞（始发）过程加强观察止水装置密封效果，以防止土体从间隙中流失而造成地面的塌落。图 4-13 为盾构机切口到达加固区示意图。

3）盾构机加固区内掘进

（1）后盾支撑体系变形控制措施

在盾构推进时，应注意观察后靠的变形，防止位移量过大而造成管片纵向错台。开始时每推进 0.5m 测量一次，待后靠变形较稳定时每环测量一次，直至后靠稳定后方可停止

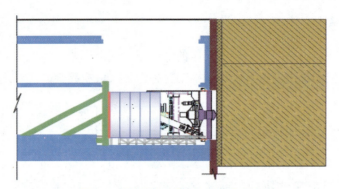

图 4-13　盾构机切口到达加固区示意图

监测。后靠如变形过大（超过 5mm），盾构立即停止采取加固措施，待加固牢固后恢复掘进。控制盾构机总推力，确保后靠纵向变形累计控制在 5mm 之内。

（2）施工参数控制

①平衡压力控制。采用水土合算方式进行土压力计算，由于加固土体有一定的自立性和强度，因此土压力的设定可偏低。同时结合刀盘扭矩、总推力情况、沉降报表和其他施工参数进行分析、调整，反馈给推进班组确保盾构出洞（始发）施工安全。

②出土量控制。根据盾构切削范围及各土层特性合理控制出土量，大约为理论出土量的 100%，并通过分析调整，寻找最合理的数值。

③推进速度控制。盾构推进速度宜控制在 1cm/min 以内，尽量减少刀盘刀具贯入量，有效降低刀盘扭矩及总推力。同时结合科研初期成果进行改良试验。

④同步注浆控制。盾尾距离洞门圈 3 环开始同步注浆施工，同步浆液采用科研浆液，起始注入量为建筑间隙的 100%，并根据同步注浆压力调整同步注浆填充率，控制同步注浆压力 ≤ 0.2MPa。

图 4-14 为盾构机加固区内掘进示意图。

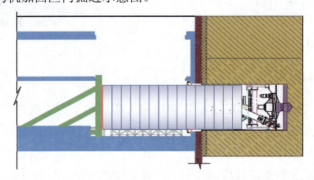

图 4-14　盾构机加固区内掘进示意图

4）封洞门

当盾尾脱离车站内壁结构时，可进行洞门封堵（图 4-15）工序。即采用封门钢板两端分别焊接在洞门密封箱体端面钢板和管片背覆钢板上。

5）盾构机切口出加固区掘进

本阶段控制重点主要为切口平衡压力的调整。通过里程核准，当盾构机切口里程到达加固区（图4-16）外原状土立刻回调平衡压力至理论设定值，并根据出土量及地面监测数据优化土压力设定。

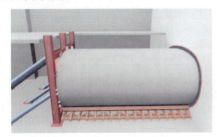

图 4-15　洞门封堵示意图

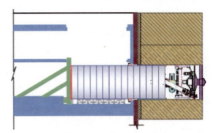

图 4-16　盾构机切口出加固区示意图

6）盾构机盾尾脱出加固区掘进

本阶段控制重点主要为同步注浆量的调整及洞门填充注浆。盾尾脱出加固区后立即调整同步注浆量，根据同步注浆室内试验成果确定同步注浆填充率，并根据地表监测数据及时调整同步注浆量。同步注浆压力设定≥周边水土压力。在盾尾脱离洞圈约10环后，在控制注浆压力的情况下通过洞门预留注浆孔先进行水泥单液浆填充性注浆，再进行双液浆封孔。图4-17为盾构机盾尾脱出加固区示意图。

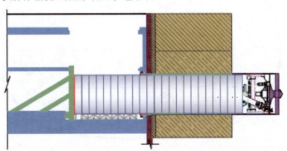

图 4-17　盾构机盾尾脱出加固区示意图

4.4　推进技术

土压平衡式盾构推进机，是利用压力舱内的土压力来平衡开挖面的土体，从而达到对盾构正前方开挖面支护的目的。平衡压力的设定是土压平衡式盾构施工的关键，维持和调整设定的压力值又是盾构推进操作中的重要环节，这里面包含着推力、推进速度和出土量的三者相互关系，对盾构施工轴线和地层变形量的控制起主导作用，所以在盾构施工中根据不同土质和覆土厚度、地面建筑物，配合监测信息的分析，及时调整平衡压力值的设定，使推进坡度保持相对的平稳，控制每次纠偏量，减少对土体的扰动，并为管片拼装创造良好的条件。同时根据推进速度、出土量和地层变形的监测数据，及时调整注浆量，从而将轴线和地层变形控制在允许的范围内。

4.4.1 盾构推进主要参数设定

（1）平衡压力值的设定原则

正面平衡压力： $$P=K_0\gamma h \qquad (4-1)$$

式中：P——平衡压力（包括地下水）；

γ——土体的平均重度，kN/m^3；

h——隧道埋深，m；

K_0——土的侧向静止平衡压力系数。设定值在水土合算理论计算土压力的基础上，根据科研环境影响分析获取系数 K_0，并考虑出土量、地面沉降监测数据及盾构机姿态，综合分析确定盾构机左右土压力设定值。

图 4-18 为在土仓胸板布设 6 个土压力计的示意图。

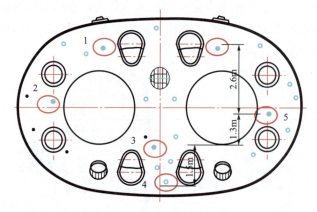

图 4-18　土仓胸板布设 6 个土压力计

平衡压力理论计算值见表 4-3。

平衡压力理论计算值　　　　　　　表 4-3

里程	隧道中心埋深（m）	正面平衡压力 5 号（MPa）	辅助控制压力（MPa）	
			3 号	6 号
出洞段	13.5	0.16	0.18	0.13
100m	12.2	0.147	0.16	0.116
立佳塑料厂	12.4	0.15	0.165	0.12
外塘河	7.78	0.094	0.11	0.063
进洞段	8.4	0.1	0.117	0.07

（2）推进出土量控制

每环理论出土量 = $72.3 \times L = 72.3 \times 1.2 = 86.76 m^3$/环。

出土量为100%，禁止欠挖。

出土量精确控制采用出土称量系统，分别是皮带秤系统和地秤系统，并互为校验。原理图、模型图如图4-19、图4-20所示。

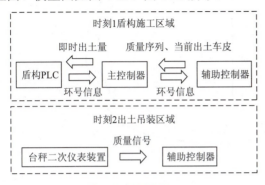

图4-19 动态校验

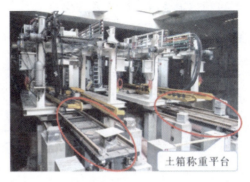

图4-20 地秤系统

以理论出土量和改良剂掺量为依据通过计量系统加以验证控制。建立出土量与地表沉降经验公式，合理控制沉降值。左右开挖面出土量基准值为184.7t，其偏差应控制在±5%之内。

（3）推进速度

考虑刀具高差、刀盘扭矩控制及总推力控制，初定控制正常掘进速度20～25mm/min，具体根据总推力情况、覆土情况及地面建构筑物情况优化掘进速度。

4.4.2 盾构推进的轴线控制

（1）矩形盾构机轴线控制难点分析

①矩形盾构断面开挖出土方式的影响：多刀盘、双螺旋机可能带来土压力控制不平衡，对轴线平面及高程控制易产生影响。

②矩形盾构机不等边距区域油压控制：不等边距造成油压区域控制与盾构状态拟合设计轴线趋势困难或不匹配。

③矩形盾构机转角控制：盾构机左右两边重力的不一致、刀盘正面土质不均及轴线左右土体承载力的不同使得盾构机产生转角。

④成型隧道上浮：因工程覆土较浅，隧道切削断面较大，成型隧道较容易产生上浮现象。

（2）矩形盾构机掘进轴线控制措施

①管片楔形量控制

综合考虑盾构机纠偏区域油压差异带来的楔形量压密量及盾构机纠偏侧向分力作用两个可能导致成型隧道偏移的因素，区间隧道管片排片按照平面轴线最不利情况进行轴线拟合，高程楔形量可根据轴线高程及盾尾间隙情况超前粘贴软木条进行拟合，使管片环面轴线始终保持垂直于设计轴线（图4-21）。

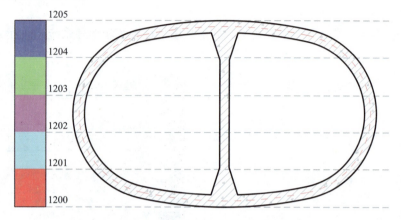

图4-21　竖曲线管片楔子粘贴示意图

②盾构机千斤顶纠偏控制

a. 平面控制（左右方向）。

在保证高程即坡度的情况下，根据自动测量系统轴线偏离数据及千斤顶行程差，左右四个区域千斤顶进行合理的编组。同时，由于盾构机发生偏心力矩较大，切口平衡压力正确设定的前提下，应严格控制千斤顶的编组，合理调整区域油压，做到勤纠，避免纠偏幅度过大。图4-22矩形盾构机区域油压划分图。

b. 高程控制（上下方向）。对于高程控制与平面控制一样，在保证平面控制良好的情况下，主要对上下四个区域千斤顶进行合理的编组。

③盾构机转角控制预防及纠偏措施

施工过程中，通过对单项或组合纠偏对策的综合应用，将盾构转角控制在0.6°以内（图4-23）。

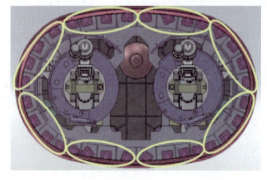
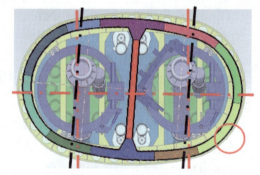

图4-22　矩形盾构机区域油压划分图　　　图4-23　盾构机转角控制预防

a. 转角控制盾构机设备预留措施。盾构机壳体上增开注浆孔，必要时可通过增开注浆孔注浆实现盾构机偏转纠偏。图4-24为盾构机转角偏转风险示意图。

b. 转角控制施工控制措施。盾构机在基座上的姿态就保持水平，以保证盾构在出洞（始发）时的转角为0。

盾构机掘进过程加强土体改良，通过刀盘正反转及时修正转角，转角较大时提高刀具贯入量提高转角修正效果。

通过合理控制上部点位同步注浆量及同步注浆压力对隧道转角进行微调。

必要时对盾构单侧加压铅块等重物，实现盾构纠转，特殊情况下由盾构壳体注浆孔通过压注单液浆辅助盾构转角控制。

④成型隧道上浮控制

a. 盾构机纠偏管理。盾构机在进行竖曲线方向纠偏时，特别是盾构机在向下纠偏过程中，盾构机对于管片容易产生向上的分力，带来隧道上浮。特别是在浅覆土情况下，管片自重及上方荷载不足以抵抗向上分力时将带来管片上浮，因此，在进行竖曲线纠偏时需严格控制纠偏幅度≤1‰，同时，降低推进速度，降低总推力。

图 4-24　盾构机转角偏转风险示意图

b. 盾构机纠偏管理。盾构机在进行竖曲线方向纠偏时，特别是盾构机在向下纠偏过程中，盾构机对于管片容易产生向上的分力，带来隧道上浮。特别是在浅覆土情况下，管片自重及上方荷载不足以抵抗向上分力时将带来管片上浮，因此，在进行竖曲线纠偏时需严格控制纠偏幅度≤1‰，同时，降低推进速度，降低总推力。

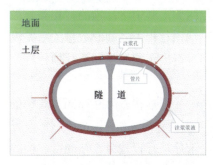

图 4-25　同步注浆管片抗浮示意图

c. 盾构机同步注浆参数控制。当管片脱出盾构机后，管片受到浮力作用具有上浮的趋势，可采取的主要抗浮措施是同步浆液的压注，依靠同步浆液性能减少管片上浮。施工中将以每环每天一次的监测频率对隧道上浮实施跟踪监测，并根据监测数据结合示范工程同步注浆及隧道稳定性科研工作优化注浆量、注浆压力及注浆比例，合理有效控制隧道上浮。图 4-25 为同步注浆管片抗浮示意图。

⑤掘进施工参数管理控制措施

a. 土压力设定。由于地质条件、地面附加载荷等诸多因素不同的制约，将导致两刀盘前方土压力有所差异，为此需分别设定、管理。

b. 出土量。考虑到两刀盘正面土压力的差异，需同步调整控制两螺旋机的出土量，避免一侧超挖或欠挖引起推进轴线发生偏离，同时也可有效防止发生偏转。

4.5　纠偏技术

由于地下工程不同于地面工程，其具有不可见性及隐蔽性等特点，不可避免地存在盾构实际掘进轴线与理论设计轴线产生偏差，这要求管片排版要具有动态特征，从不同的新起点能够进行管片的快捷、及时、实时纠偏。类矩形盾构隧道断面的特殊性极易出现受力不均的现象，造成盾构姿态控制困难。此外，类矩形盾构易产生轴线控制难的问题，一旦轴线超出设计标准，将使得隧道有效使用断面相对缩小，甚至影响后期运营；类矩形盾构隧道高宽比小，拟合设计线形掘进困难，转身转角后很难予以纠偏。针对上述问题，本章主要从基于几何关系的纠偏量细化计算、基于受力平衡的纠偏力计算、基于拼装仿真的立柱纠偏计算三方面进行研究。

4.5.1 基于几何关系的纠偏量细化计算

1）纠偏量二维计算

盾构隧道轴线为一条三维的空间曲线，但为便于分析和计算，施工中常将空间曲线在平面和铅垂面中投影形成二维的平曲线和纵曲线，而纠偏量的计算仅限于平曲线和纵曲线，计算得出的千斤顶行程差仅针对腰部或顶底部千斤顶。

（1）直线段纠偏

盾构直线推进时，应根据自动导向系统，尽可能地将盾构机的轴线与设计轴线保持一致，当盾构机偏离轴线时，就需要采取各种施工措施进行纠偏，其中千斤顶的行程差是最为重要和直观的因素之一，但目前施工中对于纠偏量和千斤顶行程差之间的数量关系并没有太深入的研究，通过盾构推进轴线的几何模拟计算，初步得出了纠偏量和千斤顶行程差之间的数量关系。

平面纠偏计算结果表明：盾构的切口偏离 10mm 时，千斤顶行程差为 9.7mm；盾构的切口偏离 20mm 时，千斤顶行程差为 19.5mm。

高程纠偏计算结果表明：盾构的切口偏离 10mm 时，千斤顶行程差为 5.7mm；盾构的切口偏离 20mm 时，千斤顶行程差为 11.3mm。

（2）曲线段纠偏

类矩形区间隧道的最大纵坡为 39.5‰，最小平曲线半径为 400m，竖向曲线采用贴楔子的方式实现，水平曲线段采用曲线环+直线环管片的拼装方式，1 环曲线管片的楔形量为 69mm。盾构施工中需严格控制盾尾间隙，及时粘贴楔子和插入曲线环管片确保管片跟随盾构趋势，提高监测测量频率并进行同步差异注浆确保成型隧道轴线。通过对 R400 曲线的几何模拟计算，分析了使用铰接和不使用铰接两种工况下，曲线推进过程中千斤顶行程差的变化。

不开启铰接时的曲线推进模拟表明：1 曲线 +1 直线的管片拼装方式满足 R400 的曲率要求，千斤顶行程差最大为 75mm，超挖量约 0.19m^3/m。

铰接开启角度为 0.76°（最大左右纠偏角度 ±1.1°）时的曲线推进模拟表明：1 曲线 +2 直线的管片拼装方式满足 R400 的曲率要求，千斤顶行程差最大为 38mm，超挖量约 0.054m^3/m。

2）纠偏量三维计算

考虑整环几何尺寸及千斤顶位置关系，计算推进千斤顶行程差与盾构机轴线纠偏量的三维几何关系，为盾构机推进中的轴线纠偏提供参考依据。

（1）计算模型

矩形盾构机共有 32 根千斤顶油缸，共分为六个分区，如图 4-26 所示。千斤顶分布详图如图 4-27 所示，各区千斤顶行程分别取 1、5、9、13、17、21、25、29 号千斤顶为代表值。

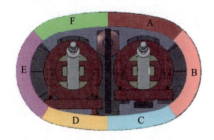

图 4-26　千斤顶分区图

图 4-27　千斤顶分布图

（2）计算结果分析

考虑盾构机竖曲线坡度为 ±0.1%、±0.5%、±1%、±2%，平曲线 ±10′、±20′、±40′、±60′ 的纠偏量；计算在不同纠偏量下各千斤顶行程，以行程最小的千斤顶为基准值，计算各千斤顶行程差，结果如表 4-4、表 4-5 所示。

竖曲线纠偏量与千斤顶行程差几何关系　　　　表 4-4

纠偏量(%)	千斤顶编号							
	1	5	9	13	17	21	25	29
	行程差（mm）							
0.1	6.5	5.8	2.5	0.3	0.0	0.5	3.4	6.2
0.5	32.4	28.8	12.6	1.5	0.0	2.6	17.2	30.7
1	64.7	57.6	25.2	3.0	0.0	5.2	34.2	61.5
2	129.4	115.2	50.3	6.2	0.0	10.4	68.9	122.9
−0.1	0.0	0.7	4.0	6.2	6.5	6.0	3.0	0.3
−0.5	0.0	3.6	19.8	30.8	32.4	29.8	15.1	1.6
−1	0.0	7.1	39.6	61.7	64.7	59.5	30.3	3.2
−2	0.0	14.3	79.1	123.4	129.4	119.1	60.6	6.5

平曲线纠偏量与千斤顶行程差几何关系　　　　表 4-5

纠偏量（′）	千斤顶编号							
	1	5	9	13	17	21	25	29
	行程差（mm）							
10	14.2	3.8	0.0	6.9	17.1	26.8	31.9	25.0
20	28.8	7.6	0.0	13.8	34.3	53.5	63.7	50.0
40	57.7	15.2	0.0	27.6	68.5	107.0	127.5	100.0
60	86.5	22.9	0.0	41.5	102.8	160.5	191.2	150.0

续上表

纠偏量（′）	千斤顶编号							
	1	5	9	13	17	21	25	29
	行程差（mm）							
−10	17.4	28.1	31.9	25.0	14.7	5.1	0.0	6.9
−20	34.9	56.2	63.7	49.9	29.5	10.2	0.0	13.7
−40	69.8	112.2	127.5	99.8	58.9	20.5	0.0	27.4
−60	104.2	168.3	191.2	149.7	88.4	30.7	0.0	41.1

4.5.2 基于受力平衡的纠偏力计算

1）概述

（1）基本假定

①假定盾构机在纠偏时推力包含两部分：维持盾构机直线顶进的力和使盾构机产生纠偏转动的力。不考虑盾构机直线顶进的力，仅考虑盾构机进行纠偏时，所需在盾尾施加的纠偏力。

②盾构机纠偏包括左右纠偏和上下纠偏。

③在盾构纠偏过程中，由于纠偏量很小（设计最大纠偏量为左右纠偏 ±1°，上下纠偏 ±1.5°），仅考虑土体的弹性变形，盾构机视为刚体。

④纠偏时，盾构机保持向前推进，侧向位移趋势远小于其向前位移的趋势，因此假设摩擦力方向沿轴线方向不变。

⑤不考虑土体在纠偏荷载下变形的时间效应。

（2）计算参数

盾构隧道埋深 10～12.5m，穿越土层为②$_{2b}$淤泥质黏土，根据地质勘查报告建议，水平、垂直基床系数分别取 K_h=5.6MPa/m，K_v=5.5MPa/m。

2）计算结果分析

左右纠偏计算模型如图 4-28 所示，Z<0 时 $F_{(z,a)}$ 分布图类似，不再给出。计算只考虑由于纠偏导致的作用力的增加，因此本章计算过程中的作用力都为增量力。

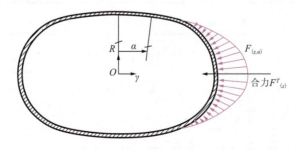

图 4-28 左右纠偏受力计算 - 剖面（Z>0）

根据公式推导解得纠偏力矩 M_1：

$$M_1=1202.5 \cdot R_1 \quad (kN \cdot m)$$

式中，R_1 数值需以分（′）为单位。

上下纠偏计算过程类似，计算解得纠偏力矩 M_2：

$$M_2=2349.8 \cdot R_2 \quad (kN \cdot m)$$

3）实施效果

采集现场 150～310 环推进参数，计算纠偏力矩，得到相应纠偏量和实测纠偏量的关系，如图 4-29 所示。

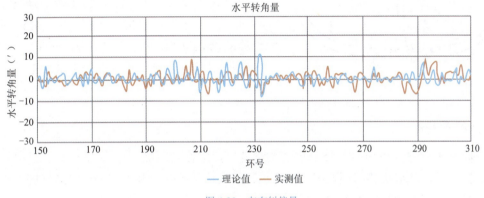

图 4-29　左右纠偏量

由于在施工中的纠偏时间短暂，且出现时机不定，因此实测纠偏参数难以确定，故采用推力增量和盾构姿态变化量作为纠偏力和纠偏量；且将盾构机推进时的盾尾推力、盾构姿态变化以及单位纠偏量的所需纠偏力作为常量处理，因此理论值和实测值存在一定的偏差。

4）小结

纠偏力理论值和实测值变化范围一致，且变化趋势较为吻合，盾构机姿态纠偏计算结果能够作为实际纠偏的参考值。在实际施工过程中，还需结合周围土体土性的变化以及盾构机推进速度综合考虑盾构纠偏力的选择。

4.5.3　基于拼装仿真的立柱纠偏计算

类矩形盾构隧道立柱偏转的出现是由于盾构机双刀盘扭矩不平衡、土性差别、盾构机左右配重不均等因素造成的。立柱偏转会造成整环管片的偏转、盾尾间隙减小、加剧轴线误差，因此控制矩形盾构的立柱偏转是保障拼装质量的重要环节。

本节在考虑拼装误差的前提下，通过拼装仿真计算，从管片拼装的角度提出立柱偏转的纠偏措施，给出在保证接缝质量的情况下单环最大纠偏量、对应的定位块纠偏位移。

1）基本假定

（1）几何计算，不考虑拼装中的管片变形；
（2）考虑制作误差和定位误差；
（3）立柱发生偏转时，考虑通过调整定位块拼装姿态，从而达到对整环管片的纠偏。

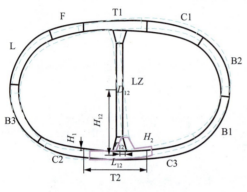

图 4-30　立柱纠偏几何关系

2）纠偏措施

立柱发生 rZ 方向偏转后，在拼装定位块 T2 时，施加纠偏位移，使当前环完成一定转动，以纠正立柱的 rZ 方向偏转。为了减小整环管片相对于上一环管片的相对位移，当前环的纠偏位移应以 LZ 中心点为转动中心，即 T2 块不仅应施加 rZ 方向转动，也应有一定量的 T 方向平移（图 4-30）。

3）计算结果

纠偏量为 0.03°以内时，环缝拼装质量良好，位移超限概率最大为 3.7%；当纠偏量达到 0.05°时，环缝位移超限概率大幅增加，最大达到 17%。建议在利用拼装措施纠正立柱偏差时，单环纠偏量宜取 0.03°以内，最大不超过 0.05°。为便于纠偏的实施，将纠偏量 Drz 换算为 T2 块平动位移（表 4-6）。

各纠偏量下 T2 块位移值　　　　　　　　　　表 4-6

纠偏量 DrZ（°）	0.01	0.02	0.03	0.04	0.05
上下错动 H_1+H_2（mm）	0.6	1.2	1.8	2.4	3
T 向位移 T_{T2}（mm）	0.6	1.2	1.8	2.3	2.9

4.6　切削及渣土改良

类矩形断面底部呈平底状，渣土的流动性差，局部易产生淤积；刀盘结构、切削方式以及渣土流动形式特殊；土压力分布形式不明，且不稳定。因此，必须对切削排土改良进行针对性研究，配合盾构刀盘切削方式开发新型的改良添加剂和改良技术。

4.6.1　基于 SPH 方法的土仓渣土运动趋势模拟

1）概述

SPH 方法，即光滑粒子流体动力学方法，属于无网格方法的一种，是近年来兴起的一种计算方法，该方法在许多应用中被认为优于传统的基于网格的有限差分法（FDM）和有限元法（FEM）。

利用 ANSYS LS-PrePost 前处理软件建立模型后，使用 SPH 方法开展相关分析研究。计算模型可以输出应力、应变、位移、速度等物理量，并考虑大刀盘与偏心刀盘的共同作用，可以从各方面多角度评估切削的效果（图 4-31、图 4-32）。

图 4-31　ANSYS LS-PrePost 前处理软件建模　　图 4-32　土仓内渣土切削模拟示意图

2）计算工况

渣土切削模拟以盾构机实际施工参数为基准，主要考虑刀盘不同转速与盾构不同推进速度，设定如工况表 4-7 所示。

切削模拟对比分析工况表　　　　表 4-7

工况	转速（r/min）	推进速度（mm/min）	工况	转速（r/min）	推进速度（mm/min）
一	1	60	三	1	30
二	0.5	60	四	0.5	30

3）结果分析

（1）类矩形盾构刀盘轴线附近的土体不易切削，流动性差，应力集中，应作为重点改良区域。

（2）在切削过程中，土体颗粒的运动情况主要受刀盘切削转速影响，且二者近似呈线性相关。转速较低，土颗粒运动情况更加稳定，但实际工程中要综合考虑施工效率与进度情况选取最优刀盘切削转速。

（3）在切削过程中，土体颗粒的运动情况与盾构推进速度没有明显关联。实际工程中要综合考虑工程具体要求与现场实际反馈情况，控制盾构推进速度。

4.6.2　土体改良技术研究

国内外诸多施工实例表明，土压平衡式盾构施工成功的关键点之一，是将开挖面切削下的土体在土仓内调整成一种比较理想的"塑性流动状态"后（即土体的一些性质需达到或满足输送条件），盾构的掘进和排土才能够顺利地进行。

采用大断面类矩形盾构进行隧道的施工，要求盾构开挖面在大断面异形结构条件下保证土压力的平衡及双螺旋机正常、连续的出土，为满足这一施工要求，土仓和螺旋输送机内的土体应该具有良好的塑性流动性、均匀性和不透水性（即达到"塑性流动状态"），并且保证开挖下来的渣土在均衡压力下不断地通过螺旋输送机排出。

1）土体改良目标参数

基于大量的工程实践经验和文献调研，具备"塑性流动状态"的土体，其物理力学指标应符合以下几点要求：

（1）渗透系数 k：在渗透性方面，开挖土体的渗透系数越小对盾构施工中的"喷涌"问题的防治效果越好。一般认为要避免"喷涌"的发生，压力舱内土体的渗透系数至少要小于 1×10^{-5} m/s。

（2）内摩擦角（φ）和内聚力（c）：根据国内外的施工经验，土体的不排水强度小于 25kPa 时，强度性质已经达到了塑性流动状态的要求。

（3）坍落度：一般对于压力舱内土体的流动性可以用坍落度来衡量。土体的坍落度在 10～15cm 的范围内，认为其状态满足塑性流动状态的要求。

（4）本工程类矩形盾构主要穿越土层 ②$_{2a}$ 淤泥、②$_{2b}$ 淤泥质黏土，其特征为：流塑性强，表观呈高压缩性，"极软"且天然强度低，密度低，含水率高，流动性极强，抗压强度及抗剪强度低。此类土的力学性质符合土压平衡盾构法隧道施工理想切削土，但针对类矩形盾构特殊的切削断面，从改善切削土塑流性、降低土体切削强度、提高土体压力传导性角度出发，对改良添加剂材料及注入参数进行研究。

2）土体改良试验

根据盾构施工开挖土体的物性条件，在比选了多种不同类型的添加剂后，初步选择泡沫、聚合物泥浆和水作为土体改良试验的外加添加剂，借助室内试验（图4-33）的抗剪强度、坍落度、流动度和稠度等指标来评价类矩形盾构掘进中土体改良效果，并优化添加剂的配比方案。试验流程见图4-34。

图4-33 室内试验

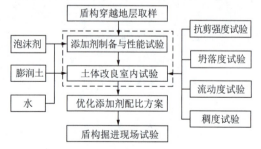

图4-34 土体改良试验流程

具体步骤如下：

（1）对盾构穿越的地层取样，并对土样进行物理力学试验，如测量土样含水率、黏聚力和摩擦角等。

（2）进行添加剂性能试验，主要针对泡沫添加剂进行性能试验，通过测量泡沫浓度/发泡率与泡沫半衰期之间的关系来评价泡沫性能，确定其室内试验中的具体数值。

（3）进行土体改良室内试验（图4-35），包括抗剪强度试验、坍落度试验、稠度试验和流动度试验。

图 4-35 土体改良试验

（4）优化添加剂配比方案，基于对3种添加剂改良土体室内试验的分析，以及复合材料模式下的研究与评价，初步优化添加剂组合及其配比方案，并给出最为合理的添加剂注入率范围。

（5）进行盾构掘进现场试验，根据室内试验的结果，把加水改良、泡沫剂改良和复合材料改良应用于盾构掘进现场试验，来对比验证室内配比方案。

3）土体改良试验成果

针对大断面类矩形盾构施工特点以及宁波地层土质情况，对各种改良添加剂自身的材料特性、添加剂注入土体后的作用机理以及土体改良效果进行分析与比较，主要选取泡沫剂和聚合物泥浆进行施工。

加入水、泡沫、聚合物泥浆对土体进行改良后的土体参数变化如表4-8以及图4-36～图4-41所示。

不同改良添加剂注入后土体参数变化表　　　　　　　　　　表4-8

序 号	土 层	改良剂	注入率（%）	流动度（cm）	密度（g/cm³）	抗剪强度（Pa）
1	②₂ₐ	无	—	15	1.73	2332
2	②₂ₐ	水	5%	16.5	1.72	2184
3	②₂ₐ	水	10%	18	1.72	1920
4	②₂ₐ	泡沫	10%	16	1.68	1843
5	②₂ₐ	泡沫	20%	16.5	1.62	1557
6	②₂ₐ	泡沫	30%	18	1.59	975
7	②₂ₐ	泡沫	40%	19	1.52	864
8	②₂ₐ	泥浆	5%	16	1.71	1852
9	②₂ₐ	泥浆	10%	16.5	1.70	1643

续上表

序 号	土 层	改良剂	注入率（%）	流动度（cm）	密度（g/cm³）	抗剪强度（Pa）
10	②$_{2a}$	泥浆	15%	18	1.69	1185
11	②$_{2b}$	无	—	13	1.78	3186
12	②$_{2b}$	水	5%	15.5	1.75	2855
13	②$_{2b}$	水	10%	17	1.74	2240
14	②$_{2b}$	泡沫	10%	15.5	1.73	2320
15	②$_{2b}$	泡沫	20%	16	1.69	1944
16	②$_{2b}$	泡沫	30%	17	1.62	1120
17	②$_{2b}$	泡沫	40%	18.5	1.58	955
18	②$_{2b}$	泥浆	5%	15.5	1.77	2622
19	②$_{2b}$	泥浆	10%	16	1.77	1887
20	②$_{2b}$	泥浆	15%	17.5	1.75	1622

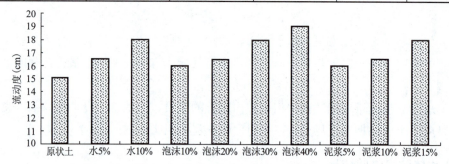

图 4-36　②$_{2a}$ 土改良前后流动度变化示意图

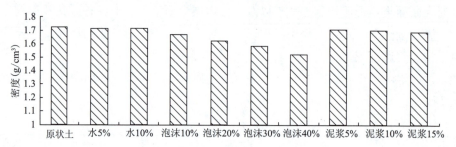

图 4-37　②$_{2a}$ 土改良前后密度变化示意图

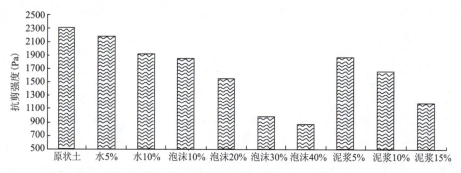

图 4-38　②$_{2a}$ 土改良前后抗剪强度变化示意图

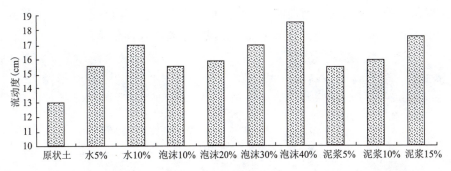

图 4-39　②$_{2b}$ 土改良前后流动度变化示意图

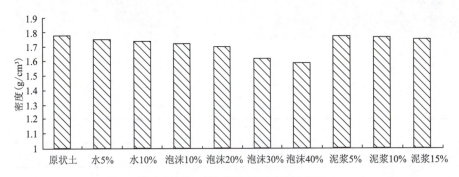

图 4-40　②$_{2b}$ 土改良前后密度变化示意图

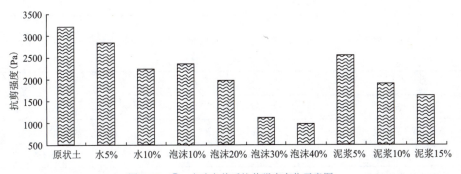

图 4-41　②$_{2b}$ 土改良前后抗剪强度变化示意图

基于科研研究的比选与使用参数研究，得出不同改良添加剂的使用参数如表 4-9 所示。

不同改良添加剂使用参数表　　　　　　　　　　　　　　表 4-9

序　号	改良添加剂	使　用　参　数	指　　标
1	泡沫剂	泡沫浓度 3%，发泡率 12～20 倍	常压稳泡时间 >5min
2	聚合物泥浆	聚合物掺量 30kg/m³	黏度 >30s
3	水	pH=7	—

4）改良施工工艺

采用全方位、分区域的土体改良技术，解决了矩形盾构土仓底部渣土的流动性不足的问题，实现了开挖面压力的平衡控制。利用盾构机的多点位多方位改良系统、偏心刀盘的搅拌棒（图4-42）和土仓内渣土导流装置，实现渣土有效改良和流动。

图4-42 盾构机改良系统和搅拌棒

基于科研研究，得出不同改良添加剂的施工注入参数如表4-10所示。

不同改良添加剂是施工注入参数表　　表4-10

改良区域	改良材料	注入率（%）	每环注入量（m³）
2个大刀盘前方正面	泡沫	30	20.5
中心偏心刀盘正面	泡沫	30	5.4
土仓内	聚合物泥浆	5	4.3

基于科研研究及以往盾构施工经验，得出土体改良施工控制参数如表4-11所示。

盾构土体改良施工控制参数表　　表4-11

项　目	控制标准	参数控制
大刀盘扭矩	<额定值的70%	<3110kN·m
偏心刀盘扭矩	<额定值的70%	<308kN·m
顶部土压力波动	与设定值的波动	<±0.01MPa
推进速度控制	—	2～4cm/min
出土坍落度	与原状土对比	2～5cm

4.7 管片拼装技术

相比常规圆形盾构，类矩形盾构在结构形式及拼装过程上有其特殊性，施工中可能面临拼装区域空间小、拼装机构造功能特殊、协调安装困难、中立柱拼装困难、拼装过程稳定性控制难度大等难点，本节通过有限元分析、管片拼装仿真等方法，旨在获得类矩形管片拼装质量控制标准、措施及工艺。

4.7.1 基于拼装仿真的管片拼装顺序比选

1）概况

（1）仿真对象

管片制作误差和拼装定位误差对管片拼装完成后拼装缺陷的仿真计算，这些拼装缺陷包括：接缝的错台、张开，以及管片接触面的相对位移。

（2）计算假定

①仿真计算为几何计算，不考虑拼装过程中的力学行为；

②由于拼装误差都为小位移，平移和转动形成的管片角点位移值一般均在厘米级以内，因此不计几何非线性的影响，即在根据管片姿态计算接触面位移时，不计管片位移带来的坐标系变化。

③管片制作误差和拼装定位误差服从正态分布。

（3）计算流程

在管片拼装仿真计算中，计算流程按实际施工流程组织，主要分三个部分：a.生成管片，计入制作误差；b.管片拼装，考虑拼装方案，计入定位误差；c.后处理。如图4-43所示。

（4）坐标系和接触面定义

形心坐标系（图4-44）：建立在当前拼装块的举重臂螺母位置，方向为径向 R、盾构推进方向 Z 和切向 T（逆时针为正，立柱向下为正）。

接触面局部坐标系（图4-45）：接触面在此

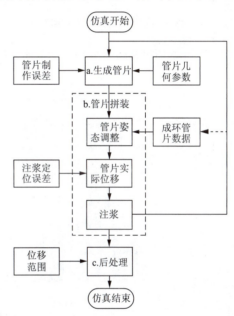

图 4-43 仿真计算流程

坐标系下的 T、R、Z 三个方向的位移分别表示接触面的切向、径向、纵向位移。环向接触面记为 S_{Z+}、S_{Z-} 面，纵向接触面记为 S_{T+}、S_{T-} 面。

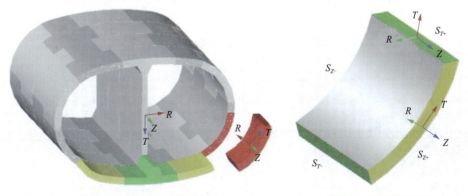

图 4-44 管片形心坐标系　　　　　图 4-45 接触面坐标系

2）单环拼装仿真

单环仿真是指令每一环管片在上一环管片完美拼装的情况下模拟拼装，上一环管片所有位移为 0，因此在单环计算中，环缝总能完美贴合，并且各环管片相互独立。不同拼装顺序会产生不同的纵缝质量，在此条件下反复计算，比较不同拼装顺序下的管片拼装质量的统计规律，为拼装顺序的选择作参考。

本工程有两种可选拼装顺序：

方案 a：在拼立柱（LZ）前，拼好其余管片，衬砌管片成环后再插入立柱（LZ）。

方案 b：立柱（LZ）先于封顶块（F）拼装，拼装立柱（LZ）和上部 T 形块（T1），最后拼装封顶块（F）使隧道成环。

3）计算结果分析（图 4-46）

采用单环拼装仿真模拟了"先 LZ 后 F 块"和"先 F 块后 LZ"两种拼装顺序中，通过

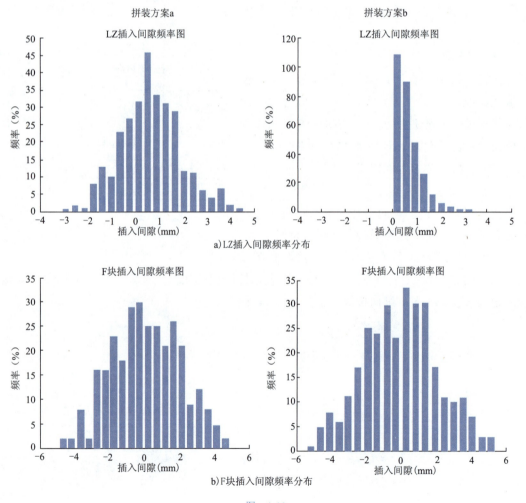

a) LZ 插入间隙频率分布

b) F 块插入间隙频率分布

图 4-46

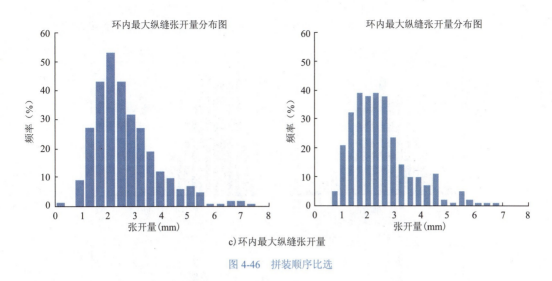

c) 环内最大纵缝张开量

图 4-46　拼装顺序比选

对 S_{T-} 面相对位移 $\overset{op}{U}_{S_{T-}}$ 超限频率、LZ 插入间隙、F 块插入间隙、环内最大纵缝张开量等多种指标的比较和分析，可得出以下结论。

（1）先 LZ 后 F 块的拼装顺序能有效控制 LZ 插入间隙，保证 LZ 拼装质量，且对 F 块的拼装影响不大，不会由于 LZ 的先插入而影响 F 块的拼装质量。

（2）从拼装误差控制的角度看，先拼 LZ 后 F 块的拼装顺序比先 F 块后 LZ 的拼装顺序更优。

4.7.2　基于多环拼装仿真的拼装质量控制措施

1）多环拼装仿真

（1）拼装顺序：多环拼装仿真分析以先拼 LZ 后拼 F 块的顺序进行，[ZR1]、[ZR2] 组管片交替拼装。

（2）计算参数：制作误差、定位误差标准差、接触面相对位移范围的取值详见相关分报告。计算环数为 500 环。

（3）施工措施：①按先 LZ 后 F 块的拼装顺序进行拼装模拟，插入 LZ 前对 T1 块进行 rZ 方向转角调整。②基于单环计算结果，将 rZ 方向定位误差标准差缩小为 0.5 倍。③Z、rR 向位移按环缝贴合原则，T、R、rT、rZ 方向位移按纵缝贴合原则拼装。④依据管片环面平整度计算相关要求，当环面相邻管片的差值大于 4mm 时，采取平整环面的措施，即在环面加装垫片。此时不考虑垫片变形，假设垫片总能让环面完全平整（Z 向位移相等）。

2）计算结果分析

通过多环拼装仿真，对拼装完成后接触面相对位移超限概率、F 块和 LZ 插入间隙、环内最大环纵缝张开量、rT，rR 向定位误差敏感性、上下 T 块相对误差等多种指标进行了分析和比较（图 4-47），分析验证了拼装质量控制措施的有效性，主要结论如下。

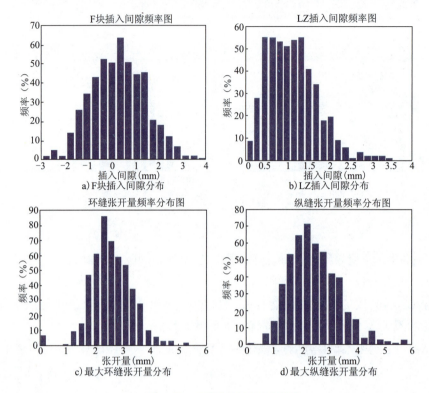

图 4-47　多环拼装仿真结果分析

（1）管片拼装时，可参照以下姿态调整原则进行：Z、rR 向按环缝贴合（与上一环管片紧密贴合）为原则调整，T、R、rT、rZ 按纵缝贴合（与环内相邻管片紧密贴合）为原则调整。

（2）影响纵缝拼装质量以及 LZ、F 块插入间隙最大的是 rZ 方向定位误差，建议优先控制管片 rZ 方向位移，其次是 rT 方向位移。

（3）rZ 向位移应以纵缝贴合为主，优先控制纵缝 rZ 向位移差，以防止管片 rZ 向位移在环间的累积，在插入 LZ 时如果上下 T 块间隙过小或过大需要对 T1 块姿态进行调整，建议先让 T1 块沿 R 方向平移以抵消一部分 LZ 插入间隙，再使 T1 块产生 rZ 方向转角以抵消 LZ 插入间隙，控制 T1 块的 rZ 转角。

（4）影响环缝拼装质量最大的是管片 rZ 和 T 向位移，因此在拼装中应适当调整切向拼装力，减小相邻两环管片的 T 向位移差，可以保证环缝拼装质量。

3）小结

建立了考虑管片制作误差和拼装定位误差的三维管片拼装仿真模型，计算比较两种拼装顺序下的管片拼装质量，得出最优拼装顺序为先拼 LZ 后拼 F 块；通过单环及多环拼装仿真计算，得出了管片拼装过程中，拼装质量控制的重点控制因素、控制指标及对应控制措施。

4.7.3 基于受力分析的拼装质量控制标准研究

1）T块与立柱拼装质量控制标准

基于 ABAQUS 建立 T 块—立柱三有限元模型，分析拼装后 T 块相对拼装误差在竖向荷载下对立柱的受力影响，并从构件安全角度提出上下 T 块的相对拼装误差控制指标。

计算模型考虑 T1 块（上部 T 块）在纵向 20mm 的楔形量，根据配筋图建立的主筋（14C20+4C16），通过 embed 约束将其埋入混凝土中。混凝土采用损伤塑性本构模型，预埋件及钢筋采用弹塑性本构模型（图 4-48）。

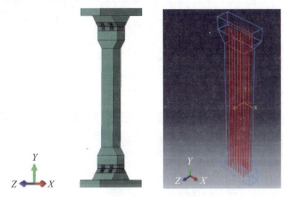

图 4-48　T 块—及钢筋模型

计算流程：①提升上部 T 块；②旋转移动 T 块或立柱至给定误差位置；③施加微小竖向荷载建立接触关系；④施加设计竖向荷载。

通过计算下 T 块单自由度、多自由度拼装误差下，管片混凝土内力、钢筋应力、裂缝、T 块和 LZ 接触面积及间隙及 T 块竖向位移，得出了 T 块—立柱拼装间隙的控制指标。主要结论如下：

①经多种组合验算，可取 9.8mm 作为多自由度误差组合下 T 块—立柱上下间隙差之和的控制指标，当上下 T 块同时与立柱存在间隙时取上下间隙差之和比较。

②当间隙差大于 9.8mm 时，应在接触面设置木垫层，以缓解局部受压。

2）环面平整度控制标准

管片拼装中，拼装环面的不平整将对下一环管片产生不平整支承，有可能造成下一环管片在拼装过程中的破坏，并造成环缝张开，对结构防水产生不利影响，因此本节将建立管片环面平整度有限元分析模型，分析环面平整度对下一环管片的影响及其容许值。

计算采用二维有限元模型，管片尺寸按实选取。考虑纵向拼装力为均布荷载，管片纵向及环向边界取弹性边界。混凝土模型采用 C50 混凝土拉压损伤模型。管片间接触行为通过设置面—面硬接触模拟，切向摩擦系数取 0.5。

计算考虑两种工况（图 4-49、图 4-50）：工况 1，B2 块左侧悬空；工况 2，B2 块右侧悬空。

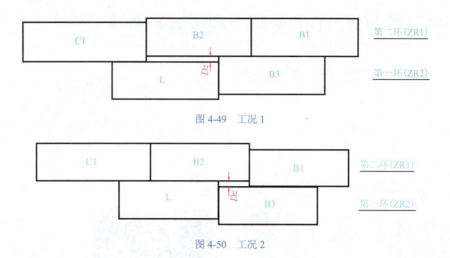

图 4-49 工况 1

图 4-50 工况 2

Dz 为上一环纵向错台值,分别取 2mm,4mm,6mm 计算其对 B2 管片的受力影响。在此设工况 1 中 $Dz<0$,工况 2 中 $Dz>0$。

从管片受力角度考虑,拼装成环后,环面相邻管片的不平整度应小于 4mm,无法保证环面平整度时,应尽量减小管片悬空区域的面积。

4.7.4 矩形管片拼装控制措施

1）管片预埋件设置

为了对管片进行固定、连接和施工需要,在负环管片段、浅覆土段、接收段在管片内外弧面角部、中部、迎千斤顶面（负环管片）、背千斤顶面（负环管片）均需要布置预埋件。

2）盾尾间隙控制

为确保拼装质量及效率,盾构推进时需考虑管片外弧面与盾壳内弧面的四周间隙。

3）管片拼装总体顺序

通过科研管片拼装技术初期成果,确定管片拼装方式。首先拼装 T2 块、C3 块,然后依次拼装 C2、B1、B2、B3、L、C1 块,最后拼装 T1、LZ、F 三块管片。矩形管片拼装流程如图 4-51 所示。

4）管片拼装要点

（1）盾尾清理及管片外观检查

拼装之前要清除盾尾拼装部位的垃圾,并检查管片的型号、外观及密封材料的粘贴情况,如有损坏,必须修复才可拼装。

（2）做好下部 T2 块管片的定位工作

下部 T2 块管片定位将直接影响中立柱拼装，除保证其与前环管片无踏步、居中拼装等一般要求外，还应保证其与隧道轴线的垂直度（水平、纵向两个方向）。

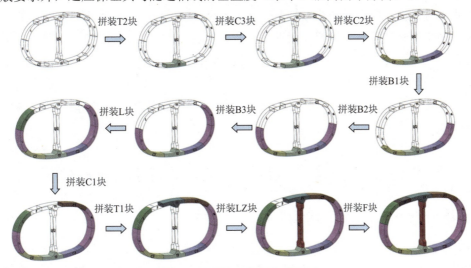

图 4-51　矩形管片拼装流程示意图

（3）中立柱拼装

在立柱拼装前，测量开档高度和垂直度，确保立柱顺利拼装。上部 T 形管片拼装结束时，夹持 T 形管的拼装机继续使用直到立柱的拼装完成，此期间紧邻上部 T 形管片二侧的管片螺栓不宜拧紧，便于立柱拼装时进行上下调整。此时该 T 形管片相邻的两块标准块管片所对应的千斤顶处于收缩状态。最后利用立柱调整千斤顶，对立柱的定位进行必要的调整。

（4）千斤顶收缩及靠拢

千斤顶应按拼装管片的顺序相应逐块缩回，拼装好后及时靠拢千斤顶，防止盾构后退。

（5）环面平整度及超前量控制

必须自负环做起，且逐环检查，相邻块管片的踏步应小于 5mm，相邻环管片高差小于 6mm。定期检查环面超前量，时刻确保管片整环环面与隧道轴线的垂直度。

（6）纵、环向螺栓连接

每环拼装结束后应及时用扭矩扳手控制纵、环向螺栓拧紧扭矩，当成环管片推出车架后，必须再次复紧纵、环向螺栓，液压扭矩扳手紧固如图 4-52 所示。

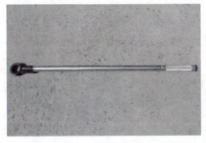 

图 4-52　液压扭矩扳手紧固图

4.8 同步注浆技术

在盾构隧道施工中,同步注浆是保证施工安全、保障施工顺利进行的重要环节。目前对传统的同步注浆工艺研究主要局限于注浆效果的研究,而对浆液本身流动及填充机理研究涉及很少。类矩形盾构由于其自身几何形状的特性,会导致浆液产生淤积,不利于缝隙的填充,容易产生浆液充填不均匀的现象;同时在大断面工况下,同步注浆易引起地表变形,进而引起隧道变形。因此,要针对类矩形盾构重点研究注浆孔位布置、浆液材料、配套设备和压注工艺。

4.8.1 基于SPH方法及可视化注浆试验的浆液填充机理研究

1) 基于SPH方法的同步注浆模拟

(1) 概况

几何模型采用试验模型 1:1 全尺寸建模,通过尾部壳体施加一定的纵向移动速度来模拟真实的矩形盾构同步注浆试验(图 4-53)。外边界为周围土体与浆液的交界面,因此在模拟矩形盾构同步注浆试验前先堆积 SPH 粒子,来模拟盾构同步注浆试验土体装载,其中蓝色部分即为模拟土体装载的 SPH 粒子。

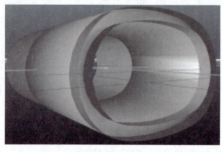
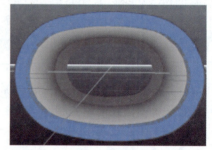

a) 堆积 SPH 粒子前　　　　b) 堆积 SPH 粒子后

图 4-53　盾构同步注浆模拟

(2) 计算结果分析

利用 SPH 方法,针对注浆孔对称布置和非对称布置两种工况(注浆填充率 150%,上下孔位注入比 7:3),分析了类矩形盾构同步注浆过程中注浆体填充机理、三维扩散机理以及运动规律(图 4-54),分析结果如下。

①浆液在盾尾建筑空隙的填充是一个空间动态填充的过程,由于注浆管路平行于隧道轴线方向,浆液首先沿隧道纵向注入,但受周围土压力的制约,浆液转为环向流动,同时新注入浆液带动部分已注入浆液向两侧运动,在注浆孔附近这两种流动模式皆存在。

②由于盾尾底部的压力比顶部压力大,导致底部注浆浆液的动量损失比顶部注浆浆液更大,因此在相同的注浆压力下顶部注浆扩散面比底部更大,即底部注浆的浆液更加容易

集中堆积在孔位四周。

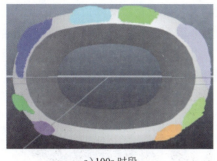 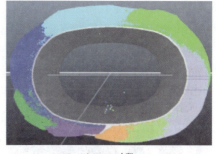

a）100s 时段　　　　　　　　　　　　b）800s 时段

图 4-54　矩形盾构标准孔位下各时段处盾尾整环 3D 充填模式

2）大型可视化注浆模拟试验

（1）概况

①试验目的：结合 SPH 模拟结果，通过本次模拟试验，观测类矩形盾构同步注浆浆液材料在不同工况条件下的运动填充路径及填充效果；②掌握类矩形盾构同步注浆施工全过程周围土压力变化规律。

②试验平台：类矩形盾构隧道模型采用宁波地铁 3 号线试验段等比例缩尺模型（图 4-55、图 4-56），模拟管片直径为 1800mm×1100mm，整个隧道模型共分为 6 个试验段，其中 5 个管节由钢板制成，中间 1 节为有机玻璃制成的透明管片，以此进行可视化注浆试验。

图 4-55　下沉式盾构掘进机综合模拟试验平台

图 4-56　钢制内管节模型、钢制外套筒及玻璃内管节模型

③试验工况：共包含 8 个工况，对于不同的注浆孔位分别采用 100% 和 120% 两种注浆率，分析比较不同工况下浆液的填充情况，推进速度采用 2cm/min。注浆压力根据覆土深度设定。

（2）浆液填充分析

如图 4-57 所示，注浆孔附近最先出现浆液填充，浆液充填的峰值即为注浆孔位附近，之后以注浆孔位源点向两侧呈椭圆弧状递减，整个填充的过程较为均匀，且随着推进的行程增加，浆液充填最大距离与最小距离之间的差距逐渐缩小，即充填趋向均匀。

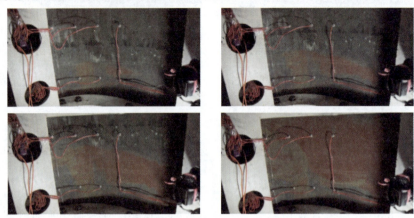

图 4-57　浆液纵向填充过程

（3）注浆压力分布研究

①单点注浆压力脉冲效应分析（图 4-58）。

注浆压力每 20s 为一周期，该周期与注浆泵注浆频率吻合，说明注浆泵的脉冲会引起注浆压力值的变化。注浆压力最大值与最小值之间相差大约在 3～5kPa 左右。注浆孔附近区域注浆压力的脉冲效应比远离注浆孔较位置的脉冲效应更为明显。

②单点注浆压力随时间变化图（图 4-59）。

图像所呈现的监测时间总时长约为 4h。从图中可以看出：管片表面的注浆压力在盾尾通过前相对保持平稳，即为初值；盾尾通过时由于盾尾刷的刮蹭压力出现一定的波动；盾尾通过后，压力值渐渐趋于稳定并伴有 4～8kPa 不等的回落；大部分注浆压力的数值整体位于 20～50kPa 不等，据统计，所有 190 个测点中也存在 10kPa 以下极小数值以及 100kPa 极大数值。可见，管片周围的注浆压力分布并不均匀。

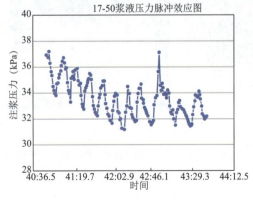

图 4-58　单点注浆压力脉冲效果图

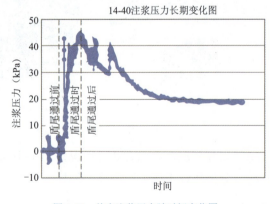

图 4-59　单点注浆压力随时间变化图

③注浆压力模式推导。

通过对已知环向注浆压力的监测数据可以看出,在注浆孔附近的注浆压力要明显大于远离注浆孔位置处的压力,注浆孔位置向远处扩散的模式大体上呈现弦函数或扇形模式扩散,依此规律,提出环向注浆压力分布新模式。将得出的注浆压力曲线与实验所得曲线进行对比,可见计算所得理论曲线可大体包络实验所得的注浆压力曲线(图4-60)。

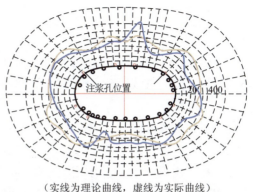

(实线为理论曲线,虚线为实际曲线)

图 4--60 理论曲线与实际曲线对比图

3)浆液形态现场开挖观测与分析

注浆模拟试验结束后,为观察浆液总体形态,先将浅层覆土用挖掘机掘掉,之后人工进行细部挖掘(图4-61),并对浆液的厚度、形态进行观测和记录。

通过对注浆形态的初步绘制,可以得出以下结论:

(1)第二管节注浆过程中,注浆速率过快,导致注浆不匀,并且注浆层厚度明显小于其他管节;而玻璃管节注浆速率较慢,注浆量无法得到精准的控制,因此注浆层厚度明显大于其他管节。因此,同步注浆的速率应适当控制,不可过快,也不可过慢。

(2)从注浆效果中看,类矩形盾构同步注浆过程中,由于管片上部相对扁平,容易造成浆液淤积等情况,底部形态较为规则,厚度均匀。

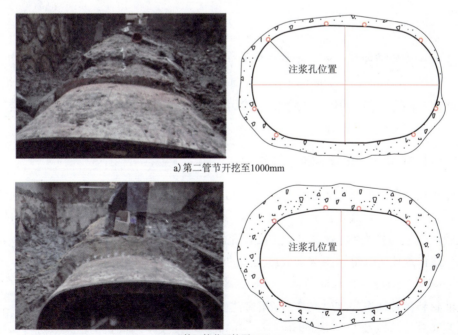

a) 第二管节开挖至1000mm

b) 第三管节开挖至1500mm

图 4-61 同步注浆层现场开挖观测

4）小结

通过 SPH 技术、可视化注浆模型试验和同步注浆层的现场开挖观测，对类矩形盾构盾尾建筑空隙的浆液填充机理进行了分析和探索。

（1）数值模拟表明：浆液在盾尾建筑空隙的充填是一个空间动态过程，由于注浆管路平行于隧道轴线方向，浆液首先沿隧道纵向注入，但由于前方土压力的限制，浆液转为环向流动，同时新注入浆液带动部分已注入浆液向两侧运动，在注浆孔附近这两种流动模式同时存在。由于盾尾底部的压力比顶部压力大，导致底部浆液的动量损失比顶部更大，因此在相同的注浆压力下顶部浆液扩散面比底部更大，即底部注浆孔的浆液更容易集中堆积在注浆孔四周。

（2）注浆试验表明：注浆孔附近最先出现浆液填充，浆液充填的峰值即为注浆孔位附近，之后以注浆孔位源点向两侧呈椭圆弧状递减，整个填充的过程较为均匀。环向建筑空隙填充的总体趋势是沿环向由下部向上扩散。管片上部浆液厚度大于下部注浆厚度，实际施工过程中应调整上下注浆比。环向注浆压力分布呈现不均匀性，不同于以往的光滑圆形注浆压力包络线，环向注浆压力包络线应是扇形扩散压力模式与土压力的叠加。

（3）注浆层现场开挖观测表明：类矩形盾构同步注浆过程中，由于管片上部相对扁平，容易造成浆液淤积等情况，底部形态较为规则，厚度均匀。

4.8.2 高流动度早强浆液配合比研究

类矩形盾构的顶部和底部建筑空隙呈水平状，浆液注入的流淌性、充填率和均匀性都较圆形隧道不利；同时，在大断面工况下，同步注浆易引起地表变形，进而引起隧道变形。同步注浆浆液的充填性、强度、塑性、稠度、收缩率、内部摩擦特性等必须符合类矩形盾构法隧道的施工特点。

1）基于 SPH 方法的浆液性能指标设计

首先利用专家经验并结合层次分析法（AHP）从多个备选参数组中选取适合类矩形盾构同步注浆工艺的一组或多组浆液材料参数；其次变换粒子采样参数模拟不同类型的浆液，通过比较注浆应力损失率、倾斜面上的 3D 流淌形貌特征、盾尾整环注浆覆盖率以及顶部注浆前后缘厚度比等计算结果来选取最合适的浆液性能指标参数。

（1）概况

浆液材料参数研究主要针对 3 种浆液类型——传统的可硬性单液浆（液态浆）、抗剪型单液浆（厚浆）以及专为类矩形盾构研制的高流动度及早强高抗剪性浆液进行材料参数模拟验算，适应类矩形盾构的备选浆液材料性能指标设计参数见表 4-12。

适应矩形盾构的浆液材料性能指标设计参数　　　　表 4-12

性 能 指 标	可硬性浆	抗剪型浆	矩形盾构浆
坍落度	—	9～14cm	12～16cm
稠度	9～12cm	—	—
密度	>1.70g/cm³	>1.90g/cm³	>2.00g/cm³
泌水率	<3%	新浆<1%，活化浆<3%	<1%
流动度	>30cm	18～22cm	20～25cm
初凝时间	10～15h	>30h	18～22h
抗压强度	R_7=0.15MPa R_{14}=0.30MPa R_{28}=0.50MPa	R_7=0.08MPa R_{14}=0.11MPa R_{28}=0.15MPa	R_1>0.03MPa R_3>0.08MPa R_7>0.15MPa R_{28}>0.20MPa
收缩率	<3%	<1%	膨胀率>1%
抗剪强度	0h，<200Pa	0h，>300Pa 8h，>800Pa	0h，>400Pa 4h，>800Pa

（2）计算结果分析

基于 SPH 方法，通过两种模式（单孔和整环）下注浆参数验算来对类矩形环状建筑空隙中浆液的局部和整体流动规律进行数值仿真。其结果见图 4-62～图 4-65。

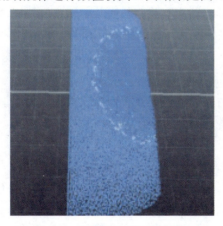

图 4-62　浆液挤压扩散 / 滚动填充

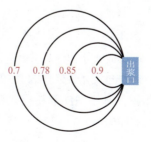

图 4-63　浆液应力损失比率

图 4-64　浆液运动特征

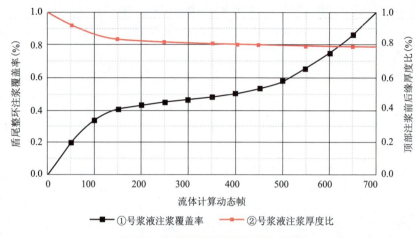

图 4-65　浆液填充情况随时间变化曲线图

①单孔注浆模拟的分析表明：与液态浆相比，类矩形浆和厚浆能较好地保持注浆压力，在应力传递过程中，上述两种浆液的注浆压力损失率较低；从浆液的壁面流淌规律和填充效果来看，液态浆虽然快但容易造成注浆体的厚度不均，而厚浆在环片壁面上流淌速度较慢，对于同步注浆工艺中需要及时稳定土层和阻止管片上浮非常不利，类矩形浆的填充效率和效果位于两者之间，性能比较平衡。

②整环注浆模拟的分析表明：基于盾尾整环注浆覆盖率和顶部注浆前后缘厚度比曲线，液态浆在整环注浆计算达到 400 帧的时候开始闭合，其顶部注浆前后缘厚度比最终位于 0.4 附近；类矩形浆在整环注浆计算达到 600 帧的时候开始闭合，其顶部注浆前后缘厚度比最终位于 0.62 附近；而厚浆在整环注浆计算达到 700 帧的时候开始闭合，其顶部注浆前后缘厚度比最终位于 0.8 附近。

③综合考虑浆液的压力损失、填充效率和填充效果，相比于可硬性浆和抗剪型浆，所提出的类矩形浆性能指标是最为合适的。

2）浆液配合比设计

根据类矩形盾构同步注浆浆液材料设计性能指标的要求和原材料特性，设计了 18 组不同配合比的浆液，并分别进行了坍落度实验、稠度实验、密度实验、泌水率实验、流动度实验、强度实验、收缩率实验和抗剪屈服实验，试验结果详见图 4-66。

综合以上分析，采用 HD 干粉材料的掺入，其能有效提高浆液材料抗剪强度及早起抗压强度的增长，利于类矩形盾构同步注浆对周围土体变形及成环隧道稳定的控制，相比较水泥材料的掺入，HD 干粉基同步注浆材料具备更加良好的抗剪强度增长、较低的泌水率、浆液固结体无收缩等优点；基于 HD 干粉的特殊性能，石灰与膨润土的掺量控制在一定范围内能起到控制坍落度损失、提高流动度的作用；基于 HD 干粉掺入后浆液材料坍落度损失较大的不利因素，通过调整 HD 干粉自身的配比组分，经过试验得出 D 型 HD 干粉具备较优性能。

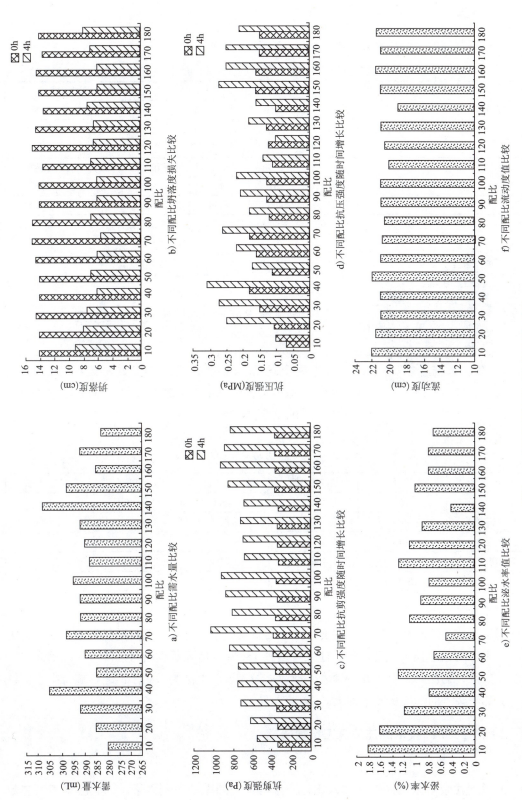

图 4-66 不同配比浆液性能指标分析示意图

3）小结

类矩形浆液的性能指标及配合比表 4-13、表 4-14 所示。

类矩形盾构同步注浆基准配合比（kg/m³）　　表 4-13

砂	粉煤灰	膨润土	石灰	HD 干粉	外掺剂	水
1210	330	80	50	10	3	295

注：加水量视原材料含水率有一定波动，以拌制坍落度 14cm 为准。

类矩形盾构同步注浆性能控制指标　　表 4-14

坍落度（cm）		密度（g/cm³）	泌水率（%）	抗剪强度（Pa）		可使用时间（h）	流动度（mm）	7d 强度（MPa）
0h	8h			0h	4h			
14	>5	>2.0	<1%	>400	>800	0～10	>200	>0.15

注：坍落度、密度、泌水率、抗剪强度指标，需在试验前进行测定，确保浆液质量指标符合上表要求。

4.8.3　同步注浆施工参数研究

1）基于有限单元法的注浆施工参数研究

（1）概况

①模型概况。模型纵向长度（Z 方向）为 60m，横向长度（X 方向）为 100m，模型深度（Y 方向）根据地层情况取为 50m，见图 4-67。

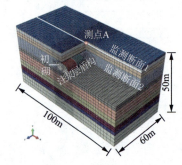

图 4-67　有限元模型网格

②计算工况。基于有限单元法的注浆施工参数模拟工况示于表 4-15。

注浆施工参数有限元计算工况　　表 4-15

计算工况	注浆压力	注浆量	计算工况	注浆压力	注浆量
工况 1	100%	100%	工况 6	100%	80%
工况 2	90%	100%	工况 7	100%	120%
工况 3	110%	100%	工况 8	100%	130%
工况 4	120%	100%	工况 9	100%	150%
工况 5	130%	100%			

（2）计算结果分析

同步注浆施工参数是影响地层变形大小的主要因素，保证注浆量是控制地层变形的关键，在不考虑浆液损失的情况下，注浆率达到 150% 时地表基本没有沉降产生；增大顶部两个注浆点位的注浆量对于减少地表变形效果最显著，上部侧边两个次之，施工中宜保持隧道上部注浆点的注浆量较下部大。

2）基于 SPH 技术的注浆施工参数研究

（1）概况

考虑到注浆率以及注浆孔注入比是注浆施工中的主动控制因素，因此注浆施工参数的研究主要从上述两方面入手。首先利用 3 种不同的注浆率进行初步的施工参数模拟验算（表 4-16），结合软土地区施工经验注浆率分别取 110%、130%、150%，其中注浆率是采用 SPH 粒子集在空间中所占体积（与粒子数、初始间距相关的函数）和相应建筑空隙计算而来。然后基于 4 种不同的上下孔位浆液注入比来执行进一步的施工参数模拟验算，其中注入比主要通过对应孔口的注浆速度分配（SPH 模拟中出浆口处的粒子发射速度）来调节。

SPH 模拟三种不同浆液施工参数标定　　表 4-16

注浆工况	注入率（%）	注浆速度（m/s）	注浆压力（MPa）
工况 1	110	3	0.25
工况 2	130	3	0.25
工况 3	150	3	0.25

（2）计算结果分析

①单孔注浆模拟：盾尾同步注浆的填充率通过单位时间内的粒子发生数来进行表征，而注浆泵的压力控制在 SPH 颗粒流模拟中则主要借助出浆口粒子释放的速度来控制，这与实际注浆工作中较大的注浆压力对应较快的浆液流速有关（图 4-68）。

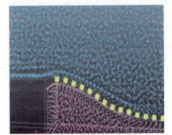 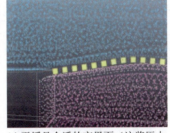 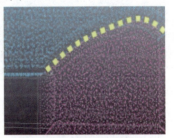

a）交界面下沉明显（注浆压力和注浆率低）　　b）平缓且合适的交界面（注浆压力和注浆率适中）　　c）交界面有较大隆起（注浆压力和注浆率较高）

图 4-68　不同注浆参数下的浆土交界面形态

②整环注浆模拟。首先利用几种不同的注浆率进行初步的施工参数模拟验算，结合软土地区施工经验注浆率分别取 120%、130%、150% 和 180%，其中注浆率是采用 SPH 粒子集在空间中所占体积（与粒子数、初始间距相关的函数）和相应建筑空隙计算而来。然后基于不同的上下孔位浆液注入比来执行进一步的施工参数模拟验算，注入比主要通过对应孔口的注浆速度分配（SPH 模拟中出浆口处的粒子发射速度）来调节。其主要工况见表 4-17 和图 4-69。

SPH 模拟各工况下参数设置　　表 4-17

注浆工况	浆液性质	填充率（%）	上下孔位浆液注入比（%）	注浆速度分配（m/s）
1	液态浆	120	5:5	0.0327:0.0327
2	液态浆	120	6:4	0.0392:0.0261
3	液态浆	120	7:3	0.0458:0.0196
4	液态浆	130	5:5	0.0354:0.0354
5	液态浆	150	5:5	0.0408:0.0408

续上表

注浆工况	浆液性质	填充率（%）	上下孔位浆液注入比（%）	注浆速度分配（m/s）
6	液态浆	150	6∶4	0.0490∶0.0327
7	液态浆	180	5∶5	0.0490∶0.0490
8	液态浆	180	6∶4	0.0588∶0.0392
9	厚浆	120	5∶5	0.0327∶0.0327
10	厚浆	120	6∶4	0.0392∶0.0261
11	厚浆	150	5∶5	0.0354∶0.0354
12	厚浆	150	6∶4	0.0490∶0.0327

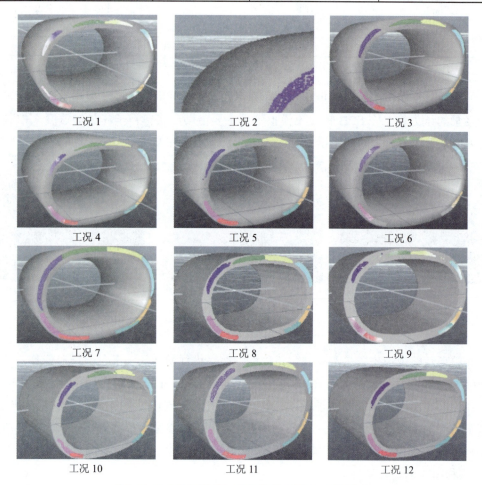

图 4-69 矩形盾构浆液 30s 时段处盾尾整环 3D 充填模式

a. 单孔注浆模拟的施工参数分析表明：通过对三种不同的注入率分别进行计算，其中在对应单孔建筑空隙注入率为 110% 工况下注浆口附近浆液中部有些微凹陷，两边扩展较弱，这是由注浆率较低所造成；在单孔注入率为 130% 时，其浆液展布特征较为正常，流动速率适中；而在单孔注入率为 150% 下，其注浆口附近浆液中间轻微隆起。

b. 整环注浆模拟的施工参数分析表明：类矩形盾构首先完成盾尾上部的闭合，随后是左右两端闭合,最后是底部闭合,最终达到整体充盈。在采用相同填充率的情况下,最先完成上部闭合的是上下孔位浆液注入比为 7∶3,其次为上下孔位浆液注入比为 6∶4,最后才是上下孔位浆液注入比为 5∶5。最终完成整环闭合的首先是上下孔位浆液注入比为 5∶5,其次为上下孔位浆液注入比为 6∶4,最后才是上下孔位浆液注入比为 7∶3。

c. 综上所述,在采用相同上下孔位浆液注入比的情况下,填充率越大,整环各处的闭合时间越短,同时整环填充更充盈。在实际施工过程中,更应关注盾尾上部闭合和上部充盈,因此施工中建议采用 150% 的填充率,上下孔位浆液注入比设定为 6∶4。

3)小结

通过有限单元法、SPH 技术、注浆模型试验,对类矩形盾构的同步注浆施工参数进行了分析和探索,主要结论如下:建议施工采用 150% 的注浆填充率,上下注浆孔位压注量的分配比例为 6∶4,增大顶部两个注浆点位的注浆量对于减少地表变形效果最显著,上部侧边两个次之。

4.8.4 同步注浆方案设计

1)同步浆液配合比设计依据

如图 4-70 所示,盾构机同步注浆孔位布置:盾构的顶部和底部建筑空隙呈水平状,同步注浆孔浆液注入最大的流淌距离约为 5.25m,最大落差为 1.3m。同步浆液需具有良好的流动性及充填均匀性。本工程盾构机覆土较浅,上部为软弱地层,同步浆液需具有较好的抗剪能力、较高的早期强度及较小的泌水率,满足沉降控制及隧道稳定性控制要求。

图 4-70 盾构机同步注浆孔位布置图

类矩形盾构的顶部和底部建筑空隙呈水平状,浆液注入的流淌性、充填率和均匀性都较圆形隧道不利。同时,在大断面工况下,同步注浆易引起地表变形,进而引起隧道变形。基于类矩形盾构法隧道的施工特点,对同步注浆浆液性能提出了如下特殊要求:

(1)充填性

相比圆形盾构,大断面类矩形盾构需要浆液必须具备良好的流动填充性能,保证浆液在异形断面结构条件下在管片壁后的流动距离,从而使浆液完整地包裹住管片,形成一层致密的保护层。

(2)强度

浆液应具备一定的后期固结强度,以保证在隧道衬砌周围形成永久性的固定保护层,防止衬砌的移动。

（3）塑性稠度

为了防止泵送过程中浆液受压泌水堵塞泵送系统，在存储和输送过程中，浆液需具备一定的塑性稠度保持能力，较小的泌水率和分层度，以保证浆液能够顺利地泵送入环形建筑空隙中。

（4）收缩率

硬化浆体要求具有较小的后期收缩率，使得浆液具备良好的后期性能，保证同步注浆施工的长期效果。

（5）内部摩擦特性

浆液应该具有好的颗粒级配，以提供有效的内部机械咬合力，这样可以形成有效的内部摩擦力，通过其抗剪强度阻止隧道的上浮。

采用流体动力学理论进行同步注浆模拟研究过程中，通过变换不同粒子采样参数来模拟不同浆液流体参数条件下的注浆填充及影响规律，进而对浆液流体参数提供依据，研究过程分别以可硬性单液浆（KY浆）、抗剪型单液浆指标作为基础，通过在模型中不断变化流体参数观察填充效果及影响规律来得出适应类矩形盾构同步注浆施工的最佳浆液性能指标。类矩形盾构同步注浆浆液关键性能指标如表4-18所示。

同步注浆浆液关键性能指标　　　　　　表4-18

性能指标	可硬性单液浆	抗剪型单液浆	矩形盾构设计值
坍落度	—	9～14cm	12～16cm
稠度	9～12cm	—	—
密度	>1.70g/cm³	>1.90g/cm³	>2.00g/cm³
泌水率	<3%	新浆<1% 活化浆<3%	<1%
流动度	>30cm	18～22cm	20～25cm
初凝时间	10～15h	>30h	>20h
抗压强度	R_7=0.15MPa R_{14}=0.30MPa R_{28}=0.50MPa	R_7=0.08MPa R_{14}=0.11MPa R_{28}=0.15MPa	R_1>0.03MPa R_3>0.08MPa R_7>0.15MPa R_{28}>0.20MPa
收缩率	<3%	<1%	膨胀率>1%
抗剪强度	0h, <200Pa	0h, >300Pa 8h, >800Pa	0h, >400Pa 4h, >800Pa

2）同步浆液配合比的性能指标

类矩形盾构施工对同步注浆浆液材料的要求与以往传统盾构同步注浆材料有较大差异，主要表现在对周围环境保护及成环隧道稳定性控制要求更高，且类矩形断面结构受力状态也较传统圆形断面不同，需对注浆材料介质的力学性能、流动性、强度等方面进行优化，通过大量配合比试验得出适应类矩形盾构同步注浆施工要求的浆液材料，类矩形盾构同步注浆浆液材料试验数据如表4-19所示。

类矩形盾构同步注浆浆液材料试验数据 表 4-19

序号	需水量(L)	坍落度（cm）		抗剪强度（Pa）		抗压强度（MPa）		密度(g/cm³)	泌水率(%)	流动度(cm)	收缩率(%)
		0h	4h	0h	4h	7d	14d				
1号	280	14	9	334	546	0.07	0.10	2.080	1.8	22	0.3
2号	285	14	8	336	622	0.11	0.25	2.078	1.6	21.5	0.3
3号	292	14.5	7.5	343	716	0.15	0.27	2.081	1.2	21	0.5
4号	305	14	6	357	752	0.18	0.31	2.077	0.8	21	0.7
5号	285	14	7	361	737	0.11	0.17	2.078	1.3	22	0.2
6号	290	14.5	6	377	829	0.16	0.22	2.082	0.7	21	0
7号	298	15	5.5	382	1021	0.18	0.26	2.085	0.5	21	0
8号	292	15	7	322	794	0.12	0.18	2.084	1.1	20.5	0
9号	292	14	6	339	865	0.13	0.21	2.086	0.9	21	0
10号	295	14	6	341	912	0.13	0.22	2.085	0.8	21	0
11号	288	13.5	7	316	686	0.11	0.14	2.079	1.3	20	0
12号	290	15	6.5	332	694	0.12	0.1	2.071	1.1	20.5	0
13号	292	14.5	6.5	338	717	0.13	0.18	2.082	0.9	21	0
14号	308	13.5	7.5	324	682	0.10	0.16	2.063	0.4	19	0.4
15号	298	14	6	358	844	0.16	0.27	2.079	1.0	21	0
16号	285	14.5	6	361	912	0.16	0.25	2.076	0.8	21.5	0
17号	292	13.5	7	352	877	0.15	0.25	2.080	0.8	21	0
18号	283	13.5	8	363	825	0.15	0.21	2.082	0.7	21.5	0

试验分析如图 4-71～图 4-78 所示。

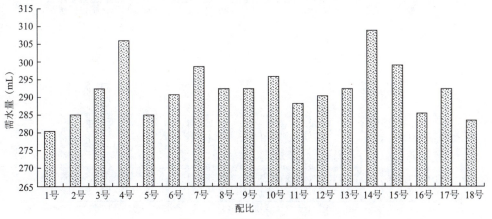

图 4-71 不同配比需水量比较

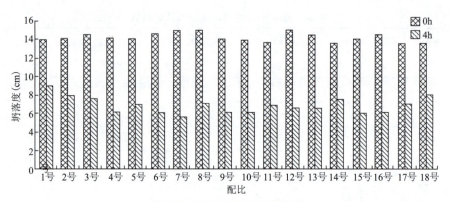

图 4-72　不同配比坍落度损失比较

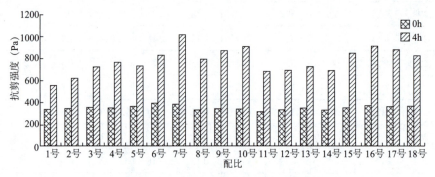

图 4-73　不同配比抗剪强度随时间增长比较

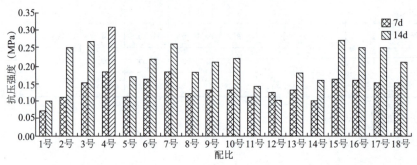

图 4-74　不同配比抗压强度随时间增长比较

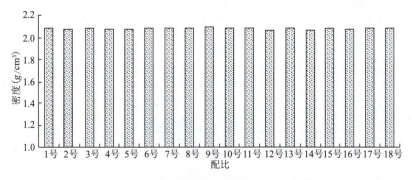

图 4-75　不同配比密度值比较

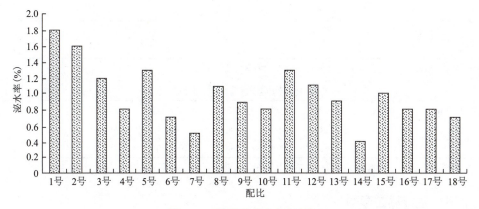

图 4-76　不同配比泌水率值比较

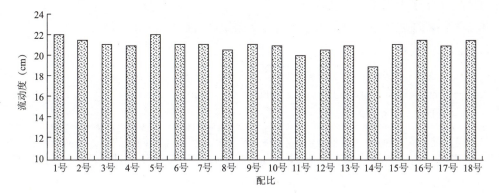

图 4-77　不同配比流动度值比较

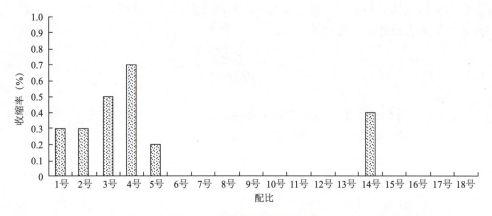

图 4-78　不同配比收缩率值比较

类矩形盾构施工对同步注浆浆液材料的要求与以往传统盾构同步注浆材料有较大差异，主要表现在对周围环境保护及成环隧道稳定性控制要求更高，且类矩形断面结构受力状态也较传统圆形断面不同，需对注浆材料介质的力学性能、流动性、强度等方面进行优化，通过大量配合比实验得出适应类矩形盾构同步注浆施工要求的浆液材料。类矩形同步注浆浆液配合比及性能指标控制如表 4-20、表 4-21 所示。

类矩形盾构同步注浆基准配合比（kg/m³） 表 4-20

砂	粉煤灰	膨润土	石灰	HD 干粉	外掺剂	水
1210	330	80	50	10	3	295

注：加水量视原材料含水率有一定波动，以拌制坍落度 14cm 为准。

类矩形盾构同步注浆性能控制指标 表 4-21

坍落度（cm）		密度（g/cm³）	泌水率（%）	抗剪强度（Pa）		可使用时间（h）	流动度（mm）	7d 强度（MPa）
0h	8h			0h	4h			
14	>5	>2.0	<1%	>300	>800	0～10	>200	>0.15

注：坍落度、密度、泌水率、抗剪强度指标，需在试验前进行测定，确保浆液质量指标符合上表要求。

3）同步注浆施工参数

（1）同步注浆施工参数控制原则

本工程同步注浆参数控制采用注浆量与注浆压力双控为原则。

（2）同步注浆量

$$同步注浆量\ Q = V \cdot \lambda \quad (m^3) \tag{4-2}$$

式中：V——充填体积，即盾构施工引起的建筑空隙，m³；

λ——注浆率，%。

建筑空隙填充率暂定 180%，即每环注浆量 11.02m³，并根据示范工程地层条件、隧道结构变形情况、稳定性和环境保护要求，具体参数通过模拟试验及试验段推进后确定。

（3）注浆压力

注浆压力的确定是根据注浆的目的和要求，即充分充填建筑空隙，避免由此引起地面隆沉而影响周围建构筑物安全，避免过大的注浆压力引起管片衬砌破坏，防止注浆损坏盾尾密封。注浆压力最佳值计算公式如下：

$$P_{注浆孔} = \frac{(h+h')gK_0}{1000} + P_{管阻} \tag{4-3}$$

式中：$P_{注浆孔}$——注浆孔注浆压力，MPa；

h——盾构机顶部至地面覆土的厚度，m；

h'——注浆孔距盾构机顶部高度，m；

g——单位体积土体的重度，kN/m³；

K_0——侧向压力系数；

$P_{管阻}$——注浆孔管阻，MPa。

同步注浆施工参数须根据盾构出洞（始发）试验段施工参数情况进行调整后确定，并结合盾构推进过程中的实际工况进行实时调整，同步注浆施工控制要求可参照表 4-22。

同步注浆施工控制要求 表 4-22

项 目	注浆压力	注浆速率	注浆部位
注浆过程	$P_{下限} > P_{注浆孔水土压力} + P_{管阻}$，$P_{上限} < P_{注浆孔水土压力} + 1MPa$	与盾构推进速度相匹配	根据科研成果，初定 8 点同步压注，比例 4:2:2:2
注浆结束	$P_{上限} < P_{注浆孔} < P_{下限}$	注浆与盾构掘进同步	

4.8.5 同步注浆施工操作

1）同步注浆施工操作流程（图 4-79）

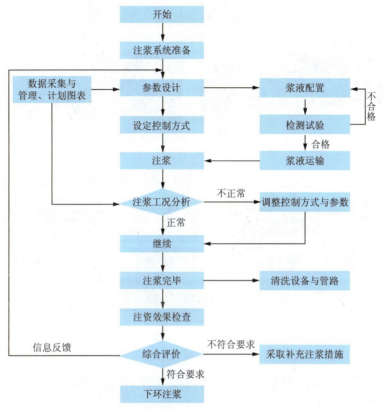

图 4-79　盾构同步注浆施工操作流程图

2）同步浆液试拌及泵送试验

在盾构机下井安装调试完成后，先进行同步浆液试拌及泵送试验（图 4-80），记录泵送压力，检验同步注浆管路及备用管路的泵送能力，泵送试验结束后清洗浆管，并对备用管路进行盾尾油脂填充处理，防止推进过程同步浆液回灌造成备用管路堵管。

图 4-80　同步浆液试拌及泵送试验示意图

3）同步浆液拌制、检测和输送

为保证同步注浆质量及科研项目的顺利进行，在施工现场设置自动化拌浆系统，图4-81为自动化砂浆搅拌楼系统示意图。

图4-81　自动化砂浆搅拌楼系统示意图

施工现场测定浆液坍落度、密度、泌水率指标的基本试验仪器及方法如图4-82所示。

a）坍落度　　　　　b）密度　　　　　c）泌水率

图4-82　施工现场基本指标测定

同步注浆输浆与存储系统应通过研究比选后确定具体设备及流程。同步注浆输送系统示意图分别如图4-83所示。

图4-83　同步注浆输送系统示意图

4）同步注浆的管理

在盾构推进中，由专人对同步注浆进行管理，确保工序的施工质量，并做好同步浆液称重、计量及数据分析工作，图 4-84 为同步注浆管理示意图。

a）砂浆抽样

b）地面坍落度检测

c）压浆量复核

d）同步注浆监控

图 4-84　同步注浆管理示意图

4.9　二次注浆技术

作为同步注浆的补充控制手段，必要时可进行二次注浆。

（1）注浆材料

二次注浆采用单液浆，加固土水泥掺量（重量比）为 5%～6%，水灰比一般为 0.6～0.7，可根据地层情况作适当调整，配比见表 4-23。

二次注浆浆液配比表 500L 浆液配比（重量比）　　　表 4-23

甲　液　（kg）			
水	水泥（P.O.42.5）	粉煤灰	膨润土
250	250	82.5	12.5

每孔最后一次封孔注浆采用无粉煤灰的水泥浆，配比见表 4-24。

封孔水泥浆配比　　　表 4-24

甲　液　（kg）			乙　液（kg）
水	水泥（P.O.42.5）	膨润土	水玻璃（35°）
200	200	5～8	60～100

（2）注浆工艺

由于本工程地层抗扰动能力较为敏感，因此，二次注浆均采用隧道内微扰动注浆施工工艺。施工流程图如图 4-85 所示。

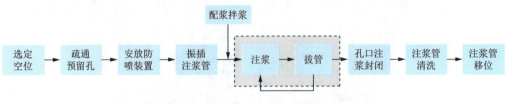

图 4-85　微扰动注浆施工流程图

（3）注浆加固工序控制要求

注浆加固工序应满足多点、少量、多次、均匀的原则，确保整个加固体和强度分布均匀。采取隔环跳打的方式，每环一次施工 1~2 孔，每两个施工环间隔 4 环。注浆压力应 ≤0.3MPa，浆液流量在 20~25L/min，单孔注浆总量 ≤700L，单孔单次注浆量 ≤90L，图 4-86、图 4-87 为隧道注浆顺序示意图。

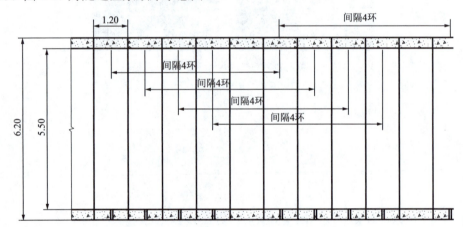

图 4-86　隧道纵向注浆顺序示意图

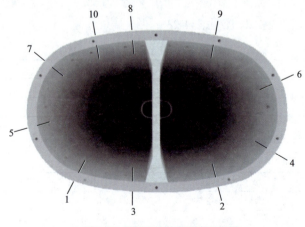

图 4-87　隧道环向注浆顺序示意图

4.10 盾构机接收

4.10.1 盾构接收施工总体流程

盾构接收施工总体流程如图 4-88 所示。

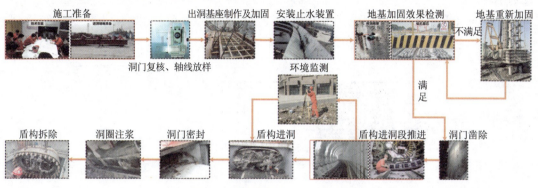

图 4-88 盾构接收施工总体流程图

4.10.2 盾构接收准备工作

1）接收施工测量

（1）盾构姿态测量

在盾构机推进至距离洞门 100 环、50 环时，需对盾构进行多次贯通前测量，确定盾构姿态及推进环号的实际里程。盾构到达加固区外 2m 对隧道进行最后一次定向测量。

（2）洞门复核测量

按照设计轴线与洞门交汇点坐标及高程进行放样并做好标识点。如若洞门偏差过大，需由设计调整轴线后，按照新设计轴线恢复掘进。

2）盾构接收准备

在完成盾构机接收前需根据贯通测量及洞门测量成果进行基座安放及加固、洞圈缩小弧形钢板（图 4-89）安装及地基加固质量验收工作。

3）混凝土洞门凿除

待盾构机靠上洞门后，在洞门加固取芯强度及抗渗

图 4-89 洞圈缩小弧形钢板示意图

指标满足设计要求及洞门样洞情况良好的条件下，对洞门进行粉碎性凿除。

4.10.3 盾构接收施工

1）盾构机到达加固区外 2m

如图 4-90 所示，当盾构机到达加固区外 2m，此时盾构机进入接收施工状态，接收井接收基座安装、洞门密封装置、应急抢险物资等接收准备工作应当全部就绪，隧道内最后 20 环管片纵向采用 1cm 钢板利用预埋钢板进行连接施工，共分 8 道，以防盾尾在脱出管片后，管片环与环之间间隙被拉大，造成渗水或漏泥，图 4-91 为接收隧道内管片连接示意图。

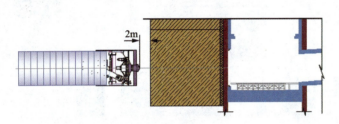

图 4-90　盾构机到达加固区外 2m 示意图　　　图 4-91　进洞（接收）隧道内管片连接示意图

2）盾构机切口到达加固区

此阶段应加强对刀盘正前方加固土体改良，使加固土体以流塑状排出，避免加固土体改良不足带来螺旋机卡死，影响接收施工。另外，此阶段应控制好刀盘扭矩小于设计值的 70%，刀盘转速采用最高转速，以 1cm/min 的掘进速度低速掘进，出土量控制为理论出土量的 100%，暂定总推力控制≤20000kN，根据出土量、总推力同步下调土压力值，图 4-92 为盾构机切口到达加固区示意图。

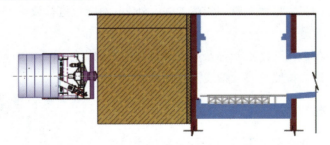

图 4-92　盾构机切口到达加固区示意图

3）盾构机刀盘进入加固区

此阶段将上部土压控制调整至中心土压控制，并根据出土量及总推力情况逐步调整为 0。同步浆液从此阶段开始添加水泥，初定每 1m³ 外送浆液添加 15kg 水泥，并根据科研成果确定最终配合比，图 4-93 为盾构机刀盘进入土加固区示意图。

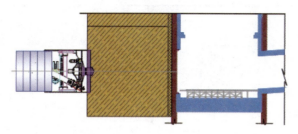

图 4-93　盾构机刀盘进入土加固区示意图

4）盾尾到达加固区

此阶段同步注浆量填充率调整为 100%，同步注浆出口压力控制 ≤ 0.2MPa，图 4-94 为盾构机盾尾到达加固区示意图。

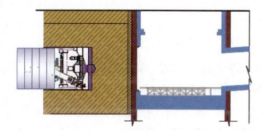

图 4-94　盾构机盾尾到达加固区示意图

5）盾构机切口到达围护桩

如图 4-95 所示，当盾构机切口到达围护桩位置，盾尾后 10 环通过管片的注浆孔压注环箍，浆液为双液浆。环箍注浆为 11 孔 / 环，每孔注浆量为 0.4～0.5m³，可根据注浆压力及时调整注浆量。压注顺序为从下到上。为防止浆液在土体中的流动路径过长，浆液的初凝时间不能过长，具体与出洞（始发）相同。在后续盾尾环箍注浆完成初凝后将土压调整为 0，出空土仓。

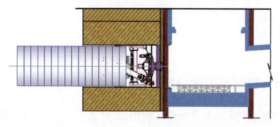

图 4-95　盾构机切口到达围护结构示意图

6）盾构机一次接收

如图 4-96、图 4-97 所示，盾构机盾尾到达围护结构停止掘进，将盾构机壳体与钢洞圈用 1cm 弧形钢板焊接。钢板焊接完毕后，先采用同步注浆系统进行填充。同步注浆压力达到 0.2MPa 后，通过洞门圈预留注浆孔进行单液浆填充，盾构机一次接收结束。

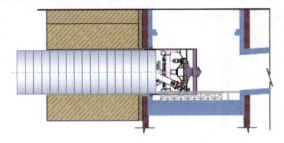
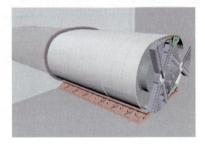

图 4-96　盾构机盾尾到达围护结构示意图　　图 4-97　盾构机一次进洞（接收）洞门封堵示意图

7）盾构机二次接收及洞门封堵

在环箍注浆施工完成后，通过对围护结构处管片注浆孔在加装球阀的基础上采用冲击钻进行注浆效果探测，在确认无渗漏情况下方可进行盾构机二次接收施工。

利用预先准备好的负环管片作为临时传力管片，千斤顶编组采用盾构机下部千斤顶，采用拼装模式推进至接收基座上预定位置，根据最后一环整环管片与洞门的相对位置关系，采用弧形钢板与接收环断面钢板或背覆钢板进行焊接，并利用洞圈预埋注浆管进行注浆填充，图 4-98、图 4-99 为盾构机二次进洞（接收）推进就位及洞门封堵示意图。

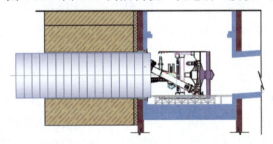

图 4-98　盾构机二次进洞（接收）推进就位示意图　　图 4-99　盾构机二次进洞（接收）洞门封堵示意图

4.10.4　盾构接收施工针对性措施

1）接收处工况条件描述及风险分析

盾构接收处隧道顶覆土埋深为 3.4m，盾构断面土层及上部均为软弱土层，盾构进洞上坡掘进过程中容易产生应力向上释放，带来盾构机姿态抛高，影响接收盾构姿态控制。

2）针对性措施

（1）提高接收土体地基承载力及地面加载

结合示范工程科研工作，先对接收处土体进行加固，加固完成后做好堆载预案。

（2）提高盾构机抗浮能力

主要为通过盾构机壳体预留注浆孔压浆及盾构机压重实现。

（3）施工参数控制

出土量为 100%，禁止欠挖，掘进速度控制≤1cm，纠偏坡度≤1‰，暂定控制总推力≤20000kN，提高同步注浆上部注浆比例，并进行隧道内加固注浆。

4.11 沉降控制技术

4.11.1 周边环境影响控制

1）保持开挖面稳定

盈压 10%、土压平衡、欠压 10% 工况下的地表横向和纵向变形如图 4-100～图 4-102 所示，从图中可以看出支撑面压力增大能减少地表的最终沉降量，并且地表沉降槽宽度也有所减小。盈压 10% 时开挖面前方地表有约 1mm 的隆起，而欠压 10% 会引起开挖面前方 10m 左右土体产生最大 3.2mm 的沉降。

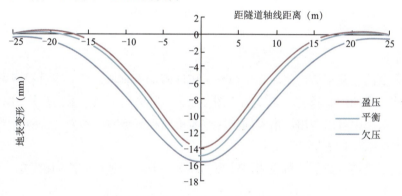

图 4-100　不同开挖面压力下的地表变形图

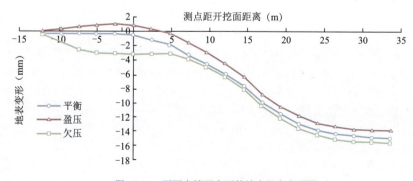

图 4-101　不同支撑压力下的地表纵向变形图

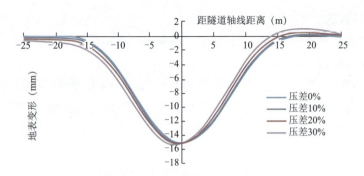

图 4-102　不同左右开挖面压力差下的地表变形图

针对性施工措施：为控制地表变形，在软土地区进行土压平衡盾构施工时采用盈压掘进，盈压量初步定为 10%。

左右开挖面压力差分别为 0%、10%、20%、30% 时，地表的横断面沉降曲线如图 4-104 所示，从图中可以看出随着左右开挖面压力差的增加，沉降曲线逐渐向开挖面压力小一侧旋转。虽然变化的量值并不大，但当开挖面左右存在压力差时，由类矩形断面特征引起的盾构姿态蛇形掘削会造成沉降槽最深点位置的偏移，地表变形的最大位置将偏离隧道轴线位置。

针对性施工措施：盾构推进中，左右两侧开挖面的土仓平衡压力按照同一个标准进行设定。

2）同步注浆控制

（1）注浆量

数值计算中的注浆量假定浆液完全填充盾尾间隙，没有考虑浆液渗透和劈裂等损失，因此与实际施工中的注浆量有一定差别。图 4-103 为隧道周围注浆量同步均匀增大时的地表变形情况，从图中可以看出，增大同步注浆量能够很好地减少地表沉降量，当注浆率达到 130% 时地表基本上没有沉降发生。

针对性施工措施：数值分析表明，较高的注浆率有利于地层沉降的控制，因此结合大型注浆模拟试验的试验成果，将正常掘进段的注浆率初步设定为 150%，施工时根据实际情况进行调整。

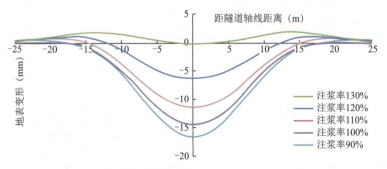

图 4-103　不同注浆量下的地表变形图

(2) 注浆孔注浆量分配比例

盾构机设计的注浆点位一共有 8 个，为了模拟在不同点位增加注浆量时的地层变形控制效果，把注浆点位分为四组，顶部两个注浆点为组一，上部侧边两个注浆点为组二，下部侧边两个注浆点为组三，底部两个注浆点为组四。分别计算了其中一个组注浆率为 130%，而其他三个组注浆率为 100% 时的地层变形，图 4-104 为不同注浆点位注浆率为 130% 时的地表变形图。从图中可以看出，增大顶部注浆点位注浆量对于减少地表变形量效果最为显著，而增大下部侧边两个注浆点的注浆量反而可能引起地表沉降量增大；增大上部侧边两个注浆点的注浆量也有利于减少地表变形量，但会引起隧道外侧的土体产生一定的隆起量。

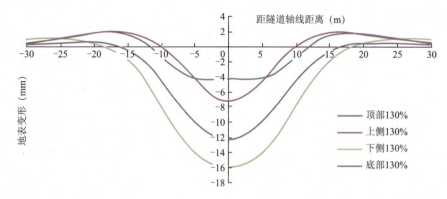

图 4-104　不同注浆点位注浆率为 130% 时的地表变形图

针对性施工措施：盾构正常推进过程中，将注浆孔的上下分配比例设定为 6∶4，其中顶部 2 个注浆孔的分配比例各为 20%，其余 6 个注浆孔的分配比例各为 10%。

(3) 壳体压注减摩泥浆

类矩形盾构为扁平状结构，作用在盾构壳体的法向土压力较大，土体与盾构壳体间的摩擦力较大，在盾构向前推进时，盾壳可能拖拽周围土体一同向前移动。数值计算中通过在盾壳周围土体上施加切向摩擦力来简化考虑这一过程，摩擦力大小为作用在盾壳上的法向土压力与摩擦系数的乘积，摩擦系数取为 0.2，在摩擦力的作用下盾构前部的土体产生隆起而后部的土体发生沉降，图 4-105 为盾构背土引起的地表变形图。

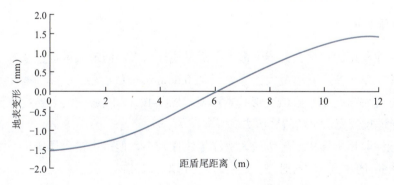

图 4-105　盾构背土引起的地表变形图

针对性施工措施：盾构正常推进过程中，在盾构壳体顶部压注适量的高黏度、低滤失量减摩泥浆，用以提高类矩形盾构背部壳体的减摩效果。

4.11.2 隧道变形控制

1）合理控制施工速度

计算选定了四种浆液未凝固长度，分别为盾尾后 3 环、6 环、9 环和 11 环。类矩形盾构隧道施工期最大上浮量、错台量及、最大收敛变形量随浆液未凝固长度的变化见图 4-106、图 4-107。

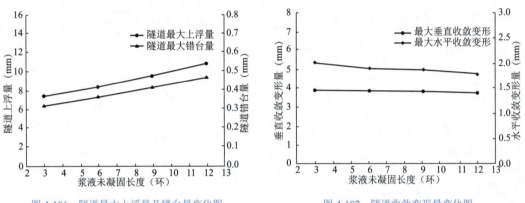

图 4-106　隧道最大上浮量及错台量变化图　　图 4-107　隧道收敛变形量变化图

浆液未凝固长度从 3.6m 增加到 14.4m 时，管片最大上浮量的位置由盾尾后 12m 逐步移动到盾尾后 19m。随着同步注浆浆液未凝固长度加长，隧道最大上浮量及最大错台量线性增大。浆液未凝固长度每增加 3.6m（3 环），隧道的最大上浮量增加约 1.17mm，最大错台量增加 0.05mm。横向变形方面，随着同步注浆浆液未凝固长度加长，隧道最大垂直收敛变形量基本不变，最大水平收敛变形量稍有减小。

针对性施工措施：施工过程中，根据现场浆液使用情况，合理控制盾构拼装成环速度，确保成型隧道段浆液未凝固长度不超过 6 环。

2）注浆压力控制

随着隧底注浆压力的增大，隧道最大上浮量线性增大，而最大错台量基本不变。隧底注浆压力每增大 25kPa，隧道最大上浮量增加 0.66mm。横向变形方面，随着隧底注浆压力的增大，隧道垂直、水平收敛变形基本不变，图 4-108 为隧道最大上浮量随隧底压力，图 4-109 为隧道收敛变形量随隧底压力。

随着隧顶注浆压力增大，隧道最大上浮量线性减小，但最大错台量变化不大。浆液未凝固长度从 3.6m 增加到 14.4m 时，隧顶注浆压力每增大 25kPa，隧道最大上浮量减小 0.57mm 左右，而最大错台量稳定在 0.32mm。横向变形方面，随着隧顶注浆压力增大，隧道最大收敛变形量基本不变，图 4-110 为隧道最大上浮量随隧顶压力，图 4-111 为隧道收敛变形量随隧顶压力。

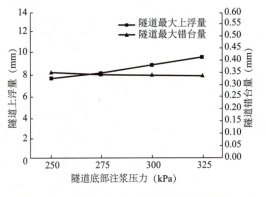

图 4-108　隧道最大上浮量随隧底压力变化图

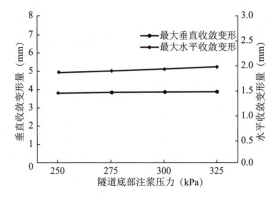

图 4-109　隧道收敛变形量随隧底压力变化图

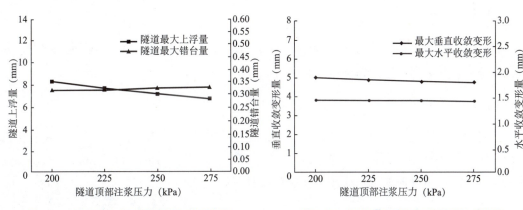

图 4-110　隧道最大上浮量随隧顶压力变化图　　　　图 4-111　隧道收敛变形量随隧顶压力变化图

针对性施工措施：同步注浆施工中，将底部 2 个注浆孔的注浆压力设定为其合理取值范围的下限值；将顶部 2 个注浆孔的注浆压力设定为其合理取值范围的上限值。

3）后配套压重

后配套系统主要包括轨道运输设备、垂直提升设备、通风设备、注浆设备及供电系统等。模型计算中，将后配套系统重量考虑成作用于左右线道床的均布荷载，荷载作用宽度为 2.6m，长度为 25 环，共 30m，图 4-112 为隧道最大上浮量随后配套重，图 4-113 为隧道收敛变形量随后配套重。

经过计算发现，后配套系统重量对隧道纵向变形影响较大，随着后配套压重的增大，类矩形盾构隧道抵抗变形的能力越强，隧道最大上浮量与最大错台量都线性减小，隧道最大垂直、水平收敛变形也线性减小，后配套自重每增大 2000kN，隧道最大上浮量减小 1.90mm 左右，最大错台量减小 0.06mm，最大垂直和水平收敛变形分别减小 0.36mm、0.20mm。

针对性施工措施：施工中根据隧道上浮情况，按照100kPa（8t/环）压重减少1.9mm上浮量的标准，进行隧道配重的设置。

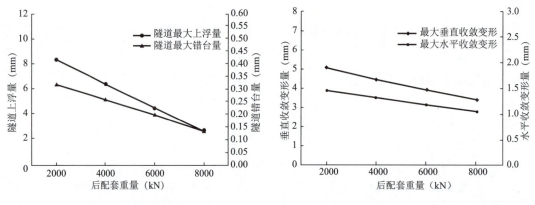

图 4-112　隧道最大上浮量随后配套重变化图　　图 4-113　隧道收敛变形量随后配套重变化图

4）隧道刚度加强

针对性施工措施：管片拼装过程中，多次拧紧管片连接螺栓，确保螺栓的紧固力，并且增设剪力销和纵向拉紧，提高管片抗变形能力。

5）二次注浆

针对性施工措施：推进过程中，对穿越沿线构建筑物处采取二次注浆的形式在盾构机穿越后对管片外部 2m 范围土体进行加固，每孔压注量暂定为 $1m^3$，每环 $24m^3$，对于部位注浆，以注浆压力控制为主，压注时加强测量监控。

6）隧道变形实时监测

针对性施工措施：监测区域管片上安装监测目标棱镜，利用安装于管片上的自动全站仪完成管片位移及高程实时监测；在监测区域的管片上安装倾斜仪，监测管片的转角变化。

4.12　施工技术综合评价

类矩形盾构因其断面形状特殊，施工中可能面临诸如排土困难、开挖面失稳、盾构背土、盾构偏转、轴线偏差、管片拼装困难和盾尾间隙填充不足的难题；另外，类矩形盾构施工环境保护和成型隧道变形控制也由相当的难度，由此衍生出了大量信息的使用和管理问题。

依托宁波市轨道交通 3 号线类矩形盾构隧道段，利用 11.83m×7.27m 类矩形土压平衡盾构顺利完成了约 400m 的隧道，在最小平曲线半径 400m 复杂线型的不利工况条件下，将隧道轴线控制在规范标准范围内，并且隧道管片拼装质量和防水质量均达到了优良。

结合类矩形盾构隧道施工的难点和风险，试验并验证了切削排土改良技术、管片拼装技术、注浆技术和盾构轴线控制技术的研究成果，实施了现场实测并进行数据分析和反馈，总结了类矩形盾构施工的环境影响规律和成型隧道的变形规律。

通过整个研究和工程应用，形成了主要结论如下：

（1）依托首条世界最大断面（11.83m×7.27m）类矩形盾构隧道工程，针对类矩形盾构法隧道施工的特点与难点，创新建立了类矩形盾构施工的推、拼、压技术体系，创新研发了"类矩形盾构切削排土改良技术""异形管片拼装技术""大断面类矩形盾构同步注浆技术"与"类矩形盾构轴线控制技术"，形成了类矩形盾构法隧道施工成套关键技术和施工方法，成功实现了城市轨道交通类矩形盾构隧道的施工建造。

（2）通过理论分析、数值模拟仿真、室内实验等方法，得出了适用于类矩形盾构施工的改良剂配比和相应的改良参数，有效控制了开挖面稳定并解决了异形断面的切削排土。

（3）通过理论计算、三维有限元、拼装仿真和现场实测等多种研究手段，细化计算类盾构推进纠偏量，形成了类矩形盾构在拼装和推进阶段的纠偏控制方法。

（4）建立了类矩形盾构三维管片拼装仿真模型，分析管片拼装过程中施工误差的累积机制和对管片受力产生的影响，提出了管片拼装的误差控制指标和拼装质量控制措施，实现了拼装质量的预测；利用串联环臂式轨迹伺服式拼装系统，首次实现了扁狭空间内大尺寸类矩形盾构管片拼装的规划轨迹自动跟踪和优化，并建立了类矩形管片拼装工艺。

（5）基于数值模拟，得出了浆液材料性能指标和施工参数建议值；基于大量室内试验，提出了适应类矩形盾构施工的同步浆液配合比以及主要性能指标；首次研发了类矩形盾构大型可视化同步注浆模型试验装置及试验方法，揭示了同步注浆压注过程的演化规律和直观形态。

（6）厘清了类矩形盾构施工期影响周边环境变形和成型隧道自身稳定的潜在因素，并提出了影响类矩形盾构施工期环境变形和隧道稳定数值预测规律和施工参数优化组合控制范围。

第 5 章
类矩形盾构试验段应用

5.1 工程概况

5.1.1 工程简介

宁波市轨道交通 3 号线工程为南北向骨干线，南起鄞州新城区南部陈婆渡片区，依次经过鄞州新城区、江东区、江北区及镇海新城北区，止于骆驼街道绕城高速以南。线路全长约 25.71km，均为地下线，共设 21 座车站。全线在南端设车辆段 1 座，北端设停车场 1 座。3 号线一期工程为陈婆渡～甬江北段，主要经过鄞州新城区、江东区中兴路，下穿甬江后止于江北区庄桥机场前。线路全长约 16.83km，设站 15 座，其中换乘站 5 座，最小站间距 0.736km，为鄞县大道站至万达广场站，最大站间距 1.724km，为曙光路站至甬江北站，平均站间距为 1.16km，一期工程在南端设车辆段 1 座。本课题研究的工程为陈婆渡站到车辆段出入线明挖区间之间的类矩形盾构隧道区间，该区间线路出陈婆渡站后，向西南延伸，经由一组 $R=400$ 的曲线段穿越外塘河，到达盾构工作井，其工程平面示意图如图 5-1 所示。线路两侧以农田为主，周边建筑较少，只穿越了部分厂房。

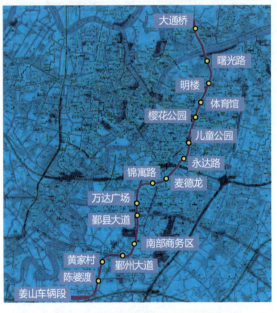

图 5-1 宁波轨道交通 3 号线示意图

5.1.2 类矩形盾构区间概况

类矩形盾构隧道区间长 390.3m,隧道埋深为 5.1～9.3m,盾构主要穿越土层为②$_{2b}$淤泥质黏土层和②$_{2a}$淤泥层,下卧层②$_3$淤泥质粉质黏土和③$_2$粉质黏土为主。②$_{2a}$层物理力学性质极差,具高压缩性,液性指数 I_L=1.61,压缩系数 $a_{0.1\sim0.2}$=1.55MPa^{-1},层厚 2.5～6.7m;②$_{2b}$层物理力学性质同样极差,具高压缩性,液性指数 I_L=1.35,压缩系数 $a_{0.1\sim0.2}$=1.11MPa^{-1},层厚 1.1～8.8m;②$_3$层呈流塑状,土质不均匀,含较多的粉砂、粉土团块,物理力学性质极差,具高压缩性,液性指数 I_L=1.34,压缩系数 $a_{0.1\sim0.2}$=0.81MPa^{-1},层厚 3.0～7.0m;③$_2$层,呈流～软塑状,土质不均一,局部粉粒含量较高,夹较多粉土,物理力学性质较差,具高压缩性,液性指数 I_L=1.18,压缩系数 $a_{0.1\sim0.2}$=0.64 MPa^{-1},层厚 2.0～4.0m。

区间各土层的物理力学参数如表 5-1 所示。

岩土体物理力学参数 表 5-1

岩土编号	岩土名称	层厚(m)	重度 γ (kN/m³)	压缩模量 E_s (MPa)	内摩擦角 φ (度)	黏聚力 c (kPa)	回弹模量 E_{sr} (MPa)	侧压力系数 K0
①$_1$	杂填土	1.5	18	3.41	17.7	25.0	13.56	0.6
①$_3$	淤泥	1.7	16.4	1.65	19.7	9.3	10.2	0.72
②$_1$	黏土	0.8	18.3	3.15	16.1	14.5	12.5	0.63
②$_{2a}$	淤泥	4.4	16.5	1.63	13.6	8.5	9.2	0.72
②$_{2b}$	淤泥质黏土	8.4	17.2	2.02	15.3	10.5	11.6	0.67
③$_2$	粉质黏土	3.7	18.3	3.03	21.4	12.0	17.7	0.47
④$_1$	淤泥质粉质黏土	7.3	18	2.84	16.8	9.8	13.8	0.54
④$_2$	黏土	5.7	17.4	2.87	14	18.3	14.2	0.55

出入段线里程 RCK0+410.1～RCK0+438.1 处穿越外塘河,河宽 15～20m,河水位一般低于地面 0.4～1.1m,河道深 0.9～2.8m。地下水以赋存于表部黏土、淤泥质黏土层中的孔隙潜水为主,富水性及透水性均较差,渗透系数在 5.0×10^{-6}～4.07×10^{-7}cm/s,水量贫乏,主要接受大气降水的竖向入渗补给和地表水的侧向入渗补给,多以蒸发方式排泄。水位受气候条件等影响,季节性变化明显,潜水位变幅一般在 1.0m 左右,勘察期间测得各勘探孔潜水位埋深为 0.2～1.0m。

5.1.3 线路和周边环境特点

出入段线类矩形盾构隧道区间平面线型最小半径为 400m,而竖向线型距为上坡,最大坡度为 +35‰。盾构区间出陈婆渡站后,向西南延伸,经由一组 R=400 的曲线段后到达盾构工作井,区间里程 RK0+082.7～RK0+473.0。线路两侧以农田为主,穿越了部分厂房(2～5 层,砖混结构),里程 RK0+410.1～RK0+438.1 处穿越外塘河,场地现状环境条件见图 5-2～图 5-4。

图 5-2 出入段线西南侧全貌图

图 5-3 穿越的部分厂房

图 5-4 穿越的外塘河

5.1.4 管片环结构形式

隧道管片由预制钢筋混凝土管片环构成,混凝土强度等级为 C50,抗渗等级为 P10,钢筋采用 HPB300 级和 HRB400 级钢。管片外包尺寸为 1150mm×6937mm(宽度×高度),管片厚度为 450mm,环宽 1200mm。衬砌环全环共分为 11 块,分别由 1 块(F)、1 块(L)、3 块(B)、3 块(C)、2 块(T)及立柱(LZ)组成,管片构造如图 5-5 所示,管片采取错缝拼装。管片通过斜螺栓连接,环向由 40 根 M36 螺栓及 8 根 M27 螺栓连接,纵向由 30 根 M30 螺栓连接,螺栓强度等级为 5.8 级,并设置 10 个剪力销。

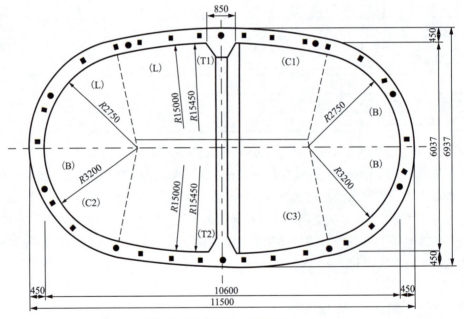
图 5-5 管片构造图(尺寸单位:mm)

5.1.5 盾构设计参数

区间采用自主研发的类矩形盾构机掘进,掘削方式为 2 个大刀盘+1 个偏心刀盘全断面切削,开挖尺寸 11830mm×7267mm,盾构机主要设计参数如表 5-2 所示。

盾构机主要设计参数　　　　　　　　　　　表 5-2

参数项目	数　　值	单　　位
设备总功率	2500	kW
总推力	84846	kN
最大掘进速度	60	mm/min
刀盘转速	大刀盘：0～1；偏心刀盘：0～2.2	r/min
主机总重	750	t
开挖尺寸	11830×7267	mm
适用管片规格	11500×6937	mm
前壳体规格	11830×7267×4342	mm
后壳体规格	11800×7059×3492	mm
盾尾结构尺寸	11800×7059×3780	mm
盾构总长	11460mm	mm
盾尾密封	2 道钢丝刷 +1 道钢板刷 +1 道反向钢板刷	

5.2　类矩形盾构施工环境影响理论分析及计算

基于宁波地区淤泥质软土灵敏性高、承载力低的特点，且采用国内首创的类矩形盾构施工方案，有必要研究隧道与地层的相互作用，确保隧道结构的可靠性。本课题首先基于弹性力学 Mindlin 解分析了盾构施工对地层的扰动，再建立浅覆土段成型隧道三维分析模型，并引入应力释放率、浆液弹模、压重等施工因素，对盾构施工引起的地表沉降、管片上浮进行了数值模拟分析，根据规律提出相应的措施建议，确保工程的可行性。

5.2.1　盾构掘进地层扰动分析

盾构施工会不可避免地扰动土体，引起附加应力，进而造成地表沉降、地下管线变形、桩基侧向挠曲等问题。针对隧道施工引起的附加应力，相关学者对圆形盾构、双圆盾构、顶管等做了大量研究。对附加应力场的理论分析主要基于弹性力学 Mindlin 解，考虑盾构掘进刀盘正面附加推力、壳体摩阻力两类因素，部分研究还引入了土体损失。

以下基于弹性力学 Mindlin 解，考虑类矩形盾构掘进刀盘正面附加推力、壳体摩阻力两类因素，研究类矩形盾构掘进土体附加应力场的分布，以研究其对土层的扰动情况。

1）分析模型与假定

建立图 5-6 所示的坐标系，考虑类矩形盾构推进刀盘对土体的附加推力 p_1、壳体与土体间的摩阻力 p_2 两类因素。为简化分析，本文作如下基本假定：

（1）不考虑土体排水固结和地层损失对土体应力状态的影响；

（2）盾构沿水平方向正常掘进，不考虑盾构纵向坡度以及偏转；
（3）盾构正面附加推力沿开挖面均匀分布；
（4）土层为均质、线弹性半无限体。

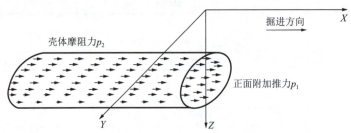

图 5-6 类矩形盾构掘进力学模型

2）Mindlin 应力解及拓展

如图 5-40 所示，Mindlin 推导了各向同性弹性半无限体内部，作用一水平集中力 P 时，弹性体内任意一点的应力值。

值得注意的是，Mindlin 解中，集中力位于 Z 轴 $(0, 0, c)$ 处，这为后续积分带来不便。参考文献采用坐标变换的方式，推导任一点集中力作用下 Mindlin 解的一般式。

如图 5-7 所示，设整体坐标系 XYZ，局部坐标系 $X'Y'Z'$。两坐标系对应坐标轴互相平行，局部坐标系原点在整体坐标系下的坐标为 (l, m, n)。根据坐标变换，有以下关系：

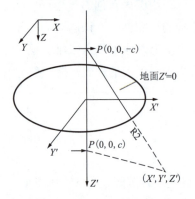

图 5-7 Mindlin 水平集中力求解示意图

$$\left.\begin{array}{l} x' = x - l \\ y' = y - m \\ z' = z - n \end{array}\right\} \quad (5\text{-}1)$$

将式（5-1）代入 Mindlin 解中，得到任意一点作用水平集中力引起的应力场解答。弹性力学以拉应力为正，而土力学以压应力为正，所以对 Mindlin 应力解做了符号修正。

$$\sigma_x = F(x,y,z) = \frac{P(x-l)}{8\pi(1-\mu)} \left\{ \begin{array}{l} \dfrac{(1-2\mu)}{R_1^3} - \dfrac{(1-2\mu)(5-4\mu)}{R_2^3} + \dfrac{3(x-l)^2}{R_1^5} \\ + \dfrac{3(3-4\mu)(x-l)^2}{R_2^5} + \dfrac{4(1-\mu)(1-2\mu)}{R_2(R_2+z-n+c)^2} \\ \left[3 - \dfrac{(x-l)^2(3R_2+z-n+c)}{R_2^2(R_2+z-n+c)}\right] - \dfrac{6c}{R_2^5} \\ \left[3c - (3-2\mu)(z-n+c) + \dfrac{5(x-l)^2(z-n)}{R_2^2}\right] \end{array} \right\} \quad (5\text{-}2)$$

$$\sigma_y = G(x,y,z) = \frac{P(x-l)}{8\pi(1-\mu)} \left\{ \begin{array}{l} -\dfrac{(1-2\mu)}{R_1^3} - \dfrac{(1-2\mu)(3-4\mu)}{R_2^3} + \dfrac{3(y-m)^2}{R_1^5} \\ + \dfrac{3(3-4\mu)(y-m)^2}{R_2^5} + \dfrac{4(1-\mu)(1-2\mu)}{R_2(R_2+z-n+c)^2} \\ \left[1 - \dfrac{(y-m)^2(3R_2+z-n+c)}{R_2^2(R_2+z-n+c)}\right] - \dfrac{6c}{R_2^5} \\ \left[c - (1-2\mu)(z-n+c) + \dfrac{5(y-m)^2(z-n)}{R_2^2}\right] \end{array} \right\} \quad (5\text{-}3)$$

式中：(x, y, z)——待求点的整体坐标；

c——水平集中力作用点到地面的距离；

P——水平集中力；

μ——泊松比；

R_1、R_2——分别为集中力作用点及其对称点到待求应力点间的距离，可表示为：

$$\left. \begin{array}{l} R_1 = \sqrt{(x-l)^2 + (y-m)^2 + (z-n-c)^2} \\ R_2 = \sqrt{(x-l)^2 + (y-m)^2 + (z-n+c)^2} \end{array} \right\} \quad (5\text{-}4)$$

（1）正面附加推力 p_1 引起的附加应力场

如图 5-8 所示，取开挖面正面面积微元 $rd\theta dr$，其上作用的荷载为 $p_1 rdrd\theta$，在整个开挖面上积分，即可求得正面附加推力 p_1 引起的附加应力。

$$\left. \begin{array}{l} \sigma_{x_1} = \iint F(r,\theta) drd\theta \\ \sigma_{y_1} = \iint G(r,\theta) drd\theta \end{array} \right\} \quad (5\text{-}5)$$

（2）壳体摩阻力 p_2 引起的附加应力场

如图 5-9 所示，取壳体表面面积微元 $Rd\theta dl$，则微元上的荷载为 $p_2 Rdld\theta$。沿壳体边界和盾构全长进行积分。

$$\left. \begin{array}{l} \sigma_{x_2} = \iint F(l,\theta) d\theta dl \\ \sigma_{y_2} = \iint G(l,\theta) d\theta dl \end{array} \right\} \quad (5\text{-}6)$$

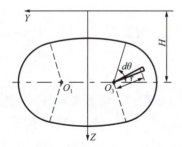
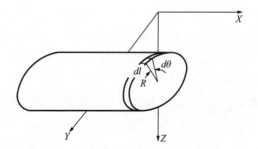

图 5-8　正面附加推力引起附加应力分析模型　　图 5-9　壳体摩阻力引起附加应力分析模型

（3）总应力场

类矩形盾构掘进，正面附加推力、盾壳摩阻力两类因素引起的地层附加应力为：

$$\left.\begin{aligned}\sigma_x &= \sigma_{x_1} + \sigma_{x_2} = \iint F(r,\theta)\mathrm{d}r\mathrm{d}\theta + \iint F(l,\theta)\mathrm{d}l\mathrm{d}\theta \\ \sigma_y &= \sigma_{y_1} + \sigma_{y_2} = \iint G(r,\theta)\mathrm{d}r\mathrm{d}\theta + \iint G(l,\theta)\mathrm{d}l\mathrm{d}\theta \end{aligned}\right\} \quad (5\text{-}7)$$

3）分析结果

（1）附加应力 σ_x 的分布

如图 5-10 所示，σ_x 沿盾构推进方向 X 近似为反对称分布，对称点位于盾构中部。开挖面前方土体受压，峰值集中在前方 5m 处。盾构中后部土体受拉，峰值集中在盾尾后 4m 处。σ_x 前后影响范围大致为 $-25 \sim 25$m，即开挖面前后各 $2L$ 范围，且距盾构轴线越远，附加应力越小。

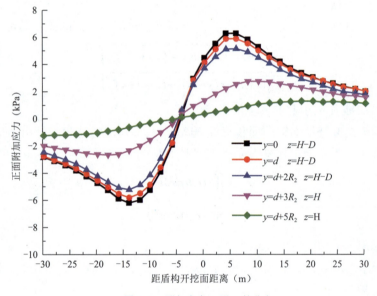

图 5-10　附加应力 σ_x 沿 X 的分布

图 5-11 为 σ_x 沿侧向 Y 的分布。σ_x 沿侧向关于盾构轴线对称分布，呈现明显的"拱形"。距盾构轴线越远，附加应力值越小，衰减越慢。侧向影响范围为盾构轴线两侧各 15m，接近 1.5 倍盾构宽度。由于类矩形盾构较宽，距开挖面较近时（$x=1$m，$x=2$m），盾构宽度范围内的附加应力变化小，曲线较为平坦，对土体的挤压集中在盾构宽度范围内。$x=1$m 处，盾构两腰端点附近，附加应力甚至发生了突变。

（2）附加应力 σ_y 的分布

图 5-12 为 σ_y 沿盾构推进方向 X 的分布。同 σ_x 分布情况类似，沿推进方向，附加应力 σ_y 基本为反对称分布，对称点位于盾构前部，前后影响范围 $-20 \sim 20$m。盾构轴线埋深处（$z=H$），刀盘前方土体侧向处于受压状态，峰值点位于刀盘前部 5m 处；刀盘后部土体侧向受拉，峰值点位于盾构中后部。

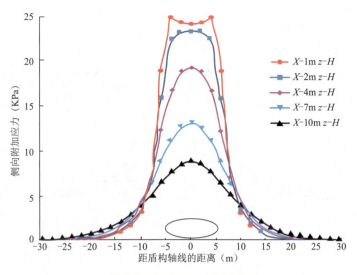

图 5-11　附加应力 σ_x 沿 Y 的分布

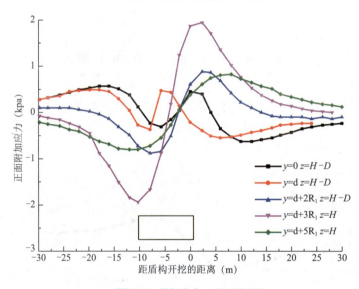

图 5-12　附加应力 σ_y 沿 X 的分布

盾构上方土体（$z=H-D$）的附加应力 σ_y 分布较为复杂。距盾构轴线较近区域（$y=0$，$y=d$），刀盘前方土体侧向受拉，有向隧道轴线移动趋势，说明土体处于扰动卸荷状态，且在 $x=10m$ 处达到峰值；开挖面后部土体侧向受压，压应力在盾尾后 5m（$x=-15m$）处达到峰值。此外，在此区域内，附加应力 σ_y 沿侧向变化不明显。距盾构轴线较远区域（$y=d+2R_1$）则与上述结果相反，刀盘前方土体侧向受压，后部土体侧向受拉。

图 5-13 为 σ_y 沿侧向 Y 的分布。隧道轴线埋深处（$z=H$），沿盾构侧向，开挖面前方土体侧向受到明显挤压，σ_y 关于盾构轴线呈"钟形"对称分布。开挖面前方一定距离内（$x=1m$，$x=2m$），σ_y 变化幅度较大，峰值点位于盾构轴线处。远离开挖面（$x=4m$，$x=7m$，$x=10m$），峰值点逐步往盾构两腰移动，σ_y 扩散趋缓，趋于均匀分布。

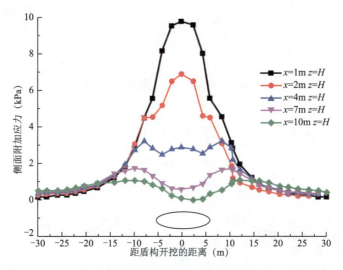

图 5-13　附加应力 σ_y 沿 Y 的分布

（3）敏感性分析

文献中指出，盾构掘进引起附加应力的两类因素中，正面附加推力影响较小。对于双圆盾构，正面附加推力引起的附加应力只占总应力值的 13%。圆形盾构中，根据文献的数据，这一比例为 18%。

如图 5-14 所示，以 σ_x 沿盾构推进方向 X 的分布为例（$y=0, z=H-d$），类矩形盾构掘进中，正面附加推力对土层附加应力的贡献比例接近 25%，高于圆形盾构和双圆盾构。

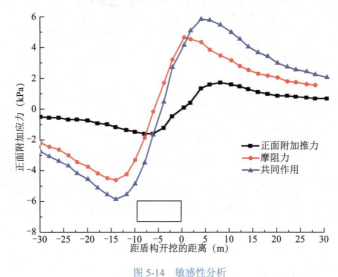

图 5-14　敏感性分析

分析原因，双圆盾构上下凹槽部分壳体摩阻力集中，盾构掘进时对土体产生较为明显的"拖拽"作用，土体扰动效应加强，从而提高了壳体摩阻力引起的附加应力比例，正面附加推力的影响被削弱。另一方面，双圆盾构的正面附加推力实测值达到了 27～50kPa，明显高于现有研究 15～20kPa 的取值。对正面附加推力的低估，削弱了其对附加应力场的影响，间接忽视了刀盘正面推力控制的重要性。

（4）双圆、类矩形、大直径圆形盾构对比

对于"单洞双线"地铁隧道，可选用大直径圆形盾构、双圆盾构，以及本文所研究的类矩形盾构。假定三类盾构同时应用于宁波地铁 3 号线类矩形盾构工程，图 5-15 展示了三类盾构引起地层附加应力 σ_x 沿推进方向 X 的分布（$y=0, z=H$）。其中，大直径圆形盾构为北京地铁 14 号线东方北桥站—京顺站区间所使用的 ϕ10.22m 土压平衡盾构，双圆盾构以文献为例。

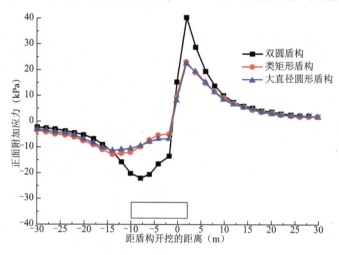

图 5-15　附加应力 σ_x 沿 X 的分布

显然，双圆盾构引起的附加应力远大于类矩形盾构和大直径圆形盾构，尤其在开挖面前部 5m 至开挖面后部 10m 范围内。相同情况下，类矩形盾构的附加应力只有双圆盾构的 50% 左右，与大直径圆形盾构接近。双圆盾构横断面形状对土体扰动控制先天不足，上下凹槽在施工时易形成应力集中。类矩形盾构对上下凹槽进行了改进，有效减缓了对土体的扰动，有利于地下管线保护、桩基穿越、地表沉降控制。同时，相比大直径圆形盾构，类矩形盾构空间利用率高，对覆土厚度要求低，可用于浅覆土"单洞双线"隧道施工。

5.2.2　ABAQUS 有限元分析

1）ABAQUS 有限元软件简介

ABAQUS 是由达索 SIMULIA 公司（原 ABAQUS 公司）进行开发、维护及售后的有限元分析软件，是国际公认功能强大的能够进行非线性分析的软件之一，得到了全球工业界和学术界广泛接受和认可。ABAQUS 为用户提供了广泛的功能模块，具有操作简单、界面友善等优势，而且大量的相对复杂的问题可以通过选项模块的不同组合模拟出来。

ABAQUS 包含 ABAQUS/Standard 和 ABAQUS/Explicit 两个主要的分析模块。

针对模态分析、瞬态分析、热传导、质量扩散、渗透应力耦合、海洋工程、设计敏感度分析、大结构线性动力分析等特殊问题，ABAQUS/Standard 提供的 ABAQUS/Aqua、

ABAQUS/Design、ABAQUS/AMS、ABAQUS/Foundation 四个额外的专用模块加以解决。针对模型的前后处理，ABAQUS 提供了一个全面求解器的图形用户界面 ABAQUS/CAE，在该模块中可以针对 ABAQUS/Standard 和 ABAQUS/Explicit 问题进行建模、提交任务、监控运算过程和结果的后处理。用 ABAQUS 模拟工程问题时，应该先建立有限元模型，包括定义本构模型、材料特性和进行装配，然后定义分析步和输出，定义相互作用、荷载边界以及划分网格，最后分析和后处理。概括为以下三个主要的步骤：

（1）前处理

在前处理阶段需要定义物理问题的模型，并生成一个 ABAQUS 输入文件，ABAQUS/CAE 是完整的 ABAQUS 运行环境，可以生成 ABAQUS 模型、交互式地提交和监控分析作业，并显示结果，ABAQUS 的每一个模块定义模拟过程的一个方面。

（2）分析计算

在分析计算阶段，使用 ABAQUS/Standard 或 ABAQUS/Explicit 求解输入文件中所定义的数值模型，通常以后台方式运行，分析结果存储在二进制文件中，以便于后处理。

后处理模块为 ABAQUS/Viewer，用以读入分析计算结果数据，并以云图、变形图、矢量图、曲线图等方式显示出来。

2）初始地应力场模拟

（1）初始应力场简介

19 世纪 70 年代，海姆最早提出了初始应力场的概念——"静水压力"假说，后来人们将岩体看成半无限空间的弹性体，按其自重效应来确定地应力。随着岩土工程的迅速发展，通过地应力量测取得了大量宝贵资料，人们认识到形成地应力的因素很多，如岩石自重、成岩过程、构造运动、地形条件、温度、地表侵蚀、地下水、地震等，其中最主要的是岩体自重作用和地质构造作用。所谓初始应力场，就是岩体中的应力状态，由重力和长年的地质构造作用而产生，又由于岩体的物理特性、风化、侵蚀等作用而变化，其应力不断地释放和重分布，形成今天的残余应力状态。地应力是随时间空间变化的非稳定场，对于一般工程，初始应力场可视为忽略时间因素的相对稳定场，并且认为地应力场主要由自重应力场和构造应力场组成。

根据国内外大量地质测量资料可知，自重应力场主要由重力引起，沿铅直方向，大小等于上覆岩层的重力，随深度呈线性变化；构造应力场主要由构造活动如板块运动和重力作用引起。从地质力学的角度分析，由自重应力场和构造应力场叠加组成的岩土体地应力场，竖向应力和水平应力分别为：

竖向应力

$$\sigma_z = \gamma z \tag{5-8}$$

水平应力

$$\sigma_x = \lambda_x \sigma_z \tag{5-9}$$

$$\sigma_y = \lambda_y \sigma_z \tag{5-10}$$

式中：λ_x、λ_y——分别为模型 x、y 向的侧压力系数，即土体水平应力和铅直应力的比值。

（2）初始应力场在 ABAQUS 中的实现

对于地下工程，首先应进行地应力平衡，然后再进行下一步分析。初始应力场的平衡直接关系到后续分析步的结果正确性，因此地应力平衡作为第一分析步尤为重要。ABAQUS 中没有进行地应力平衡的 GUI，但可通过修改 INP 文件命令的方式来实现这一功能，处理地应力平衡有以下三种方法：

①地表水平且土层分层水平的情况下的地应力平衡

地表水平而且土层分层水平的情况下的地应力平衡是最简单的情况，也是大多数计算普遍用到的平衡方法，这个时候可以用 ABAQUS 提供的 *initial conditions, type=stress, geostatic 方法来实现，在理想状态下，该作用力与岩土体的初始应力正好平衡，使得岩土体的初始位移为零，形成需要的应力场。

在 INP 文件中，初始应力场的设定通过 *initial conditions 命令实现，如图 5-16 所示。

*initial conditions, type=stress, geostatic
Setname,stress1,coord1,stress2,coord2,λ_x, λ_y

图 5-16 初始应力场设定命令

以上数据行的意义是：岩土体集合名，竖向应力 1，竖向坐标 1，竖向应力 2，竖向坐标 2，侧向压力系数。其中竖向应力 1 代表模型上表面处的自重应力，竖向坐标 1 代表模型上表面的纵坐标值，竖向应力 2 代表模型底面处的自重应力，竖向坐标 2 代表模型底面的纵坐标值。

②地表不水平或土分层不规则的情况下的地应力平衡

地表不水平或土分层不规则的情况下只能使用导入地应力数据的方式进行地应力平衡，其方法的核心是给土体加重力，不必理会其土体位移，只是单纯地提取每个单元的平均应力，再将这个应力通过 input 命令 *initial conditions,type=stress,input=xx.inp 读回 ABAQUS 作为初始应力，以达到平衡土体位移的效果。

不预设地应力情况下的地应力平衡不预设地应力平衡是指计算前不需要设定土体位移归零，而是记录下土体在重力作用下每个结点的位移值，进行后继计算后，将位移结果减去重力作用下每个结点的位移值就能得到当前计算步的净位移，这种方法只适用于小变形分析，不适用于几何非线性的情况，好处是收敛性好，精度高，因为记录的是结点位移，缺点是麻烦，因为要提前记录，还要处理数据。

第一种方法适用于较简单规则的模型，操作也简单；第二种方法适用于较复杂的模型，操作较为复杂，但精度比第一种方法高；用前两种方法进行地应力平衡，位移为零或者接近于零，一般至少被控制在 10^{-6} 数量级才满足要求。

3）扰动应力场分析

（1）扰动应力场计算方法

对岩体原状结构进行人为的破坏，从而改变了岩体性质，称为扰动。岩体开挖引起的应力场的改变量称为扰动应力场。

岩体开挖前，围岩中存在初始应力场，处于稳定平衡状态，当进行开挖时，原有的平衡状态被打破，地应力释放并重新分布，形成二次应力场。开挖过程是岩体应力释放的过程，围岩最终应力场是初始应力场与扰动应力场的叠加。

$$\{\sigma\}=\{\sigma^0\}+\{\Delta\sigma\} \tag{5-11}$$

$$\{\Delta\sigma\}=[D][B]\{\sigma\}^e \tag{5-12}$$

$$\{\sigma\}=[K]^{-1}\{f\} \tag{5-13}$$

$$\{f\}=\iiint[B]^T\{\sigma^0\}dxdydz \tag{5-14}$$

式中：$\{\sigma\}$——单元最终应力；

$\{\sigma^0\}$——单元初始应力；

$\{\Delta\sigma\}$——单元扰动应力；

$\{f\}$——开挖荷载，即释放荷载；

$[D]$——单元应力应变关系矩阵；

$[B]$——几何矩阵。

扰动应力由初始地应力释放和岩体自重应力两部分确定，其中初始地应力释放一般采用"反转应力释放法"模拟，即用分布面力代替洞周边界释放的地应力。

设地下洞室初始地应力为 σ_0，体力为 γ，边界上的面力为 t，由虚功原理，地下洞室开挖效应计算推导如下：

$$\int_\Omega\{\delta\varepsilon\}^T\Delta\sigma d\Omega-\int_\Omega\{\delta u\}^T\gamma d\Omega-\int_{\Gamma_t}\{\delta u\}^T t d\Gamma=0 \tag{5-15}$$

式中：$\{\delta u\}$——虚位移向量；

$\{\delta\varepsilon\}$——对应的虚应变向量；

Ω——计算域；

Γ_t——作用有荷载 t 的边界域；

γ——以体力形式出现的荷载；

t——以面力形式出现的荷载；

$\Delta\sigma$——洞室开挖引起的应力变化，即扰动应力。

在有限元中可知：

$$\begin{cases}\{\delta u\}=\sum_{i=1}^n[N_i]\{\delta d_i\} \\ \{\delta\varepsilon\}=\sum_{i=1}^n[B_i]\{\delta d_i\}\end{cases} \tag{5-16}$$

式中：i——节点；

n——网格节点总数；

$\{\delta d_i\}$——节点虚位移向量；

$[N_i]$、$[B_i]$——分别为总体形函数矩阵和总体应变—位移矩阵。

将上式代入虚功方程得：

$$[K]\{a\}-\{f_\sigma^0\}-\{f_\gamma\}-\{f_t\}=0 \tag{5-17}$$

式中：[K]——结构总体刚度矩阵；
　　{a}——网格总的节点位移向量；
　　$\{f_\sigma^0\}$——初始地应力等效荷载向量；
　{f_γ}、{f_t}——分别为体力和面力的等效荷载向量。

$$\{f_\gamma\} = \int_\Omega [N]^T \gamma d\Omega \tag{5-18}$$

$$\{f_t\} = \int_{\Gamma_t} [N]^T t d\Gamma \tag{5-19}$$

以上开挖扰动的计算类似于一般的力学分析，平衡方程中包含了初始地应力等效荷载、体力荷载、面力荷载三部分。

（2）扰动应力场在 ABAQUS 中的实现

隧道开挖扰动是应力释放的过程，实质是围岩应变能的释放。应力释放法是施工扰动模拟的传统方法，在 ABAQUS 中主要有两条实现途径。

①参数弱化法

参数弱化法也称刚度折减法，即通过调整围岩的弹性模量，使其随时间场量而减少来模拟围岩的应力释放过程。此法可以通过 input 文件命令 *field 来弱化弹性模量得以实现，其优点为操作简单，便于控制应力释放过程，缺点为无法给出明确的应力释放率。

②反转应力释放法

反转应力释放法也称反向节点力法，即在开挖界面上作用一个"等效释放荷载"，这一等效荷载等价于之前作用在该边界上的初始地应力。与模拟隧道开挖过程类似，在 remove 开挖土体后，紧接着对开挖边界 U1、U2 方向施加非均布节点力约束，使得此时的土体保持初始地应力和位移准零状态，然后施加原节点荷载×（1-应力释放率）的节点应力，以此来模拟不同的应力释放率下隧道及土体的力学响应。

数据结果可以通过搜索和查看手册（manual）得到，基本可以锁定两种输出量：单元节点应力和反应力（NFORC & RF）。其中，RF 只能在有边界约束处输出，NFORC 是由节点所涉及单元的应力进行外插平均后得到的节点力，其优点为能够明确给出应力释放率，物理意义较为明确，缺点是实现过程较为繁琐。

若仅模拟隧道开挖，即应力完全释放，可通过单元生死技术实现，对于开挖步（x），input 文件语句如图 5-17 所示。

*Model change, remove
soil-1.kaiwa（x）

图 5-17　文件语句

5.2.3　浅覆土掘进分析

1）分析假定

本计算采用三维有限元模拟，共有 74848 个实体单元，94693 个节点。土体采用摩尔—

库伦本构模型，管片和注浆层采用线弹性模型。

计算中假定各层土体为均质水平分布；管片和注浆层为均质的弹性体；注浆浆液在一定时间内凝固，视作固体；管片接头考虑刚度折减；不考虑渗流耦合问题的影响。

2）本构模型及参数选取

在影响隧道稳定性的各因素中，土体和衬砌材料的力学性质可通过试验测定，难确定的是盾尾空隙、土体向盾尾空隙的自然充填及注浆后浆体的分布情况和隧道壁面受扰动的程度和范围。在实际施工中，要对它们分别进行量化是难以达到的，为此将它们概化为一均质、等厚、弹性的等代层，在盾构法隧道的有限元分析中，正确选定等待层参数非常重要，目前对等待层参数的选取还是经验的、近似的。

本计算混凝土管片和等代层采用各向同性的线弹性本构模型；土体采用Mohr-Coulomb本构模型；采用2D和3D单元实体建模。相关参数见表5-3。

土层计算参数　　　　　　　　　　　表5-3

层号	名称	厚度（m）	天然重度 γ（kN/m³）	压缩模量 $E_{S(0.1-0.2)}$（MPa）	泊松比 ν	内摩擦角 φ_u（°）	黏聚力 C_u（kPa）
①₃	淤泥	4.0	16.7	1.81	0.42	25	5.1
②₁	黏土	1.3	18.4	3.28	0.39	24.2	13.3
②₂ᵦ	淤泥质黏土	10.47	17.3	2.00	0.42	27.8	5.2
②₃	淤泥质粉质黏土	2.3	17.9	2.45	0.40	26.6	5.2
③₂	粉质黏土	2.0	18.4	3.10	0.37	29.5	5.5
④₁	淤泥质粉质黏土	6.8	18.0	2.96	0.40	26.6	5.2
④₂	黏土	19.33	17.5	3.06	0.39	22.7	10

管片的实际弹性模量为 3.45×10^4MPa，考虑管片接头连接问题，将管片的材料参数折减0.2，即弹性模量 E 取 2.76×10^4MPa，密度2401kg/m³，泊松比0.2，模型尺寸与实际工况一致。相关参数见表5-4。

本计算模型的单元分为土体单元，隧道管片单元，注浆层单元（等代层），待开挖土体单元。

管片及等代层材料参数　　　　　　　表5-4

材料	弹性模量 E（MPa）	泊松比 μ	内摩擦角 φ（°）	黏聚力 c（kPa）	重度 γ（kN/m³）
管片	2.76×10⁴	0.2	—	—	24.01
等代层	1.2	0.2	—	—	19.6

3）模型范围及边界约束

模型采用笛卡尔坐标系，隧道轴线方向为 x 向，以盾构掘进方向为正；与隧道轴线垂直的水平方向为 y 向；与隧道轴线垂直的竖直方向为 z 向；x、y、z 符合右手螺旋定则，如图5-18所示。

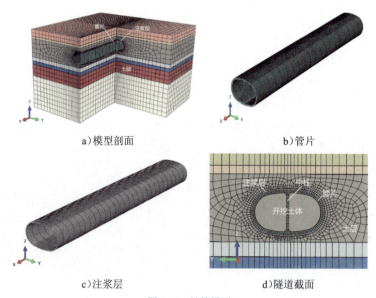

a）模型剖面　　　　　　　　b）管片

c）注浆层　　　　　　　　d）隧道截面

图 5-18　计算模型

计算范围：沿隧道轴线方向隧道长度取 70m；垂直隧道轴线方向的模型宽度为 70m，厚度为 46.2m。

隧道位置与尺寸：数值计算以 RK0+391.84 为起始点，隧道埋深 7.5m，隧道高宽尺寸为 6.9m×11.5m，管片厚度 0.45m。

边界条件：模型上表面为自由约束，下表面为全约束，四周为法向约束。

约束条件：在分析过程中，当衬砌激活之后，衬砌和土体仍然是两个相互独立的部分，但是实际上衬砌和周围土体之间的变形是连续的，考虑到衬砌管片和模型土体之间的网格划分不一致但变形是连续的，所以采用 Constraint 模块中的多点约束 Tie 命令，使隧道衬砌管片和周围土体之间没有相对运动。

4）分析步骤

本文以隧道管片、等代层及周围土体为研究对象，综合考虑实际施工工序的动态影响，采用参数弱化法模拟土体开挖和管片施工时的应力释放，模拟的主要步骤如图 5-19 所示。

图 5-19　模拟的主要步骤图

5）模型建立

本节首先对类矩形盾构隧道开挖进行数值模拟，得到类矩形盾构隧道地表沉降规律；其次针对浅覆土段工况对成型隧道建立三维计算模型，研究对象包括隧道管片上浮和地表变形。

(1) 浅覆土成型隧道二维数值模型

类矩形盾构隧道网格模型见图 5-20。

(2) 浅覆土成型隧道三维数值模型

土质分层按地勘报告实际选取，模型如图 5-21 所示。

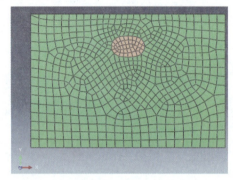

图 5-20 类矩形盾构隧道网格模型

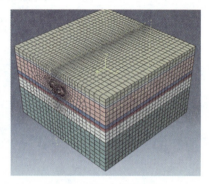

图 5-21 三维土质分层模型

5.2.4 浅覆土掘进分析结果

成型隧道取应力释放率 30%，浆液弹性模量 30MPa 的工况，研究对象包括地表变形和管片上浮。

1) 初始地应力平衡

岩土工程数值模拟计算的第一步是初始地应力场（Geostatic）的计算，在该计算步中，理想的结果是：施加的体积应力与土体的初始应力达到平衡，使土体的初始位移为零。在岩土工程问题分析中，土体的初始应力场即为自重应力场，其竖向应力与深度呈线性变化。

由关键字编辑接口，定义初始应力语句，通过 Geostatic 模拟步的初始平衡计算，得到隧道未开挖前的初始应力分布图，如图 5-22 所示，由图可见土体初始应力大小随土层深度线性增加，呈现层叠分布模式，理论上模型底部的竖向有效应力为 -522kPa，不包括孔隙水压力，而 Geostatic 分析步模拟结果为 -514kPa，相差 8kPa，主要是因为在分析中未考虑土体的渗流耦合的影响，没有平衡孔隙水压力。

2) 竖向位移

根据计算结果，土体与结构的水平位移较小，与实际情况一致。图 5-23 和图 5-24 分别

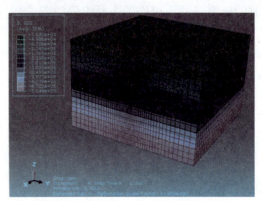

图 5-22 初始竖向地应力云图（单位：Pa）

给出了竖向位移云图和土体位移矢量图。由图可知，隧道四周土体由于应力释放，其上部和下部的变形量相对较大，隧道下部由于地应力释放的作用，土体位移最大，再者加上注浆浆液浮力的作用，可能带来管片上浮等问题。

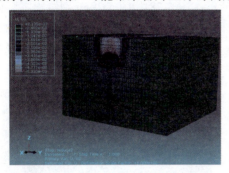 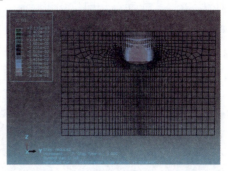

图 5-23　竖向位移云图（单位：m）　　　图 5-24　土体位移矢量图（单位：m）

3）水平位移

图 5-25 为隧道横截面方向在 remove 分析步的水平位移 U1 云图。

在 Remove 计算步中，由于开挖区土体卸载回弹作用，水平位移云图对称分布在管片竖向轴线两侧，隧道下部周围土体呈现"趋近"趋近隧道轴线的水平位移，在地表处，位于管片两侧的土体也出现明显的水平位移。

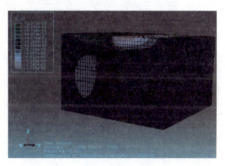

图 5-25　水平位移云图（单位：m）

4）管片位移

图 5-26 为管片竖向位移矢量图，由图可知管片在上浮力作用下整体往上移动，一是由于注浆浆液提供了管片向上偏移的浮力，二是盾构机盾尾与管片的间隙给管片上浮提供了空间，三是管片脱出盾尾时，下部土体的回弹对管片下部起了重要的支撑作用；由图 5-27 的管片上浮位移图可知，管片在浆液浮力作用下，底部位移比顶部位移略大，底部最大上浮量约 21mm。

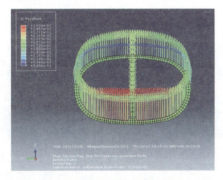 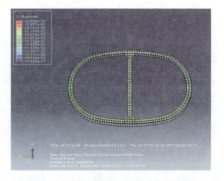

图 5-26　管片竖向位移矢量图（单位：m）　　　图 5-27　管片上浮位移图（单位：m）

5）地表变形分析

根据计算结果，土体与结构的水平位移较小，与实际情况一致，竖向位移是最受关注的控制指标之一，故针对竖向位移进行重点分析，图 5-28 和图 5-29 分别给出了竖向位移云图和土体位移矢量图。由图可知，隧道四周土体由于应力释放，其上部和下部的变形量相对较大，隧道下部由于地应力释放的作用，土体位移最大，再者加上注浆浆液浮力的作用，可能带来管片上浮等问题。

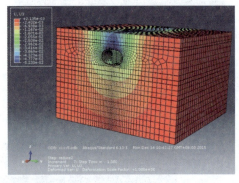 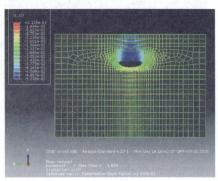

图 5-28　竖向位移云图（单位：m）　　　　图 5-29　土体位移矢量图（单位：m）

图 5-30 的曲线表明类矩形盾构隧道地表变形表现为沉降，曲线近似正态分布，与 peck 公式预测地表沉降曲线形状一致，最大沉降量为 43mm，发生在隧道中轴线处。实际施工中，地表沉降会通过注浆等方式得到进一步控制，实际沉降量略小于数值模拟值，因此数值模拟计算结果偏安全，满足施工对地表变形的要求。

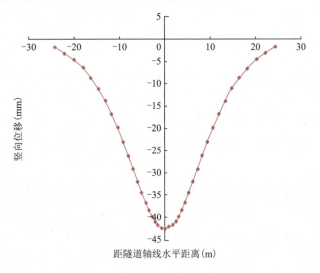

图 5-30　地表沉降曲线

综上所述，通过对宁波地铁类矩形成型隧道数值模拟分析，得到的地表沉降曲线与圆形盾构隧道沉降曲线形状相似，最大沉降量为 43mm，位于隧道中轴线处。未采取措施时，管片在浆液的浮力作用下整体向上移动，下部位移量略大于上部位移量，最大上浮量为 21mm，位于管片中轴线部，实际施工中可通过注浆等方法对地表沉降和管片上浮进行进一步控制，因此实际沉降量和观片上浮量略小于数值模拟值，因此数值模拟计算结果偏安全。

5.3 工程实施效果分析

基于类矩形盾构隧道技术是一种全新的轨道交通设计理念和施工技术，该技术充分利用结构断面、节约地下空间资源，最大程度降低对周边环境影响，其优势在于单次掘进即可一次形成双线隧道减少土地征用量，显著提高隧道在狭窄道路或高层建筑间的穿行能力。基于宁波市轨道交通 3 号线出入段线类矩形盾构隧道工程的实际施工过程，介绍类矩形盾构隧道技术工程实施概况。

5.3.1 地表沉降

1）地表纵向沉降（图 5-31）

（1）阶段一：推进摸索阶段

代表地表监测点 D62，基于宁波以往施工经验及其 2 号土层特性，故盾构推进摸索阶段施工参数控制如下：

①同步注浆量：130% 建筑空隙；

②正面土压力值：110% 理论计算值（盾构正前方隆起 10～20mm）。

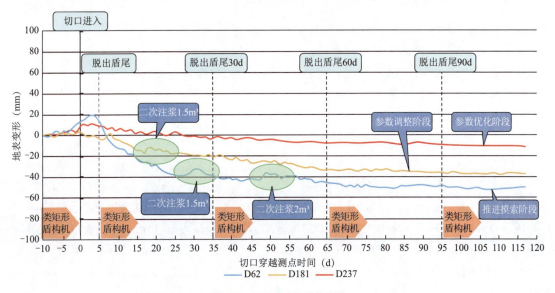

图 5-31 地表纵向沉降趋势图

通过施工数据分析：盾构通过前地表隆起量较大的话，盾构通过后地表沉降速率也较大（隆起量大相对土层扰动大，故后期沉降大）。该测点分别于脱出盾尾27d、48d进行二次注浆操作，地表由下沉转为反弹隆起。二次注浆后3～5d，反弹结束转为下沉，不过明显减小了下沉速率。脱出盾尾60～70d沉降趋于稳定，最终累计沉降值稳定在-40～-50mm。

（2）阶段二：参数调整阶段

代表地表监测点D181，针对摸索阶段的地表沉降数据分析，于后续施工中适当调整施工参数：

①同步注浆量：140% 建筑空隙；

②正面土压力值：100% 理论计算值（盾构正前方基本无隆起）。

通过施工数据分析：盾构通过后地表下沉趋势明显，但速率明显小于前期摸索阶段。于脱出盾尾17d进行二次注浆操作，明显减小了下沉速率，且后续稳定过程中波动较小。脱出盾尾60～70d沉降趋于稳定，最终累计沉降值稳定在-30～-40mm。

（3）阶段三：参数优化阶段

代表地表监测点D237，拟于后续施工中进一步参数优化：

①同步注浆量：150% 建筑空隙；

②正面土压力值：105% 理论计算值（盾构正前方隆起0～10mm）。

通过施工数据分析：盾构前方保持一定隆起（隆起量切不可大），即将土体扰动降至最小，又可弥补后续一部分沉降。同时针对盾构通过后沉降速率大，进一步提高同步注浆量。最终盾构通过后以及后续的稳定过程中，地表沉降趋势平缓数值稳定，最终沉降值控制在-5～-15mm。

（4）小结：

通过施工中各阶段的参数调整及优化，最终确定按照如下施工参数能将地表沉降值控制在一个可控稳定，较好的范围内。

①同步注浆量：150% 建筑空隙；

②正面土压力值：105% 理论计算值（盾构正前方隆起0～10mm）；

③地表沉降稳定周期：60～70d；

④累计地表沉降值：-5～-15mm。

2）横向沉降槽

如图5-32 三阶段沉降槽对比分别为：

阶段一推进摸索阶段（D62）、阶段二参数调整阶段（D181）和阶段三参数调整阶段（D241）。其中，阶段一测点D62影响边界累计沉降值-15mm，轴线点累计沉降值-40～-50mm；阶段二测点D181影响边界累计沉降值-10mm，轴线点累计沉降值-30～-40mm；阶段三测点D241影响边界累计沉降值-4mm，轴线点累计沉降值-5～-15mm。

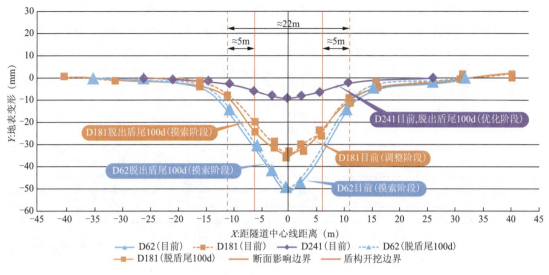

图 5-32　地表沉降槽分析图

隧道断面沉降沿隧道轴线呈对称抛物线分布，轴线处沉降最大，远之渐渐收敛。主要影响范围在 22m 左右（即盾构轴线单侧 11m 范围内）。影响边界累计沉降值及轴线点累计沉降值都随着各阶段施工参数的调整优化，呈明显递减状态。

5.3.2　隧道轴线

宁波轨道交通 3 号线科研标类矩形盾构隧道长 387m，最小平面半径 R400m，最大纵坡 31‰。成型隧道平面、高程偏差均控制在 ±100mm 以内（类矩形盾构成型隧道平面、高程质量控制标准≤120mm），与单圆隧道轴线控制水平相当（图 5-33）。该工艺今后能够在轨道交通工程中运用。

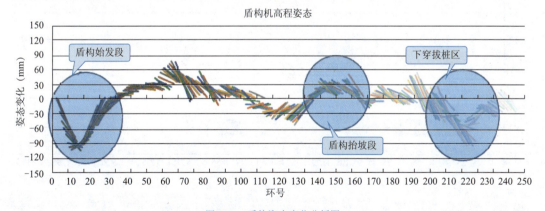

图 5-33　盾构姿态变化分析图

推进施工过程中，分别在盾构始发段、盾构抬坡段、拔桩区 3 阶段隧道高程控制偏差较大（图 5-34）。其中始发段各项施工参数还处于摸索阶段，对新设备、新工艺还未完全掌握其特性。抬坡段施工期间管片上浮明显,通过车架压重及姿态控制稳定了隧道上浮。而立佳塑料厂拔桩区段在穿越拔桩区期间,由于盾构机下部土体大部分为回填浆液,浆液固化后有一定收缩率,故在盾构机穿越期间造成了机头、穿越段隧道管片整体下沉情况。

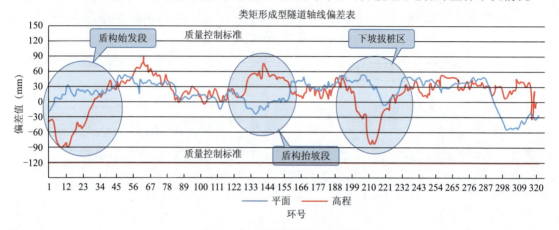

图 5-34　成型隧道轴线偏差分析图

5.3.3　盾构偏转

类矩形盾构在施工中,诸如盾构轴线控制(平面、高程)技术措施与单圆盾构差异不大,但类矩形盾构与单圆盾构在施工中存在较大差异的是盾构机的偏转。单圆盾构推进时,即使发生偏转,也不会直接对建成的隧道产生影响;但类矩形盾构推进中,则会因左右管片的高低差及立柱的倾斜,直接对建成的隧道轴线产生影响。在转角的修正措施上,类矩形盾构则是采取了一套特殊的修正措施(图 5-35)。

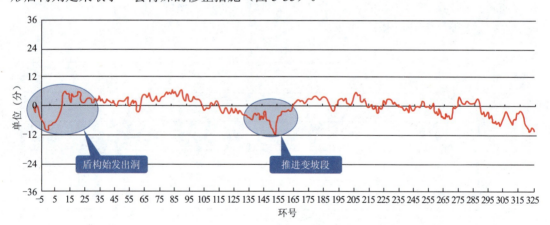

图 5-35　盾构转角分析图

(1) 当盾构机转角<±3′时,通过关注转角趋势,向前壳体底部开注的注浆孔反向压浆;

(2) 当盾构机转角>±3′、<±6′时,通过机头、0# 车架单侧配重的方法进行盾构

机转角控制；

（3）当盾构机转角＞±6′时，通过壳体底部反向压浆与机头、0# 车架单侧配重并用的方法进行盾构机转角控制。

施工推进过程中，分别在盾构出洞阶段及变坡阶段产生了转角突变，由 0～-3′ 直接波动至 -9′～-12′，通过盾构壳体反向注浆及机头压重等综合措施，及时控制了转角增大趋势并纠正了偏转。通过 387m 的试验段推进，盾构机转角控制在 ±14′ 以内，通过总结发现当盾构机转角在 ±6′ 以内时，控制较易，当盾构机转角超过 6′ 时，较难进行纠偏。

5.3.4 隧道收敛

通过在施工以及使用过程中会受压产生形变，为确保隧道的安全运营，对成型隧道进行横向、竖向的收敛变形监测尤为重要（图 5-36、图 5-37）。通过 1～268 环管片后期的收敛变形监测，除个别点外，成型隧道收敛值均在 3mm 以内，可见在无外力作用下，类矩形盾构隧道较稳定，不会产生形变。

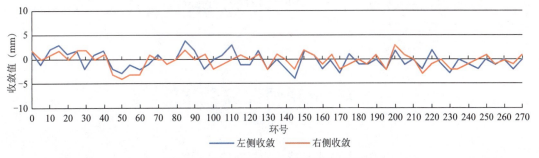

图 5-36 类矩形盾构隧道竖向收敛曲线分析图

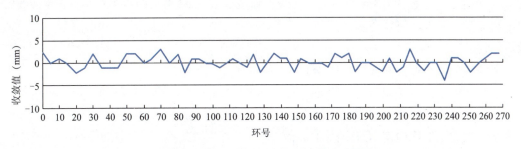

图 5-37 类矩形盾构隧道横向收敛曲线分析图

5.3.5 隧道上浮

类矩形盾构隧道后期上浮基本控制在 20～30mm 之间，通过与隧道坡度相对关系进行对比分析（图 5-38），隧道在变坡段处上浮量明显大于一般段。这是由于盾构机在变坡时对上下土体扰动较大，故在类矩形盾构施工过程中尽量做到勤纠、少纠，不宜大幅度抬坡、压坡。

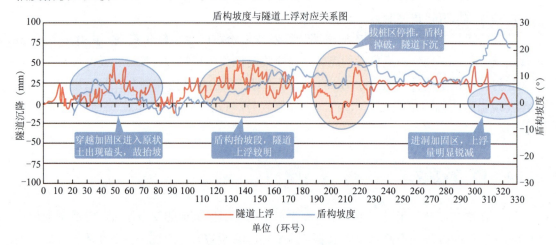

图 5-38　类矩形盾构隧道上浮曲线分析图

此外在软土地区盾构施工过程中，盾构机推进速度、同步注浆控制均是隧道上浮的因素，在软土地区施工过程中，推进速度应控制在 30mm/min 以内，同步注浆宜控制在 150%～180% 的注入率。

5.4　应用情况综合评价

依托于宁波市轨道交通 3 号线类矩形盾构隧道段，利用 11.83m×7.27m 类矩形土压平衡盾构顺利完成了长 390.3m 的隧道，在最大坡度 35‰和最小平曲线半径 400m 复杂线型的不利工况条件下，将隧道轴线控制在规范标准范围内，并且隧道管片拼装质量和防水质量均达到了优良。

通过整个研究和工程应用，形成了主要结论如下：

（1）项目依托首条世界最大断面（11.83m×7.27m）类矩形盾构隧道工程，针对类矩形盾构法隧道施工的特点与难点，创新建立了类矩形盾构施工的推、拼、压技术体系，创新研发了"类矩形盾构切削排土改良技术""异形管片拼装技术""大断面类矩形盾构同步注浆技术"与"类矩形盾构轴线控制技术"，形成了类矩形盾构法隧道施工成套关键技术和施工方法，成功实现了城市轨道交通类矩形盾构隧道的施工建造。

（2）通过理论分析、数值模拟仿真、室内实验等方法，得出了适用于类矩形盾构施工的改良剂配比和相应的改良参数，有效控制了开挖面稳定并解决了异形断面的切削排土。

（3）通过资料调研、理论计算、三维有限元、拼装仿真和现场实测等多种研究手段，细化计算类盾构推进纠偏量，形成了类矩形盾构在拼装和推进阶段的纠偏控制方法；针对成型隧道可能的上浮，提出了相关的施工控制措施；开发的类矩形盾构自动导向系统实现了类矩形盾构机姿态实施控制并提高了转角测量精度和频率。

（4）建立了类矩形盾构三维管片拼装仿真模型，分析管片拼装过程中施工误差的累积机制和对管片受力产生的影响，提出了管片拼装的误差控制指标和拼装质量控制措施，实现了拼装质量的预测；利用串联环臂式轨迹伺服式拼装系统，首次实现了扁狭空间内大尺寸类矩形盾构管片拼装的规划轨迹自动跟踪和优化，并建立了类矩形管片拼装工艺。

（5）通过颗粒流分析初步揭示了盾尾浆液填充机理；基于数值模拟，得出了浆液材料性能指标和施工参数建议值；基于大量室内试验，提出了适应类矩形盾构施工的同步浆液配合比以及主要性能指标；首次研发了类矩形盾构大型可视化同步注浆模型试验装置及试验方法，揭示了同步注浆压注过程的演化规律和直观形态；通过示范工程应用形成了适应类矩形盾构的同步浆液技术。

（6）厘清了类矩形盾构施工期影响周边环境变形和成型隧道自身稳定的潜在因素；通过三维有限元数值模拟方法，得出了潜在单因素敏感性分类（不敏感类、高敏感类）和高敏感性单因素的施工参数建议范围；并提出了影响类矩形盾构施工期环境变形和隧道稳定数值预测规律和施工参数优化组合控制范围。

（7）通过现场实测数据分析，提出了软土地区类矩形盾构施工期地层变形和隧道变形精细化预测及控制技术，首次揭示了类矩形盾构掘进施工对周围地层扰动的影响规律与成型隧道的变形规律，实现了施工对周围环境影响的有效控制。

第 6 章
总结与展望

6.1 总　　结

随着我国城镇化的快速发展，城市地表土地供应日趋紧张，交通长期拥堵，内涝日益严重，开发地下空间是城市再开发的必然要求。迄今为止，国内约有100个城市提出了建设轨道交通的规划和设想，已有40余城市开通或正在建设轨道交通，盾构法施工技术作为城市轨道交通隧道施工的主要工法，因其具有施工速度快、隧道结构稳定、对周围建筑物影响较小等特点，现已被广泛引用。类矩形盾构施工技术作为一种新引进的盾构工法，目前在国内尚无研究先例，相比于普通单圆隧道，类矩形隧道断面更大、盾构机配置更复杂、管片拼装更难，总结起来，类矩形盾构在实际应用中面临诸多难点，包括衬砌结构的设计、特种盾构装备、盾构施工技术等。

本书取材于宁波轨道交通3号线"阳明号"盾构机，系统地介绍了类矩形盾构技术概况、类矩形盾构的设计方法、类矩形盾构的装备实现、类矩形盾构的施工要点及工程应用的实际情况。给读者较全方位地介绍了这种全新的轨道交通设计理念和施工技术。

类矩形盾构隧道施工技术是在隧道盾构施工技术的基础上，凝结国内外异形盾构尤其是矩形盾构技术的现有经验发展起来的。该技术能够充分利用结构断面和节约地下空间资源，可以最大限度地降低对周边环境的影响，其优势在于单次掘进即可一次形成双线隧道，能减少土地征用量，显著提高隧道在狭窄道路或高层建筑间的穿行能力。应用类矩形盾构法的隧道不仅能满足地下空间高度集约化利用，而且在都市核心区和旧城区轨道交通建设中能最大程度的达到苛刻环境保护要求，利用类矩形盾构施工方法有望解决轨道交通建设和运营过程中产生的一系列矛盾，为轨道交通建设的可持续发展提供技术支撑。

类矩形盾构法目前在国内还缺乏成功的施工经验，考虑到其特有的类矩形断面形式和隧道周围复杂的环境、开挖土层和小半径曲线段及含超浅覆土工况等特点，有以下技术难点尚需解决：

（1）类矩形断面衬砌结构设计的难点是确定最佳的类矩形盾构横断面尺寸和断面形式，因此大断面类矩形隧道管片结构设计需满足结构受力和防水要求。

（2）类矩形盾构机装备需具备异形断面切削能力和异形管片拼装能力。由于异形断面隧道在掘进的过程中，很难保持100%全断面切削，所以其拼装机构的难点在于实现无需辅助设备即可完成中立柱的拼装。

（3）类矩形盾构隧道施工需解决切削排土、同步注浆、轴线控制和管片拼装等相关技术。切削排土应配合盾构刀盘切削方式，需要选用土体改良添加剂和改良技术；同步注浆需要对类矩形盾构研究特殊注浆孔位的浆液材料、控制参数和控制指标；拼装技术的难点在于拼装机回转空间小、拼装过程稳定性控制难度大、中立柱拼装困难、管片结构外形尺寸特殊、拼装机构造功能特殊以及协调安装困难；由于隧道断面高宽不同，底层软弱且灵敏性高也会导致盾构姿态难以控制。

（4）类矩形隧道的断面尺寸较大，其对应的建筑空隙往往也较大，特别是由于曲线段推进、纠偏等产生的超挖，往往造成盾尾的建筑空隙进一步增大；同步浆液的前期强度往往较低，加剧隧道结构的变形控制难度。此外，目前还没有针对类矩形盾构施工引发地层变形的特征进行机理研究，因此，必须针对类矩形隧道特点，提出相应的隧道结构变形控制的技术措施；进行参数敏感性分析的研究，明确类矩形盾构引发地层位移的主要影响因素及其影响程度的相关研究，自主研制符合我国地下空间需求的自主知识产权的新型矩形盾构。

针对上述类矩形盾构施工技术在研制中的难点，本书分别从大断面类矩形隧道衬砌结构设计、盾构机装备以及盾构施工技术等方面进行研究和探索，提出解决上述难点的技术路径。

类矩形盾构法隧道虽然能有效提高断面空间利用率，但是其结构受力和变形、接缝防水、矩形管片拼装等一些技术难题未解决，故一直未能得到有效发展。本书以宁波市轨道交通3号线出入段类矩形盾构隧道工程试验段为背景，通过类矩形盾构隧道的断面选择、管片结构设计、防水设计、管片试验、现场试验等技术的整体研发，取得了类矩形盾构法隧道科研成果，为类矩形盾构法隧道建设的进一步开展提供技术支撑。

类矩形隧道结构断面在设计过程中需要在结构受力和开挖断面利用率之间寻求平衡，最终获得满足功能需求前提下的最优隧道结构断面。类矩形隧道设计难点在于其结构受力规律不同于圆形隧道，在类矩形隧道结构分析计算时，选取的计算模型和计算参数不能完全参考圆形隧道，需要结合1:1整环结构试验和接头试验确定。类矩形隧道破坏形式与圆形隧道也完全不同，对部分特殊荷载（如偏载、扭转等）较圆形隧道更为敏感。类矩形隧道分块形式完全不同于圆形隧道，其分块大小、接缝位置、拼装顺序等应结合其受力特点、施工工艺确定。依据确定的分块形式，可以获得衬砌接头受力状态，对接头处手孔及螺栓连接形式进行创新式设计以提高整体结构承载能力。类矩形隧道的防水设计可以结合圆形隧道、双圆隧道的工程实施经验，尽量克服已有盾构隧道防水的薄弱环节。类矩形隧道结构顶部弯矩较大处轴力较小，接缝变形规律和接头防水效果也与圆形隧道不同。需要通接头防水试验，提出合理的防水接缝形式和弹性密封垫构造形式，以满足类矩形盾构隧道的防水要求。

本书通过对宁波市轨道交通3号线类矩形盾构断面、管片和防水设计等介绍，确定了类矩形隧道建筑限界尺寸为10300mm×5200mm，隧道内径为10600mm×6037mm，完全可以满足宁波轨道交通B型车（鼓形车）的通行要求；结构试验结果验证了该施工技术在理论结构计算模型、计算方法、选用的参数等方面的正确性，结构厚度450mm，块与块间采用短直螺栓（铸铁手孔）等尺寸总体也较为合理；通过防水试验初步成果验证，管片防水沟槽尺寸和弹性密封垫断面合理；本书研究确定的类矩形隧道断面形式具有广阔的实用性，在满足轨道交通 B 型车（鼓形车）的通行要求的基础上，还具备了满足单渡线道岔段功能的发展前景；通过整环结构试验的极限破坏工况研究，可以发现本次研究确定的类矩形隧道结构形式相比于现有的圆形隧道结构形式，其结构承载能力对于侧向荷载变化的敏感性较低，意味着类矩形隧道结构形式在侧向卸载工况下的适应性更强，更具有发展前景。

本书还对整环试验和接头试验进行了研究，1:1 整环试验研究采用新型整体钢结构加载试验平台进行试验，试验平台可立可卧，水平放置时主要适用于埋深较深，自重效应较小的多环或单环拼装管片；竖向放置时主要适用于埋深较浅，自重对比荷载影响较大的多环拼装管片，并可通过添加纵向加载油缸，对多环拼装的管片结构施加纵向轴力；接缝正弯矩受力破坏主要经过核心混凝土初裂、外缘混凝土接触、外缘混凝土初裂、螺栓屈服、混凝土压碎等性能点，接缝转角经过是三个阶段达到破坏；纵缝错台量发展大致也分为三个阶段；正常运营工况和同步注浆工况下结构表面无裂缝开展，螺栓应力适中，衬砌结构的变形、接缝张开均能满足设计要求；衬砌结构的接缝和 T 块长边腋角截面是本次试验衬砌结构的薄弱环节。书中介绍了衬砌接头螺栓位置调整的整环试验，验证了此种螺栓设计方法可以有效提高结构极限承载力和鲁棒性。

经过国内外调研，尤其是对双圆盾构隧道防水措施的整理总结，本书依托现有工程接缝防水方案最后选用了三元乙丙梳型密封垫，在充分分析国内轨道交通防水结构设计基础上，确定了沟槽断面的优选方案。根据类矩形盾构隧道的特点，确定了类矩形盾构隧道防水设计原则：低拼装力、高扯断强度、满足环纵缝的防水要求；确定了类矩形盾构隧道的接缝变形控制指标，即密封垫满足纵缝张开 8mm、纵缝错台 12mm、环缝张开 5mm、环缝错台 15mm 时 0.51MPa 的防水设计要求；确定了接缝防水形式、防水沟槽设计方案、封垫断面方案，优化后的设计方案满足张开量及错台量情况下的耐水压力测试，同时闭合压缩力略超 60KN/m，满足了管片的拼装要求；针对环纵缝的变形需求，进行了多组密封垫的老化试验，以密封垫间的接触压力的衰减作为评判其耐久性的依据；通过大量的老化试验，建立了温度、时间以及应力衰减的关系，根据试验结果推断：无论环纵缝在 100 年后，接触压力均大于 0.24MPa。能够满足宁波市轨道交通 3 号线出入段线和 4 号线类矩形盾构隧道百年防水性能要求。

对现场试验结果的分析得出试验环拼装完成后荷载测点数值接近零，表明在盾尾内所受荷载较小；脱出盾尾过程中荷载快速增大，结束后迅速减小；随后的推进过程中测试截面荷载有所波动，伴随着试验环和盾尾距离的增大，波动数值逐渐减小，各测点荷载值趋于一稳定值附近；荷载稳定后盾构机推进过程对荷载影响较小。试验环拼装完成后钢筋受力较小；脱出盾尾过程中钢筋受力快速增大，结束后有所减小；随后的推进过程中测试截面钢筋受力有所波动，伴随着试验环和盾尾距离的增大，波动数值逐渐减小，各测点荷载值趋于一稳定值附近；荷载稳定后盾构机推进过程对荷载影响较小。脱出盾尾工况为施工过程中的最不利工况，设计模型的荷载分布与实测荷载有一定差别，实测脱出盾尾过程中注浆荷载影响大于设计模型的三角形注浆分布，但峰值小于设计的注浆荷载，据此可以对设计模型注浆荷载分布进行优化。

通过对类矩形盾构的构造及试验的的系统性分析，给出了类矩形盾构装备合理的构造系统和组装技术。总体上来看，提升了我国装备制造业的自主创新能力与核心竞争力，为隧道掘进机产品系列化和产业化打下扎实基础。基于该矩形盾构的优势特点，采用该装备能够在一定程度上解决该工程所面临的老城区道路狭窄、建筑物密集的环境问题。

结合类矩形盾构隧道的难点和风险，本书试验并验证了切削排土改良技术、管片拼装技术、注浆技术和盾构轴线控制技术的研究成果，实施了现场实测并进行数据分析和反馈，总结了类矩形盾构施工的环境影响规律和成型隧道的变形规律。

依托首条世界最大断面（11.83m×7.27m）类矩形盾构隧道工程，针对类矩形盾构法隧道施工的特点与难点，创新建立了类矩形盾构施工的推、拼、压技术体系，创新研发了"类矩形盾构切削排土改良技术"、"异形管片拼装技术"、"大断面类矩形盾构同步注浆技术"与"类矩形盾构轴线控制技术"，形成了类矩形盾构法隧道施工成套关键技术和施工方法，成功实现了城市轨道交通类矩形隧道的施工建造；通过理论分析、数值模拟仿真、室内实验等方法，得出了适用于类矩形盾构施工的改良剂配比和相应的改良参数，有效控制了开挖面稳定并解决了异形断面的切削排土；通过理论计算、三维有限元、拼装仿真和现场实测等多种研究手段，细化计算类盾构推进纠偏量，形成了类矩形盾构在拼装和推进阶段的纠偏控制方法；本书还建立了类矩形盾构三维管片拼装仿真模型，分析管片拼装过程中施工误差的累积机制和对管片受力产生的影响，提出了管片拼装的误差控制指标和拼装质量控制措施，实现了拼装质量的预测；利用串联环臂式轨迹伺服式拼装系统，首次实现了扁狭空间内大尺寸类矩形盾构管片拼装的规划轨迹自动跟踪和优化，并建立了类矩形管片拼装工艺；基于数值模拟，得出了浆液材料性能指标和施工参数建议值；基于大量室内试验，提出了适应类矩形盾构施工的同步浆液配合比以及主要性能指标；首次研发了类矩形盾构大型可视化同步注浆模型试验装置及试验方法，揭示了同步注浆压注过程的演化规律和直观形态；理清了类矩形盾构施工期影响周边环境变形和成型隧道自身稳定的潜在因素，并提出了影响类矩形盾构施工期环境变形和隧道稳定数值预测规律和施工参数优化组合控制范围；通过现场实测数据分析，提出了软土地区类矩形盾构施工期地层变形和隧道变形精细化预测及控制技术，首次揭示了类矩形盾构掘进施工对周围地层扰动的影响规律与成型隧道的变形规律，实现了施工对周围环境影响的有效控制。

6.2 展　　望

新型结构断面的类矩形盾构隧道工程技术是一种全新的轨道交通设计理念和施工技术，

国内目前对此项新技术的研究还处在试验和初步应用阶段。本书依托宁波轨道交通3号线"阳明号"盾构机，采用理论分析、现场试验和数值分析相结合的研究方法，对类矩形盾构隧道关键技术进行了系统地研究，研究发现此新型盾构法与传统的盾构隧道施工技术相比具有一系列的优势，因此在未来的很长一段时间里，类矩形盾构隧道施工技术将有着蓬勃的发展潜力和无限的生命力。

参 考 文 献

[1] 林乃山，陈斌，姚燕明，等．宁波轨道交通 3 号线出入段线类矩形盾构隧道工程勘察实践与建议 [J]. 隧道建设，2017，（06）：722-729.

[2] 刘喜东．城市轨道交通类矩形盾构法隧道施工技术研究 [J]. 城市道桥与防洪，2017，（06）：212-216，25.

[3] 李培楠．类矩形盾构施工偏转控制机理及计算模型 [J]. 中国市政工程，2017，（02）：85-89，127.

[4] 季昌，周顺华，朱瑶宏，等．类矩形盾构壳体与土相互作用下周边地层变形模式 [J]. 岩石力学与工程学报，2017，（S1）：3644-3655.

[5] 朱瑶宏，朱雁飞，黄德中，等．类矩形盾构法隧道关键技术研究与应用 [J]. 隧道建设，2017，37（09）：1055-1062.

[6] 柳献，叶宇航，刘震，等．类矩形盾构隧道结构整体安全性试验与分析 [J]. 中国公路学报，2017，30（08）：164-173.

[7] 朱瑶宏，张维熙，董子博，等．类矩形地铁盾构隧道纵向接缝受力性能对比研究 [J]. 铁道科学与工程学报，2017，14（06）：1278-1286.

[8] 陶建峰，朱瑶宏，覃程锦，等．类矩形隧道单机械臂管片拼装机运动学逆解 [J]. 上海交通大学学报，2016，50（09）：1473-1479.

[9] 李向红．类矩形盾构隧道装配式衬砌结构设计参数研究 [J]. 地下工程与隧道，2017，（01）：21-25，57.

[10] 司金标，朱瑶宏，季昌，等．软土层中类矩形盾构掘进施工引起地层竖向变形实测与分析 [J]. 岩石力学与工程学报，2017，（06）：1551-1559.

[11] 世界上最大断面类矩形盾构隧道成功贯通 [J]. 建筑，2016，（24）：70.

[12] 王东方，张维熙，董子博，等．类矩形盾构隧道衬砌结构受力的现场试验研究 [J]. 现代隧道技术，2016，（06）：174-181.

[13] 国内首条类矩形盾构隧道贯通"阳明号"宁波首秀 [J]. 施工技术，2016，（23）：3.

[14] 全球最大断面类矩形盾构隧道在宁波贯通 [J]. 隧道建设，2016，（11）：1301.

[15] 贺星涛．类矩形盾构电液伺服管片拼装机半物理仿真 [A]. 中国机械工程学会流体传动

与控制分会.第九届全国流体传动与控制学术会议（9th FPTC-2016）论文集[C].中国机械工程学会流体传动与控制分会,2016:7.

[16] 李培楠,黄德中,朱雁飞,等.类矩形盾构法隧道在宁波轨道交通建设中应用[J].中国市政工程,2016,(S1):34-36,41,115.

[17] 黄俊.适用于类矩形盾构法隧道的同步注浆技术研究[J].中国市政工程,2016,(S1):53-56+117.

[18] 龙建兵,杨志豪,沈张勇.类矩形盾构工法在宁波轨道交通工程中的应用探讨[J].地下工程与隧道,2016,(03):1-6+54.

[19] 柳献,张维熙,王东方.类矩形盾构隧道纵缝受剪性能试验研究[J].铁道科学与工程学报,2016,(09):1767-1775.

[20] 林平,张维熙,张宸,等.类矩形地铁盾构隧道纵向接缝承载能力试验研究[J].现代隧道技术,2016,(S1):98-107.

[21] 朱瑶宏,朱雁飞,黄德中,等.类矩形盾构法隧道技术的开发与应用[J].现代隧道技术,2016,(S1):1-12.

[22] 朱瑶宏,石元奇,黄德中,等.11.83m×7.27m级超大断面类矩形盾构研发[J].现代隧道技术,2016,(S1):13-19.

[23] 李华.类矩形盾构机可调式铰接密封技术研究[J].现代隧道技术,2016,(S1):40-45.

[24] 庄欠伟,杨正.类矩形盾构六自由度串联型管片拼装机[J].现代隧道技术,2016,(S1):46-50.

[25] 夏汉庸,庄欠伟,徐天明,等.类矩形盾构盾尾密封性能试验[J].现代隧道技术,2016,(S1):51-55.

[26] 陶建峰,覃程锦,黄德中,等.类矩形盾构单机械臂管片拼装机静态误差计算[J].现代隧道技术,2016,(S1):60-68.

[27] 杨志豪,沈张勇,朱雁飞,等.类矩形盾构隧道设计方案研究[J].现代隧道技术,2016,(S1):83-91.

[28] 马险峰,李刚,黄俊.类矩形盾构隧道结构自振频率试验研究[J].现代隧道技术,2016,(S1):92-97.

[29] 朱瑶宏,朱雁飞,叶宇航,等.类矩形盾构隧道衬砌结构受力性能的足尺试验研究[J].现代隧道技术,2016,(S1):108-117.

[30] 叶宇航,黄德中,李刚,等.类矩形盾构隧道衬砌结构极限承载力足尺试验研究[J].现代隧道技术,2016,(S1):118-127.

[31] 朱雁飞,刘震,叶宇航,等.类矩形盾构隧道结构计算方法研究[J].现代隧道技术,2016,(S1):128-135.

[32] 刘建国,王文渊.类矩形盾构隧道防水设计及相关拼装参数分析[J].现代隧道技术,2016,(S1):151-157.

[33] 刘建国,陈凯,刘喜东,等.类矩形盾构隧道密封垫耐久性分析[J].现代隧道技术,2016,

（S1）：158-163.

[34] 马险峰,黄俊,俞登华.类矩形盾构隧道施工管片受力特性数值模拟研究[J].现代隧道技术,2016,（S1）：164-169.

[35] 朱瑶宏,黄德中,朱雁飞,等.类矩形盾构法隧道施工关键技术探索[J].现代隧道技术,2016,（S1）：170-180.

[36] 肖广良,李培楠,朱雁飞,等.类矩形盾构施工中的SPH流体动力学应用探索[J].现代隧道技术,2016,（S1）：181-188.

[37] 李刚,庄欠伟,黄德中,等.类矩形盾构同步注浆大型模型试验[J].现代隧道技术,2016,（S1）：195-200.

[38] 唐涛,丁文其,黄德中,等.类矩形盾构土体开挖与切削数值模拟分析研究[J].现代隧道技术,2016,（S1）：201-208.

[39] 丁文其,段超,赵天驰,等.类矩形盾构同步注浆压力分布与影响试验分析[J].现代隧道技术,2016,（S1）：209-215.

[40] 黄毅,李晓军,洪弼宸,等.类矩形盾构隧道T块相对拼装误差对立柱影响及其控制指标研究[J].现代隧道技术,2016,（S1）：216-225.

[41] 丁文其,赵天驰,黄德中,等.类矩形盾构同步注浆可视化试验技术与分析[J].现代隧道技术,2016,（S1）：226-231.

[42] 邓声君,肖广良,胡向东,等.类矩形盾构隧道数值模拟研究及若干施工因素分析[J].现代隧道技术,2016,（S1）：232-239.

[43] 叶俊能,周顺华,季昌,等.软土地区类矩形盾构隧道施工期变形规律[J].现代隧道技术,2016,（S1）：248-256.

[44] 陈金铭,季昌,周顺华,等.软土地区类矩形土压平衡盾构隧道施工期地层沉降规律[J].现代隧道技术,2016,（S1）：257-264.

[45] 马险峰,黄德中,李刚.类矩形盾构施工对地表沉降影响的三维数值模拟[J].现代隧道技术,2016,（S1）：265-268.

[46] 侯凯,李晓军,黄德中,等.类矩形盾构隧道管片及立柱拼装误差仿真研究[J].现代隧道技术,2016,（S1）：269-277.

[47] 黄德中,李培楠,谢东武,等.类矩形盾构施工开挖面变形数值模拟分析[J].现代隧道技术,2016,（S1）：278-286.

[48] 大断面类矩形盾构——"阳明号"顺利始发[J].地下工程与隧道,2016,（01）：53.

[49] 汤继新,王柳善,季昌,等.类矩形土压平衡盾构掘进引起的地层变形三维数值分析[J].华东交通大学学报,2016,（01）：9-15.

[50] 刘畅,周顺华,季昌,等.类矩形盾构隧道施工期上浮影响因素分析[J].华东交通大学学报,2016,（01）：94-99.

[51] 叶飞,苟长飞,陈治,等.盾构隧道同步注浆引起的地表变形分析[J].岩土工程学报,2014,（04）：618-624.

[52] 季昌,周顺华,许恺,等.盾构隧道管片施工期上浮影响因素的现场试验研究 [J]. 岩石力学与工程学报,2013,(S2):3619-3626.

[53] 侯永茂,郑宜枫,杨国祥,等.超大直径土压平衡盾构施工对环境影响的现场监测研究 [J]. 岩土力学,2013,(01):235-242.

[54] 林存刚,吴世明,张忠苗,等.考虑盾尾注浆隆起的盾构掘进地面位移预测 [J]. 土木建筑与环境工程,2012,(06):80-88.

[55] 林存刚,吴世明,张忠苗,等.盾构掘进速度及非正常停机对地面沉降的影响 [J]. 岩土力学,2012,(08):2472-2482.

[56] 周海群.软土地层盾构施工中掘进速度对地面沉降的影响分析 [J]. 铁道建筑,2012,(03):45-48.

[57] 林存刚,张忠苗,吴世明,等.软土地层盾构隧道施工引起的地面隆陷研究 [J]. 岩石力学与工程学报,2011,(12):2583-2592.

[58] 杨方勤.超大直径泥水盾构隧道抗浮关键技术综述 [J]. 地下工程与隧道,2011,(02):1-5+56.

[59] 严佳梁.盾构隧道管片接头形式的探讨与选择 [J]. 建筑技术,2009,(03):269-272.

[60] 林键.土体改良降低土压平衡式盾构刀盘扭矩的机理研究 [D]. 南京:河海大学,2006.

[61] 严佳梁.盾构隧道管片接头性态研究 [D]. 上海:同济大学,2006.

[62] 张庆贺,朱忠隆,杨俊龙,等.盾构推进引起土体扰动理论分析及试验研究 [J]. 岩石力学与工程学报,1999,(06):699-703.

[63] 张庆贺,唐益群,杨林德.隧道建设盾构进出洞施工技术研究 [J]. 地下空间,1994,(02):110-119+160.

[64] 张庆贺,唐益群,杨林德.盾构进出洞注浆加固设计与施工技术研究 [J]. 地下工程与隧道,1993,(04):93-101.